本书获深圳职业技术大学学术著作出版资助

倪赤丹 著

城市社区治理现代化

的

深圳探索

The Modernization of

Community Governance
in Shenzhen

社会科学文献出版社
SOCIAL SCIENCES ACADEMIC PRESS (CHINA)

目 录
CONTENTS

第一章　城市社区治理现代化探索概述

社区是整个人类社会中各个经济有机体的基本单元，是整个中国宏观经济社会的一个重要缩影。社区内部涉及不同的政治和经济利益主体，导致各类矛盾在社区内部交汇和集聚。同时，社区作为支撑社会基层各级社会组织建设的重要政治着力点，是党在基层执政管理的支撑点，因此，社区作为社会治理的基础和重要组成部分，是推动社会治理创新的重要探索领域。因而，探索城市社区治理现代化意义相当重大。

第一节　城市社区治理的时代命题

一　研究背景

随着中国市场经济体制的改革，城市"单位制"逐渐瓦解，城市社会管理的中心逐渐从"单位"向社区转移，社区已成为当前中国创新社会管理、实现社会善治、构建和谐社会的主要领域，成为各种社群阶层集聚点、各种利益主体博弈点、各种社会组织落脚点，同时也是各种社会矛盾交织点，更是社会建设着力点、社会服务出发点和社会发展增长点。

社区是指若干个社会群体或者其他各类社会群体组织聚集在一定地域空间，在特定的社会领域里，所共同形成的在人类社会生活中或者彼此之间相互具有联系的大型社会集体。作为城市社会管理最基本的单元，社区在城市社会建设中的基础性作用日益凸显。新形势下，加强社区建设，促进社区治理法治化，对于维护社会和谐稳定，加快国家政治的民主化进程，提高居民生活质量和城市管理水平，具有十分重要的意义（盘淼、陈涛，2015）。

社区治理作为国家治理的基本单元和至关重要的环节，直接关系到党和国家大政方针的贯彻落实以及人民群众切身利益的实现。[①] 近年来，我国政府高度重视城市社区建设工作，不断加大投入力度，取得了一定成效。"城乡社区治理"首次被纳入党的纲领性文件体现了党对城乡社区治理的重视。党的十八届三中全会指出"推进国家治理体系和治理能力现代化，创新社会治理体制"。党的十八届四中全会指出"全面推进依法治国，基础在基层，工作重点在基层"。党的十八届六中全会强调要坚持把人民对美好生活的向往作为奋斗目标，深入实施乡村振兴战略。党的十八届五中全会指出"加强和创新社会治理，推进社会治理精细化，构建全民共建共享的社会治理格局"。这些重要决策也为我国新时代建设指明了方向。党的十九大报告明确指出"打造共建共治共享的社会治理格局，加强社区治理体系建设，推动社会治理重心向基层下移，发挥社会组织作用，实现政府治理和社会调节、居民自治良性互动"。基于上述可知，社区治理在国家治理体系中具有基础性地位，其作为社会治理的重要组成部分，受到政府、社会和学术界的高度关注（周少青，2008）。

习近平总书记曾多次指出："推进国家治理体系和治理能力现代化，必须抓好城市治理体系和治理能力现代化。"（习近平，2020）真正做好城市综合治理，根本上还需要依靠中国共产党的坚强领导。改革开放40多年来，中国的城市社区建设发展经历从社区服务到社区建设，再到社区治理的不平凡历程。尤其是党的十八大后，党中央高度重视社会改革和社会治理创新，把中国的改革开放推进到最直接围绕广大群众利益的社会领域和民生领域，成为中国改革开放一个新的里程碑。改革开放以来，中国城市社区治理水平得到极大提升，人民的参与感、获得感、幸福感、安全感得到了极大增强，社区治理正逐步迈向发展新阶段（邹婧，2014）。

深圳作为改革开放的排头兵、先行地、实验区，始终站在改革开放的最前沿。自1980年以来，深圳已经从一个小渔村发展成一个国际化创新型

---

① 《健全体系、整合资源、增强能力，推进社区治理体系和治理能力现代化》，《中国建设报》2022年7月18日。

大都市，深圳的发展是中国翻天覆地的发展历程的一个缩影。改革开放以来，深圳凭借改革试验田的先行优势和开放窗口的区位优势，创造了全世界城市发展史上的奇迹，深圳"敢为天下先"的改革气魄一直受到外界广泛赞赏。深圳是一座最富有改革开放创新基因的城市，这也是"深圳奇迹"的不竭动力。作为中国改革开放的窗口和排头兵，深圳在社会改革和社区治理方面，也不断发扬改革创新精神，大胆探索创新，始终走在全国前列：以基层党建引领基层治理，不断强化基层党组织核心地位；坚持问题导向，从群众最关心的问题入手，不断增强居民获得感、幸福感、安全感；发挥科技创新之都优势，持续提升社会治理信息化、智慧化水平。

当前，我国社会主义建设已经进入新一阶段，同时，深圳作为先行示范区也对自己的发展提出了新的要求。作为一座改革开放先锋城市、移民城市和市场经济发达城市，随着经济社会的快速发展，外来人口大量流入，产业结构、区域布局、人口结构、社区形态发生深刻变化，常住人口"人户分离"现象突出，群众需求呈现多元化、多样化、个性化趋势，社会治理、社会融合和社会再组织化难度大大增加，对创新基层社区治理、提升社区治理能力提出了新的更高要求。深圳如何在"打造共建共治共享的社会治理格局"上走在全国前列，如何成为城市社区治理现代化的先行示范是一个重大的时代课题。新时代，系统地总结深圳社区建设发展经验尤其是改革开放以来的社区治理经验，发扬深圳精神，继往开来、接续奋斗，书写改革开放新传奇，提供社会治理新样本，是深圳发展的内在要求，是新时代赋予深圳的光荣使命，是社会各界寄予深圳的热切期待。

二　研究意义

（一）理论意义

党的十八大以来，习近平总书记提出了一系列关于城乡社区治理工作的新观点新论断，"从解决人民群众最关心、最直接、最现实的利益问题入手""建设具有中国特色的社会主义社会治理体系""不断加强和改善民生"，并在党的十九大报告中再次明确要求"推动社会治理重心向基层下移""打造共建共治共享的社会治理格局。加强社会治理制度建设，完善党委领导、政府负责、社会协同、公众参与、法治保障的社会治理体制，提高社会治理社会化、法治化、智能化、专业化水平"。① 这些重要论述是我们做好新时代社会治理工作的根本性原则遵循。

城市社区治理作为城市治理和公共管理的重要组成部分，对城市社区治理及其现代化的研究，有利于丰富公共管理学、治理理论等，为各个领域的研究提供新的研究成果。

我国目前已全面建成小康社会，因此下一步应在习近平新时代中国特色社会主义思想的带领下，立足中国国情和文化传统，在总结改革开放 40 多年成功治理经验和对西方先进治理理论兼收并蓄的基础上，强化社区治理基础理论研究，形成具有中国本土特色的城市社区治理体系，并用有自身特色的治理理论检验和解读社区治理实践。以中国社区治理实践丰富中国社区治理理论，具有重要的理论意义（罗春，2012）。加强深圳治理实践经验及模式总结，探讨和把握城市社区治理现代化的"深圳特色"，探索出一条适合深圳实际、具有时代特色的现代社区治理之路，构建一种不同于传统社区治理和西方社区治理的新型社区治理形态，打造社区治理现代化的"深圳模式"，有利于丰富中国特色社区治理实践和理论成果。

（二）现实意义

当前，深圳正处在建设中国特色社会主义先行示范区、争当"四个全面"排头兵的关键阶段，面对的改革发展稳定任务之重前所未有，面对的矛盾、风险、挑战之多前所未有，特别是在基层社区治理中遇到了诸多亟待解决的深层次问题，迫切需要在制度创新上有所突破，在政策安排上有所创新。有效强化社区治理创新成效，积极应对社区治理过程中的各种危机与挑战，努力构建社区治理体系，聚焦治理能力现代化水平提升，对于

---

① 《习近平：决胜全面建成小康社会 夺取新时代中国特色社会主义伟大胜利——在中国共产党第十九次全国代表大会上的报告》，2017 年 10 月 27 日，https://www.gov.cn/zhuanti/2017-10/27/content_5234876.htm。

打造共建共治共享社会治理格局，并以共建共治共享社会治理格局为指引推动城市社区治理发展来说具有重要意义。

1. 有助于应对深圳城市社区治理中的各种问题和挑战

作为一座快速崛起的移民城市，深圳人口结构倒挂、公共服务压力较大。全市范围内的 645 个社区行政事务繁多，人口素质参差不齐，社区股份合作公司亟待转型和规范，历史遗留问题与新需求交织，还存在基层治理体制机制不够完善、社区服务体系不够健全、社区居民参与不足等问题。

加强对深圳社区治理现代化问题的研究，对于解决深圳城市社区治理以及基层社会治理中的深层次问题具有借鉴及应用意义，对化解上述危机和挑战具有重要意义。

2. 有助于深圳成为打造共建共治共享社会治理格局的先行示范

社区治理在国家治理中起着基础性作用，对于推进国家治理现代化具有重要作用，因此，新时代要加强对社区治理的意义、方法和要求的理解，推进新时代国家治理体系治理能力现代化。这也是深圳建设中国特色社会主义先行示范区的内在要求，有助于续写改革开放新传奇，成为打造共建共治共享社会治理格局的先行者。

第二节　社区与现代化进程中的社区治理

一　何谓"社区"

（一）"社区"一词的来源与含义

"社区"一词源于拉丁语，意为共同拥有的物品和具有不可分割的朋友关系。德国社会学家 F. 滕尼斯在其 1887 年出版的《社区与社会》（*Community and Society*）一书中首先使用"社区"一词。他认为社区的主体是由同质型人口组成的具有关系感情亲密、守望关爱互助、患病相照、富有生活气息与人情味等特征的社会团体。与"社会"相对应，社区也是由具有相同价值取向、人口同质性较强的社会共同体所组成的，它所表现出来的是一种亲密无间、同心守望、互相支持并且具有共同的价值信念和渴望共享不同风俗习惯的良好社会人际交往关系。

美国芝加哥大学的社会学家罗伯特·E. 帕克（Robert Ezra Park）首次给出了"社区"的定义。他认为，社区是"占据在一块被或多或少明确地限定了的地域上的人群汇集"，"一个社区不仅仅是人的汇集，也是组织制度的汇集"（夏建中，2010）。

在我国，"社区"一词由费孝通先生在 20 世纪 30 年代初通过英文"community"翻译而成，后来被学者广泛引用，并逐渐流传下来。但是由于社会学者研究角度的多样性，关注点各不相同，因此"社区"这一概念在社会学界尚无统一定义。

虽然如此，学者们在研究中，还是就"社区"概念形成了一定的共识，即社区是以一定的地理区域为前提的聚居地。G. A. 希特里（George A. Jr. Hillery）对关于社区定义的 94 个表述进行对比研究发现，有 69 个关于社区的定义涵盖了地域、共同的纽带以及社会交往三个要素，并认为这三个要素是社区中必要的元素。尽管"社区"的定义尚未统一，但是学界对构成社区的基本要素达成了共同的认识，即社区必须涵盖一定数量的人口、地域、设施、文化和一定的组织（张纯等，2014）。由此判断，"聚居在一定地域范围内的人们所组成的社会生活共同体"即为"社区"（张纯等，2014）。

在中国，民政部 1986 年首次将"社区"这一概念应用于我国的城市管理，提出要在城市开展社区服务工作。"社区服务"的概念第一次被引入法律条文是 1989 年，当年 12 月 26 日全国人民代表大会通过的《中华人民共和国城市居民委员会组织法》明确规定："居民委员会应当开展便民利民的社区服务活动。"2000 年 11 月，中共中央办公厅、国务院办公厅转发的《民政部关于在全国推进城市社区建设的意见》中指出，"社区是指聚居在一定地域范围内的人们所组成的社会生活共同体"。

综上所述，对"社区"一词的解释一直存在很大的分歧，国内外社会学家对此都有不同的研究视野和侧重点，但无论从哪个角度去研究，"社区"这一概念在发展过程中，必定具有它的地域属性，即依赖一定的社会生活共同体而自然存在。因此，我们认为，社区主要泛指那些聚居在某个地域或者一定范围内的居民组成的，具有内在互动关系、共同利益和成员归属感，相对独立的社会生活共同体。

本书所称"社区"，是指政府通过政策、法律设定的，街道、居委会或调整后的居委会辖区。它是基于同类型社会生活而形成的相对独立的地区性社会。

（二）社区的构成要素与基本特征

社区的构成要素即形成一个社区的主体。正确理解这一问题，对于我们正确理解整个社区的含义，把握社区及社区治理的方法、内容都具有重要的意义。由于学者所关注的侧重点不同，关于一个社区的组成要素，存在不同类型和形式上的认知，包括三要素说（地域、人口、文化）、四要素说（地域、组织结构、人口和文化）、五要素说（地域、人群、设施、文化、心理认同）和六要素说（人群、地域、组织、社会心理、规范体系、物质设施）等（周详、常婧超，2023）。

由于社区是人类在一定区域共同生活的社会共同体，是一个同时具有多重社会职能的社会经济实体，是一定区域内人们积极参与、享受社会生活的根本场所，并以聚落作为其基本依托或者生活载体，所以，构成社区的要素至少应当有以下几个主要方面（见图1-1）。

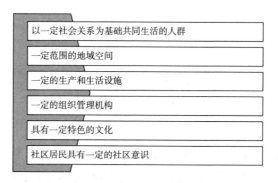

以一定社会关系为基础共同生活的人群
一定范围的地域空间
一定的生产和生活设施
一定的组织管理机构
具有一定特色的文化
社区居民具有一定的社区意识

图1-1　构成社区的要素

1. 以一定社会关系为基础共同生活的人群

马克思主义的社会学概念体系认为，人群的存在是任何人类社会的重要基础条件，因此，社区的第一个基本要素和先决条件就是人群，从人类自古至今的自然发展历史中可以知道：社区的出现源于一个或几个家族的原始迁移和定居，随后繁衍壮大；有的社区由于部落之间的连年征战或是自然灾害，从兴旺发达变为虚无甚至消失。因此，从人类历史发展来看，一定规模的人口是社区存在的基础，并且一定规模的人口还进行着相互联系或彼此紧密联合，而这一定规模的人口就是社区中精神财富和物质财富的创造者，是决定社区存在的重要条件（李文静，2023）。

2. 一定范围的地域空间

根据上述简单推论，人群是社区存在的先决条件，而人群又以一定的地域为活动载体，因此地域也成为社区存在的另一要素。从功能角度来看，首先，地域为社区成员提供了一个活动的场域，因此地域面积在一定程度上约束了人类活动，从而制约其生存发展状况。例如，社区的各种建筑在面积狭小的地域就会排列拥挤，而在面积大的地域则会宽敞舒适。其次，地域也为社区成员的发展提供了一定的资源，如土壤、水源、矿藏以及野生动植物等，这些资源是人们赖以生存的自然条件。人们通过自身的劳动从本社区获得一定的生产资料和生活资料。因此，社区地理环境的好坏也决定着社区发展水平的高低。

3. 一定的生产和生活设施

现代社区已经成为人们从事和参与一切社会活动的重要基础，人们在社区中积极参与社会实践活动，而人们的社会实践活动需要一定的设施来辅助完成。因此，一定的设施也是直接影响社区发展的因素。以我国城乡基层社区的现状来说，作为这些社区构成要素的生产、生活设施主要包括图 1-2 所示内容。

生产和生活设施是随着社区的发展而不断丰富和完善的，总的来说，社区范围越大，其发展程度就越高，生活内容也越丰富，生产和生活设施也更加完善。

4. 一定的组织管理机构

社区作为一个承载着多功能的地缘性社会实践活动的共同体，同时也

社区中，全体成员赖以从事生产和经营活动的工业厂房、机器、能源、道路、仓库和生产资料等

社区中，全体成员赖以享受日常生活的房屋、家具、运输工具、日用品商店等

社区中，全体成员赖以进行文化、教育、健康、医疗卫生活动的基础设施，例如学校、文化站(室)、医院(卫生院、医疗所)等

社区中，全体成员赖以参加管理活动和政治活动的基础设施，例如会议室和管理机构办公室等

图 1-2　构成社区的生产、生活设施

是一个具有经济意味的社会工具。在社区中往往存在着许多人际关系和利益纠纷等，社区需要配备相应的组织管理机构去处理相关事宜，因此一定数量的、负责不同工作的组织管理机构也成为社区的构成要素之一。它们的主要职能如图 1-3 所示（文军、陈雪婧，2023）。

职能一	社会管理控制的职能，即社区管理部门和机构运用社会权力对社区所有成员的行为进行制约，使之能够与既定的社会准则相一致
职能二	社会管理的职能，即社区管理部门和机构发挥动员、督促以及指导全体成员参加各类集体活动的作用
职能三	依照社区成员的共同愿望和社区发展需要，管理、支配社区的公共资源和公共财产
职能四	承担着制订、实施社区计划，带头推动社区建设的工作职责
职能五	发挥贯彻落实执行党和政府的思想路线、方针政策的积极推动作用

图 1-3　社区肩负的五个主要职能

　　由此可见，社区里存在着一定的行政管理部门，可以促进社区有序化发展。

　　5. 具有一定特色的文化

　　在社会中，对于文化的定义，可以从广义和狭义两个角度进行探讨。

广义文化是一种客观存在。文化，作为人类共同创造的精神和物质财富的综合体，是人类智慧和创造力的结晶。它包括物质文化和制度文化两个方面。在狭义的定义下，文化是人类共同创造的一种精神财富，一种凝聚着人类智慧和创造力的现象。在现代意义上，文化是指人与人之间的相互关系所构成的整体。在狭义的文化范畴内，社会的价值观、公共秩序以及良好的风俗习惯、语言和行为规范都是文化的体现，而社会文化也是一个至关重要的要素。因此，研究文化不仅要考察其本身所包含的内容及其特点，而且要分析这些文化对其他相关文化产生影响的机制和方式。由于文化在社会内部不同群体之间的互动和交流中扮演着至关重要的角色，并对社会群体的互动方式产生着深远的影响，所以说文化既反映了某一民族或国家在某一历史时期人们所共有的生活方式、思维方式及价值观念，又体现了该民族或国家的精神气质与精神风貌。由于地理条件、发展水平和文化传统的多样性，不同地区所孕育的文化也呈现出千差万别的面貌。因此，人们对地域文化的认识与理解也各不相同。就算不考虑中国南北文化差异所带来的影响，以北京和天津这两座地理位置相近的城市为例，它们也各自拥有独特的文化传统和语言表达方式。这一事实恰好验证了中国传统文化中"十里不同风"的说法，也就是说，即使在地理距离不太远的情况下，两个地区之间也会存在地域特征差异。因此，一个区域内各个社区之间必然存在着独特而又相似的文化特征。社区文化的独特之处在于，它是在内部群体长期的生活中逐渐形成和发展的，这也是社区独立于其他社区的一个重要因素（袁方成、陈泽华，2019）。

6. 社区居民具有一定的社区意识

社区意识用于描述那些生活在社区内部的居民，他们对所处社区的认同更多的是一种深层次的情感体验，对所处的社区产生一种热爱和敬佩。它包含人们对自己所处社区的认同感，以及对社区的归属感和自豪感。这种心理上的思考和感受，既是社会生活长期促进和直接影响全体成员的必然结果，也是社区重要的构成要素和衡量社区价值的重要标准。因此，它是我们研究社区建设、管理和发展时必须考虑的一个基本问题。如果某一地区的居民不能建立社区意识，那就很有可能不能形成社区凝聚力，难以与他人建立共同的社区生活，从而无法形成和谐的社会共同体。因此，社区建设的核心就在于如何增强社区意识。在中国传统社会中，代代相传的人们生活在一个固定的区域内，逐渐形成了一套行为模式，建立了一套社会关系，从而逐渐培养了强烈的社会文化意识和"地方观念"。这种区域意识和地方感情不仅体现为一种民族精神，而且成为一种集体无意识和人们的集体记忆。长期以来的说法，如"家乡的水好不好，离家乡近不近"和"老乡见老乡，两眼泪汪汪"，都生动地表达了这个事实。随着现代社会的发展，人们的社会活动范围不断扩大，流动性不断增强，这无疑对区域社会关系的进一步发展产生了负面影响。特别是随着城市人口的增加，不同地区之间的经济和政治差距越来越大。然而，共享的基础设施和现代住宅布局等因素，大大拉近了不同居民之间的距离，甚至将人们联系在一起。因此，人们形成了各种基于社区的组织结构，形成了一个新的生活共同体，从而改变了区域内的人际关系和心理状态。

社区是由多种要素的有机融合所促成的。然而，必须确立明晰的立场。

社区的不同级别和类型在要素的发展水平上呈现明显的差异。这种差异是由城市与乡村两个层次所决定的。从社会经济的角度来看，不同种类的社区对居住服务的需求呈现出明显的差异。就我国城市而言，随着城镇化进程的加快，城市居民的生活质量得到显著提高，人们对于各种设施的要求也越来越高。尽管中国现代化大都市社区的生活服务设施已经相当完备，但在偏远落后的农村社区，其生活服务设施却显得十分简陋，难以满足居民的基本需求。因此，我们可以发现不同类型社区居民所需要的生活设施及配套服务的状况是不同的。这种差异也揭示了不同地域社会经济结构的特征以及社会群体的构成。相较于传统的农村社区，城市社区在现代化水平和人口素质方面表现得更为出色。另外，社区内的各种要素组成了一种相互依存、相互作用、相互促进的有机整体。因此，在分析社区时，必须考虑到这些要素及其相互间的联系与作用。社区的多样性取决于其各个组成部分的完整性，同时也与社区的发展水平密切相关。

社区的发展受到各种因素之间紧密协调的影响，这种相互作用的重要性不可低估。第一，当社区内部存在各种矛盾和冲突时，这些矛盾和冲突可能会对社区的发展产生不利影响，从而限制其进一步的发展。第二，如果社区内居民缺乏足够的经济实力来改善其生活条件，那么社区将无法实现可持续性发展。当农村社区的人口规模超过现有土地的总承载能力，或者教育设施无法满足小学生和幼儿的教育需求时，这些因素可能会对社区的可持续发展造成阻碍。第三，如果社区内出现一些不利于社会稳定与安全的因素，这些因素很容易使社区处于危险之中。第四，若社区在运营过程中受到多种因素的限制，遭遇各种难题，将会对社区的整体运营造成不良影响，其中包括一些外部条件的变化所导致的压力或阻力，以及社区内在机制本身的缺陷所带来的负面影响。城市社区的人口、区域、生产、生活等多种因素的影响和需求，可能导致城市社区行政管理机构的设置与之不相适应；同时，管理人员的思想文化素质也有可能低于社区居民，这将对社区的健康和谐发展造成严重障碍。第五，随着经济社会的不断发展，社区功能的不断完善，必然要求政府在管理体制上进行相应调整。在推进城乡一体化的进程中，政府作为国家政权的主要组织机构，其治理行为对于整个社会的发展具有至关重要的意义。因此，在社区工作中，必须始终贯彻协调发展的原则，以确保社区各个组成部分之间相互促进和互补（王晓燕，2023）。

（三）社区的功能与分类

1. 社区的分类

当前对于社区的分类多种多样，根据社区的经济发展情况可以将社区分为经济发达社区和经济欠发达社区；根据社区的职能可以将社区分为居住社区、政治社区和商务社区；根据社区的地理位置，可以将社区分为平原社区、山地社区等。虽然当前对于社区分类的方式多种多样，但将社区分为乡村社区和城市社区仍是最常见的分类方式（严春鹤、安民兵，2022）。

我国乡村社区的居民大多从事农业经济活动，伴随着现代化和城镇化进程的推进，乡村社区开始了产业升级，由第一产业向第二产业、第三产业转变，逐渐成为新型"现代化"乡村社区。但与城市社区相比，乡村社区的相关活动较为疏松，工作地点和生活也较为分散，人口密度也远远低于城市社区。

较大的城市社区一般都有其各自的功能和特征，社会结构较为复杂，如居住区、休闲区、自然保护区等。

本书认为，社区划分的基本原则是：便于居民自治、便于管理和服务、便于资源整合，兼顾地域面积（地域条件）、人口数量和居民认同感等因素。

2. 社区的功能

一个成熟的社区应该具有完善的功能，并且可以充分满足每一个社区成员在政治、经济、文化、教育、服务等方面的各种需要（Angel et al.，2020）。具体如表1-1所示。

表1-1　成熟社区的功能

序号	功能	说明
1	经济功能和社会保障功能	救助和保护社区内弱势群体，如设置家庭病床、指导计划生育、免疫接种、打扫公共区域等
2	社会服务功能	主要是公益性质的服务，表现为无偿性或微利、微偿性的服务，最大限度满足社区居民的需求。还包括为社区居民和单位提供社会化服务，如家电维修、洗熨衣物、电视电脑网络管理等
3	社会化功能	促进人的社会化，包括开设工读学校、社区帮教、社区矫正等服务。提高社区成员的品德文化素养和思想文化政治修养，组织文娱活动等
4	社会控制和社会稳定功能	管理生活在社区的人群的社会生活事务。化解各种社会矛盾，保证居民生命财产安全，如守楼护院、调解家庭和邻里纠纷、提供法律咨询、办理户口
5	社会交往和社会参与功能	主要是培养社区居民的社区意识和公共精神，增进居民之间的关怀与情感交流，消除现代社会常见的人际冷漠、人际阻隔现象，营造和谐互助、相互关怀的社区氛围

二　社区治理

（一）何谓"治理"

治理（governance）概念源自古典拉丁文或古希腊语"引领导航"（steering）一词，原意是控制、引导和操纵，指的是在一定规模的范围内运用权力、行使权威。它可能隐藏着一个新的政治合作过程，即在许多不同利益共同努力产生或者共同发挥作用的领域之间建立一致或取得一致认可，以便于指定实施某项战略规划（俞可平，2000）。

20 世纪 90 年代，社会治理这一科学概念逐渐在全世界范围内兴起。全球治理委员会在 1995 年提出了"治理"一词，对其定义如下："治理是社会中各群体和机构管理共同事物的方式总和。它是一个不断调和冲突或不同利益并共同行动的过程，其中包括有权迫使人们服从的正式机构和治理系统，以及个人和机构之间已经达成协议或被认为符合其最佳利益的非正式安排。"从这个角度看，"治理"被赋予了许多新的内涵，如合作的概念和参与性原则，使得治理成为一门新兴学科——公共政策研究。治理不仅仅是一套法律法规，也不仅仅是一种社会活动，而是一个涉及多个方面的复杂过程，需要不断完善和提高；治理的形成和建立不是基于社会主体推动的政策，而是基于社会主体协调的政策；治理工作的实施需要同时协调公共和私人部门的利益；治理不仅需要政府直接管理社会，还需要通过其他手段来实现这一目标。治理的本质不在于简单的官僚体系，而在于建立一个持久的、相互影响的长期体系，这是治理的必要条件（俞可平，2000）。

党的十八届三中全会通过的《中共中央关于全面深化改革若干重大问题的决定》（以下简称《决定》）首次明确"国家治理"的基本概念，其中一个核心内涵是坚持党的领导、人民当家做主、依法治国的有机统一，具体来说，就是包括增强党的政治领导性，进一步以人民民主和中国社会主义法治为基础建立规范的国家治理体系等目标，其中依法执政、依法行政、依法治国的执行力度和水平，也是国家治理法律制度健全程度及治理体系现代化程度的一个重要衡量标准。

从"管理"到"治理"，虽然仅有一字之差，但不只是概念的转换，更是改革理念的一次升华，其内涵与外延都已经发生深刻变化。"治理"指的是具有特定行政职能的公共权力管理部门、公共服务机构、社会团体和组织等多维度的相互作用，对各类公共事物平等参与和互动协调。相对于"管理"在理论内涵上的单打独斗、居高临下，"治理"的提出被认为是理念上的一个重要进步，有利于推动社会参与、调动社会的活力，更好地维护人民群众的利益，并使相应的国家和社会治理创新的外延得到极大拓展。"治理"的主要着眼点之一是如何促进社会参与。"治理"这一概念强调的内容是社会各类主体在国家和社会事务中的地位及其发挥的作用。《决定》在此基础上进一步提出了"政府治理"和"社会治理"。"治理"的核心和主要着力点在于如何激发社会活力及生命力。从"管理"转变为"治理"，需要充分突出国家和地区在社会事务上的共同管治，并为此努力搭建不同政治经济主体共同参与的平台、完善不同政治经济主体平等协商的长效机制，从而充分调动和不断激发社会经济发展活力。

（二）社区治理的含义

在我国，2000 年学术界就已经开始逐渐运用治理理论来描述并解释社区之间密切相关的各种问题。

党的十八大以后，国家层面正式明确了对于社区治理的提法。在现有的社区治理领域中，各级政府使用社区治理来替代社区管理，并开始应用于实践层面。党的十九大报告再次明确提出，加强社区治理体系的改革建设，推动社会治理的重心向基层下移，发挥基层社会组织的主导作用，实现政府治理和社会调控、居民自治的良性互动。

不同学者对社区治理做出了不同的界定。

田玉荣（2003）认为，广义的社区治理，是指社区、国家和市场三者有机地紧密结合在一起而逐渐产生并发展起来的一种社会有效互动的治理方式。卢玮静等（2016）认为，社区治理泛指在本地区范围内，政府与社区公民和其他社会组织共同管理社区公共事物的活动总和。张永理、徐浩（2014）认为，社区治理是指社区内部多元主体之间通过协商合作互动、共同为其他人提供公共服务产品和方法来实施对整个社区所有公共事务的综合管理，提高整个社区的居民自治水平，实现社区的可持续发展。

综合以上学者的观点，本书认为，社区治理主要是一种治理概念，即治理理论在整个社区领域的具体应用，它主要是指对于社区范围内的公共事务所进行的综合治理。社区治理是社区中的党政组织、自治团体、社会组织、居民及辖区单位等多元主体根据正式的法律、法规以及非正式的社区各类规范、公约、合同或者协议等，通过协商谈判、协调互动、协同行动等手段，共同负责管理社区公共事务，协调利益关系，解决社区中根深蒂固或是突发性的问题，加强社区居民对于社区的认同、激发社区居民主人翁的责任意识，提高社区可持续发展能力的过程。社区治理主要包括图1-4所示含义。

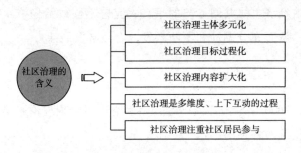

图 1-4　社区治理的含义

1. 社区治理主体多元化

在一定程度上，政府进行治理会对社会发展产生促进作用，但是从行为主体来看，政府并不是唯一的治理主体，治理主体是多元且多样的，如社区居民、社区自治团体等都可以成为治理主体，它们通过政府的媒介作用建立相应的联系，从而实现共建共享，实现多地区合作，共同决定社区公共事务。政府与社区各个主体之间建立友好、积极的战略伙伴关系，从而使得善治成为现实，实现社区各类资源的有效整合和最大化地保障社区各类主体的利益。

2. 社区治理目标过程化

在社区治理中，既要有短期目标，也要有长期目标，将解决目前紧急的问题作为短期目标，将解决那些处理难度大，需要多方合作，处理时间长的问题作为长期目标，逐步击破。

此外，社区治理需要进一步加强社区管理人才队伍培育，即积极调动社区内部居民参与公共事务，培养社区居民的社会责任感和主人翁意识，建立社区内的正式规范和非正式规范，对各主体行为进行规训，从而营造社会和睦发展、居民和谐共处的氛围。通过对社区的长期治理，逐步实现长期目标。

3. 社区治理内容扩大化

社区治理的具体内容覆盖了社区居民生活的各个方面，关系到社区居民的利益（见图1-5）。

社区服务和社区照顾　社区安全与综合治理　社区公共健康与疾病的综合防治　社区生态环境及公共物业管理　社区传统文化和社会精神文明的综合建设　社区的基本社会保障与社区社会福利

图1-5　社区治理内容

社区要想真正切实做到对社区内外各类公共事务的有效综合治理，就必须尽可能地调动各类公共资源，构建治理机制，激发居民参与的积极性，实现对社区公共事务的良性有效治理。

4. 社区治理是多维度、上下互动的过程

治理与政府对行政权力的实际管理之间没有所谓的区别，行政权力的实际运行和管理不应该总是独立的、自上而下的。社区治理不仅仅是通过发送指令、监督执行等方式来实现管理目的，而是通过与部门的合作、协商、协作、互动来促进目标的实现，然后进一步依靠所有人在内心世界的共同认同和自我认同来决定如何及时采取联合治理措施，共同管理好社区的公共事务和活动。这种多维度的、颠覆性的互动发展过程，可以通过社区被人们广泛接受和广泛认同，而不是通过被外界强制和压迫来促进治理。

5. 社区治理注重社区居民参与

社区治理十分看重居民参与，强调居民对社区发展的每一个环节进行规划，社区的建设以及社区事务的处理等都必须体现出社区居民的广泛参与，与居民的需求相适应。居民在生活中不再依附于单位或街居团体，更不受它们的庇护，而是彼此形成了平等、互惠的关系。

三 社区治理现代化

治理现代化，是我国社会主义现代化建设的明确目标，是我国社会主义现代化的主要内容和重要组成部分。党的十八届三中全会明确提出，全面深化改革的首要目标是建立健全中国特色社会主义政治体系，推进国家治理结构和能力现代化。社区作为社会组织的基本单元和基础，承担着社会治理的重要职责。加强和创新社区治理，对于维护群众切身利益、促进社会和谐稳定发展、推动经济社会全面协调可持续发展意义重大。社区治理是我国国家治理的重要组成部分。党的十八届三中全会提出推进基层民主政治发展，健全党委领导下政府负责、企业依法参与、居民广泛监督的城市社区管理体制，推动城乡一体化发展。一个国家治理能力现代化的水平由治理质量和治理绩效决定。因此，治理能力的提升就成为当前构建社会主义和谐社会进程中面临的重大而紧迫的课题之一。推进治理能力现代化建设是促进和实现国家治理能力和治理体系现代化的重要内容。

党和人民群众要相互支持，各类组织要积极参与，共同协商建立多元治理主体的管理机制，共同参与和推进社区发展，解决社区内的问题。实现社区治理体系科学化、法治化、智能化和高效化的目标。

总而言之，社区治理现代化的特点如图 1-6 所示。

图 1-6　社区治理现代化的特点

（一）坚持党的领导

坚持党的领导是推进中国特色社会治理体系建设、促进社区治理现代化的重要举措。要实现这一目标，关键是充分发挥好基层党组织的领导核心作用和党员群众的主体作用，使之成为推动城市社会和谐稳定发展的强大动力。在当前新的历史时期，各级党建工作者所面临的紧迫而艰巨的任务之一，是进一步加强基层党组织建设，以更好地发挥其在政治引领方面的作用。要强化"三个意识"，增强做好各项工作的责任感和使命感，要树立坚定正确的政治思想。中国共产党第十九次全国代表大会的报告中，强调了必须始终坚持党对所有工作的总体领导原则，这是我们必须坚定不移地追求的目标，这是新形势下全面从严治党的战略要求，也是深化党的建设制度创新、完善国家治理体制、提高执政能力的内在需要。我们党和国家最广泛的基层组织，也是推进改革、发展和完成各项任务的主要战场。因此，加强基层党支部建设，充分发挥基层党组织的战斗堡垒作用就显得尤为重要。

党的基层组织建设是保证党的方针政策落地实现的根本力量。因此，加强基层党建工作具有十分重要的现实意义。作为城市最基本的组织单元，基层社区必须紧密围绕中心任务开展党建工作，以确保其有效性和可持续性。因此，充分发挥好基层党建对社会管理创新的引领作用，促进我国社会和谐健康可持续发展具有十分重要的意义。在推进社区治理现代化的进程中，我们将持续发挥社区党建的创新引领作用，不断提高社区的整体治理水平。党对基层党建工作提出了更高要求。加强社区党建是实现国家富强和人民幸福相融合的必然要求，这是我们必须不断追求的目标。随着我国经济水平的不断提升，人民群众的物质生活水平日益提高，对于精神文化方面的需求也日益增长。应当充分发挥社区党组织的作用，完善相关会议制度，促进居民参与，承担社会责任，建设美丽家园，共享社会发展成果，我们必须持续不断地进行探索和创新，提高社区治理能力和提供服务的能力。加强社区党支部党员队伍建设，切实提升他们在应对新时期城市管理事务方面的能力和水平，以适应时代发展的需求。

（二）治理目标人本化

传统的社区治理以稳定秩序为侧重点，而现代社区治理则以增进人类福祉为中心，致力于推动可持续发展，为人们带来自由和幸福。在这个过程中，政府扮演着非常重要的角色。随着全球经济一体化的不断深入，涌现出一系列新的现象和趋势，对各国政府提出了前所未有的挑战。如何应对这些变化是摆在我们面前的一项紧迫任务。目前，中国正处于深刻改革的关键时刻，社会矛盾日益凸显，各种错综复杂的问题层出不穷。这些问题在很大程度上是由政府职能不到位造成的。为了实现"上行下效"的工作模式，政府需要转变管理方式，加强与群众的沟通和协调，以提高工作效率。要实现这一目标，就要把人民作为主体，让群众满意才是硬道理。党的十九大报告中强调了以人民为中心的理念，这是我们必须时刻铭记的核心价值观，它深刻地影响着我们的行为和决策。建设社会主义现代化强国离不开和谐稳定的社会秩序。在当今新的历史时期，构建共建共治共享的社会治理格局是解决当前众多问题的重要措施之一。构建现代公共文化服务体系，就是通过整合资源、创新服务机制、提升服务质量，让更多人享受到优质高效的精神产品和信息服务。为了实现这一战略目标，必须不断提升基层公共服务水平，以满足人民群众不断增长的需求和期望。因此，如何进一步深化基层改革，创新社会管理体制机制，推动形成权责清晰、分工合理、协同高效、保障有力的现代治理体系就成为摆在各级地方政府部门面前的一个重要而紧迫的课题。随着经济社会发展方式的演变和城市转型升级的加速，传统的行政治理模式已无法适应新形势的需求，迫切需要探索建设以服务为导向的全新政府模式。社区治理现代化是一种以提升居民生活质量为目标的创新理念和实践活动。在推进社区治理现代化的进程中，必须以人为中心，将增强居民的幸福感作为根本的服务立足点，充分发挥各部门的作用，构建智能化、完备化的社区服务系统，通过提供高质量的服务来惠及居民，满足居民多样化需求。

（三）治理体系科学化

社区治理的现代化趋势在于实现多元协同共治，这是社区治理体系不可或缺的重要特征。在这一背景下，城市基层党组织引领着国家行政权力向乡村下沉，并以"党建＋社会工作"模式推进农村社区建设和发展，形成了新型城乡社区格局。我国所构建的城乡社区治理主体新格局，不仅呈现出多元共治的普遍特征，更凸显出多元共治的结构特征。党在长期执政实践中形成了以"党的领导"为核心的政治优势，这决定了我国社区治理主体格局必然是由多种要素融合而成的有机整体。基层地域性党组织（如街道、乡镇、社区、村党组织）在协调政府和居民自治之间起着重要作用，形成了一个良性互动的结构体系（唐忠新，2015）。

（四）治理方式法治化

社区治理现代化的重要组成部分之一是将社区治理纳入法治化范畴，其核心在于实现社区治理的程序化、规范化和文明化，以确保高透明度、公平参与、协商和诚信等特征的凸显。社区治理法治化是实现民主政治的重要途径，也是社会主义和谐社会建设的基础工程。社区治理的法治化在于通过制定法律程序规范社区治理过程中各主体的权利和义务，以实现社会的和谐、有序和共同发展的目标。社区治理法治化就是要实现国家与社会关系的制度化管理，使政府行为符合法律规定的基本原则和要求，并能得到广泛认同，成为公民自觉遵守的行为规范（吴新叶、陈可，2023）。这种治理方式的规范化体现在以下两个方面。

为了推动社区治理的发展，我们必须始终坚持依法治理的原则，确保所有的行为都是合法的，同时必须承担法律义务。我们必须秉持法治的理念，以法治的方式解决社会问题，化解社会矛盾，这是我们必须恪守的基本原则。

提高社区协商机制的规范性和程序性，从而促进社区居民的沟通和协作，从而提升社区治理水平。对于涉及居民利益的重要决策问题，必须通过充分的沟通和协商来解决。

（五）治理手段智能化

现代科技手段在社区治理现代化的进程中发挥着重要作用，现代科技手段的参与是提升社区治理科学化水平的重要举措。

目前我国社区治理还存在诸多制约因素，迫切需要借助现代科学技术来提升社区治理能力。在推进社区治理现代化的进程中，必须重视以科技为支撑的社区治理创新，以促进社区治理现代化。社区治理智能化是指利用现代信息技术实现对社区信息资源的采集、整合、分析、共享，并以其为基础构建新型的社会服务体系和管理模式。充分利用新一代信息技术，推进互联网与社区治理的深度融合，构建社区服务平台，创新社区服务模式，解决社区问题，提升社区治理和服务的效率和质量。

（六）治理绩效高效化

现代化的共同体治理除了关注治理结构、管理能力和机制，还关注共同体治理绩效的提升。因此，要实现社区治理的科学化与民主化就必须从社区治理的绩效入手，构建一套科学有效的指标体系来反映社区治理绩效。社区治理的实施需要综合考虑社会经济发展水平、居民生活质量、国家公共服务质量、居民文化建设以及社区生态环境状况等五个方面的因素。社区治理绩效的评价主要有两个标准，即社区治理效果与居民满意程度。在设计社区治理成果评价指标时，应综合考虑社区管理、服务、公共意识、环境等多个方面，以居民的满意度为导向，强调以人为本、公平正义、民主法治、社会稳定等基本原则，并确定各二级指标。社区是人们日常生活和社会活动的主要场所，也是构建和谐社会的重要载体。在当代社会中，我们需要在社区治理中实现和谐、有序、充满活力、安全、舒适，同时在社区服务中实现设施先进、功能齐全、服务优良，在社区意识中营造共同参与、亲密包容、相互关爱的氛围，从而营造绿色、文明、生态优美、干净整洁的社区环境。此外，还需要注重社区文化建设，加强基层党组织建设，完善社会保障体系，健全民主决策机制等。运用这些度量标准来评估一个地方社区治理的绩效水平，可以有效提升社区居民的满意度和信任度。社区治理的目标就是使社区成为真正意义上的和谐社区。建立一个现代化的社区治理指标体系是评价社区治理成果的核心任务之一。具体指标可参考表1-2。

表 1-2　社区治理能力现代化指标体系

	一级指标	二级指标	三级指标
社区治理能力现代化指标体系	社区治理结构	社区党组织	组织建设能力
			制度建设能力
			核心领导能力
			统筹协调能力
			凝聚力
		社区居委会	社会调查能力
			群众工作能力
			服务能力
			组织动员能力
			协调能力
		社会组织	类型
			数量
			规模
			专业化程度
			参与度
			影响力
		社区居民	参与意识
			参与度
			参与内容
			参与效能
	社区治理过程	治理制度	社区治理规则
			社区治理政策体系
		治理机制	决策机制
			居民参与机制
			信息公开与沟通机制
			公共需求调查机制
			绩效评估机制
	社区治理技术	社区信息化建设	网络基础设施
			信息化平台
			信息化人才队伍
			信息化手段

续表

	一级指标	二级指标	三级指标
社区治理能力现代化指标体系	社区治理绩效	社区管理绩效	邻里关系
			弱势群体关爱程度
			治安状况
			居民安全感、犯罪率
			邻里矛盾
			社区冲突、突发事件
		公共服务绩效	公共服务基础设施
			公共服务覆盖面
			公共服务模式创新
			公共服务质量
		社区公共意识	社区熟悉感、亲切感和依恋感
			心理归属感
			对社区的认同度
			物质和精神需求满足感
			对社区党组织和居委会的信任度

第三节　城市社区治理研究的进展与方向

一　研究的基本状况

（一）城市社区治理研究的总体趋势

1. 研究的总体情况

笔者在中国知网中国期刊全文数据库 2000～2018 年的学术期刊中以"城市社区治理"为关键词进行检索，最终检索到符合条件的学术论文 945 篇。论文涉及学科包含政治学、社会学、法学、经济学、教育学等，其大致分布情况如表 1-3 所示。

表 1-3　城市社区治理研究文献在学科领域的分布情况

单位：篇，%

学科	篇数	占比	累计占比
社会学	207	21.9	21.9
政治学	670	70.9	92.8
法学	17	1.8	94.6
经济学	14	1.5	96.1
教育学	15	1.6	97.7
其他	22	2.3	100.0
合计	945	100	

根据表 1-3，在城市社区治理的研究文献中，占比最高的是政治学方面的研究文献，占比超过 70%，其次是社会学方面的研究文献，将政治学与社会学的研究文献合并计算之后发现，这两个学科关于城市社区治理的研究文献占 90% 以上。将所有检索到的期刊论文进行年度划分，具体划分结果见表 1-4。

表 1-4　2000~2018 年论文发表情况

单位：篇，%

年份	篇数	占比	累计占比
2000	1	0.1	0.1
2001	0	0	0.1
2002	3	0.3	0.4
2003	7	0.7	1.1
2004	8	0.9	2.0
2005	15	1.6	3.6
2006	15	1.6	5.2
2007	21	2.2	7.4
2008	34	3.6	11.0
2009	34	3.6	14.6
2010	31	3.3	17.9

续表

年份	篇数	占比	累计占比
2011	31	3.3	21.2
2012	31	3.3	24.5
2013	51	5.4	29.9
2014	104	11.0	40.9
2015	118	12.5	53.4
2016	125	13.2	66.6
2017	162	17.1	83.7
2018	154	16.3	100.0
合计	945	100.0	

　　从表 1-4 和图 1-7 中我们可以看出，从论文数量维度来看，我国的社区治理研究经历了萌芽、稳健发展到快速发展的阶段，如表 1-5 所示。

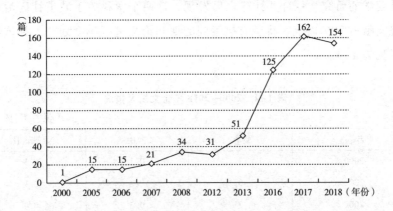

图 1-7　2000~2018 年部分年份论文发表数量

表 1-5　我国城市社区治理研究阶段

序号	阶段	时间	论文数量说明
1	萌芽阶段	2000~2006 年	2006 年之前中国城市社区治理的整体研究进展比较缓慢，研究成果较少，这一阶段所发表的论文数占全部论文数的 5.2%，平均每年发表论文 8.2 篇

续表

序号	阶段	时间	论文数量说明
2	稳健发展阶段	2007~2012 年	这一阶段论文数量有所增加，数量日渐趋于稳定，这一阶段所发表的论文数占全部论文数的 19.3%，平均每年发表论文 30.3 篇，比第一阶段增加了近 3 倍，可以说是稳步增加的阶段
3	快速发展阶段	2013~2018 年	从 2013 年开始，关于城市社区治理的论文急剧增加，到 2017 年达到峰值。这一阶段所发表论文数占全部论文数的 75.6%，平均每年发表论文 119 篇，是第一阶段的 14.5 倍，是城市社区治理研究论文的迅猛增加阶段

从国家社区建设和治理政策来看，研究成果数量与政策发展有着紧密关系，在一定程度上体现了我国社区建设和发展的历程。学者郭圣莉、张良（2018）把改革开放以来的中国社区发展进程划分为启动、发展、转型三个阶段，如表 1-6 所示。

表 1-6　中国社区发展进程

序号	阶段	时间	主要表现
1	启动阶段	1978~1999 年	这一阶段主要表现为社区概念的提出、社区服务的起步和以居委会为主的组织改革。随着单位制的逐步瓦解，1986 年民政部提出"社区服务"的概念，1993 年国务院 14 个部委联合颁发《关于加快发展社区服务业的意见》，社区服务在各大城市中蓬勃兴起
2	发展阶段	2000~2012 年	这一阶段主要表现为社区服务持续发展完善，社区在社区建设的概念框架下全面发展，社区建设实验全面铺开。2000 年，中共中央办公厅、国务院办公厅联合转发《民政部关于在全国推进城市社区建设的意见》，明确提出城市社区建设的指导思想、基本原则、主要目标和基本任务，自此，中国社区建设进入新的发展阶段。随之，城市社区建设和社区管理引起社会各界极大兴趣，关于社区建设和社区治理的研究成果逐年增多，形成逐年递增的态势

续表

序号	阶段	时间	主要表现
3	转型阶段	2013 年至今	社区建设进入转型升级的社区治理新时期,全国各地社区以基层党建为核心,努力构建多元共治新格局。党的十八届三中全会首次提出社会治理概念,作为社会治理的重要组成部分的社区治理受到学术界的高度关注,成为当今学术研究的热点领域。因此,2013 年后学界关于城市社区治理的研究成果在数量和质量方面有巨大的突破

2. 城市社区治理研究的知识图谱

笔者采用了基于共词分析的方法来探讨高频关键词的分布特征及发展趋势,为进一步研究该领域提供一定参考依据。以 Bicomb 2.0 共词分析软件为分析工具,以关键词为统计要点,对 945 篇检索到的相关文献进行统计,共得到 3785 个关键词。不同作者所使用的关键词各有侧重,导致所检索的文献中出现了一些意义相近或主题高度相关的关键词,从而增加了检索的难度。这些关键词在一定程度上反映出高频词语之间存在着某种关联。在对关键词进行筛选后,笔者对前 24 个高频关键词进行了排序(见表 1-7)。

表 1-7 关于城市社区治理研究的前 24 个高频关键词

单位:%

序号	关键词	频次	占比
1	社区治理	374	9.88
2	社区或城市社区	320	8.45
3	城市社区治理	122	3.22
4	治理或社会治理	103	2.72
5	多元共治或协同治理或合作治理	70	1.84
7	社区参与或居民参与	56	1.48
8	社区自治	52	1.37
9	治理创新或体制创新或制度创新	51	1.35
10	治理模式或社区治理模式	47	1.24
11	治理结构	42	1.11

续表

序号	关键词	频次	占比
12	社区居委会	41	1.09
13	社会组织	40	1.06
14	社区建设	37	0.98
15	社区居民	29	0.77
16	法治化或依法治理	27	0.71
17	社区服务或公共服务	25	0.66
18	问题或困境或对策建议	25	0.66
19	政府或政府角色或政府主导	24	0.63
20	社会资本	22	0.58
21	治理现代化	18	0.48
22	业主委员会	17	0.45
23	治理理论	16	0.42
24	社区党组织或基层党建	16	0.42

（二）城市社区治理现代化研究现状

笔者在中国知网中国期刊全文数据库中对 2012～2018 年的学术期刊论文进行主题和篇名的模糊搜索，以主题为检索条件一共搜索到 477 篇论文，以篇名为检索条件一共搜索到 125 篇论文。将论文按照发表时间进行统计，具体情况如表 1-8 所示。

表 1-8　2012～2018 年发表的论文数

单位：篇

年份	主题	篇数
2012	3	1
2013	5	0
2014	41	14
2015	73	31
2016	116	28
2017	127	24
2018	112	27
合计	477	125

1. 有关于推进社区治理现代化的研究文献可供参考

城市社区治理现代化的相关论文数量总体呈现上升之势，直至 2017 年达到巅峰。中央层面发布了一系列文件对治理现代化进行顶层设计与部署，地方也陆续出台相关政策并付诸实施。随着时间的推移，治理现代化的研究内涵一直在拓展，研究层次也从宏观逐渐达至微观，理论层次与研究思路越来越清晰，制度也在不断健全。

2. 就研究议题而言

当前，学者们主要专注于社区治理现代化的演进历程、内在特质、实现途径以及指标框架等方面的研究。

3. 关于社区治理现代化发展历程的研究

绝大多数学者认为城市社区在中国的发展经历了从社区服务到社区建设再到社区治理的过程。不同学者对其从不同角度进行了探索。

袁方成、王泽（2019）对中国城市社区治理现代化之路进行了多维度考察，认为新中国成立以来我国城市社区治理经历了四个阶段的发展，最终形成了具有中国特色的发展前景。中国城市社区治理的特色道路彰显了宏大的现实蕴意和深刻的时代价值，也昭示着国家治理现代化的走向和前景。郭圣莉、张良（2018）对改革开放 40 年中国城市社区治理变迁及其逻辑进行了探讨，从城市社区治理内容的角度将城市社区治理划分为启动、发展和转型阶段。

4. 关于社区治理现代化内涵的研究

大多数学者认为，社区治理现代化主要包括社区治理体系现代化和社区治理能力现代化两个方面。

王木森、唐鸣（2018）对新时代城乡社区渐进式的发展提出路径建议。刘海军（2016）认为，社区治理的理念和路径必须得到创新，要在党的领导下创新路径，从而推进现代化进程。

5. 关于社区治理现代化评估指标体系的研究

马建珍等（2016）运用结构与过程方法，构建了一个以社区治理结构、治理过程、治理技术和治理绩效为维度的社区治理能力现代化三级指标体系，并提出了实现社区治理能力现代化的政策建议。陈诚（2017）在

《社区治理能力评估指标体系研究》一书中，阐述了社区治理能力评估与社区治理能力之间的关系，在 X 市 H 街道的实证调查基础上，分析了社区治理能力评估指标体系构建的理论基点，构建了包括指标框架、二级指标、三级指标、指标权重和指标运用等要素在内的社区治理能力评估指标体系。

6. 其他

此外，一批来自基层的社区治理工作人员在总结地区优秀治理经验的基础上，结合当地特点进行理性分析和归纳的一些研究成果为我们提供了宝贵的参考资料。这些成果既是实践经验的总结也是理论认识的升华，具有一定的前瞻性，为今后进一步开展相关研究提供了有益参考。

二　对研究现状的评价

（一）主要特征

通过梳理近年来我国城市社区治理研究的学术成果，可以将现有研究归纳为三个特点（见图 1-8）。

图 1-8　城市社区治理现有研究的三个特点

1. 社区治理政策演变与研究成果数量高度关联

尽管我国城市社区治理的历史不算悠久，但总体而言，其研究已经取得了丰硕的成果，并且社区治理相关政策出台的数量与研究成果数量呈现出同步上升的趋势。同时，随着社会经济发展以及城镇化进程加快，我国城市社区治理理论也不断得到丰富与提升。特别值得注意的是，自 2013 年以来，城市社区治理的研究文献数量出现了惊人的增长，这一现象与党的十八届三中全会提出的"推进国家治理体系和治理能力现代化"总目标以及中共中央、国务院颁布的《中共中央　国务院关于加强和完善城乡社区治理的意见》等文件密不可分。

2. 研究主题和内容不断拓展深化

目前学界对于社区治理的研究呈现多元化特点，不仅包括社区治理发展历史的梳理、理论概念的界定等方面，还包括现实经验的总结。研究内容较为丰富。

3. 研究方法从以理论阐释为主转向理论阐释与经验研究并重

早期研究注重历史主义和定性研究方法，侧重主观分析。在此基础上形成了以社会资本为核心理论基础、强调个体与集体互动作用以及重视政策执行过程等多种观点并存的局面。随着社区治理的不断发展，研究方法也逐渐丰富起来，大量的个案研究、定量研究方法被运用到社区治理研究中。在这一过程中，研究者逐步将理论与现实结合起来，形成"社会行动—制度建构"视角下的实证分析方法。

（二）目前研究主要存在的问题

社区治理目前研究主要存在的问题如图 1-9 所示。

跨学科、多视角整合性研究成果不足

应用性研究较多而基础理论研究不足

研究方法不平衡、单一化

研究内容还需要进一步丰富和拓展

图 1-9　社区治理目前研究主要存在的问题

1. 跨学科、多视角整合性研究成果不足

就学科分布而言，当前城市社区治理领域的研究成果主要集中在社会学、政治学等单一学科上，而从跨学科角度对社区治理进行探讨的研究比较少，尤其体现为经济学、教育学等方面的研究较为稀缺。这主要是因为当前我国城市社区治理领域的学术研究存在着一定程度的重复现象，对于同一主题的重复研究较为普遍，而不同维度的研究相对较少。

2. 应用性研究较多而基础理论研究不足

当前的学术研究主要聚焦治理问题的宏观层面，而缺乏以微观层面为基础的理论探究，这导致对城市社区治理缺乏深入的理解与思考，也影响到相关政策制定和实施效果。目前，对于中国城市社区治理的研究大多采用西方理论进行解释和研究，而基于中国国情、符合中国社会现实的理论视角相对较匮乏。同时，对一些基本理论概念缺乏必要的辨析与界定，导致研究结论不够准确、科学。此外，在基础理论研究领域，普遍存在一些笼统、模糊的主观论点，而具有深度、创新性和实证支持的分析结果较稀缺。

3. 研究方法不平衡、单一化

目前的城市社区治理研究在研究方法上呈现不均衡状态。定性分析与定量分析相结合是我国当前城市社区治理研究中比较常见的两种范式。在研究方法方面，历史方法和定性研究方法占据主导地位，宏观经济解释也较多，这些都是导致这一现象产生的重要原因。在实证研究领域，我们仍然面临缺乏深入案例研究和典型案例研究等方面的挑战。另外，国内学者关于城市社区治理的理论研究也较为薄弱。总体而言，当前的城市社区治理学术研究往往局限于宏观层面，而在微观层面的定量和精确研究则存在一定的不足。

4. 研究内容还需要进一步丰富和拓展

当前，城市社区治理的研究主要集中在社区治理的基础理论、模式、创新和参与等方面，研究较为碎片化，缺乏系统化和专业化的综合研究。我国正处于社会转型期，各种新情况、新问题不断涌现，需要通过不断的实践探索来提升社区治理水平。在大数据背景下的社区治理风险预警、物质安全、技术支撑和轨迹优化等方面的研究还相对不足，需要加强对社区治理现代化、人工智能和社区治理创新的探索和研究。

第二章　中国城市社区治理理论的演进及现代化逻辑

中国城市社区治理的理论逻辑框架是在中国城市社区治理的实践创新中逐渐形成的，同时在中国城市社区治理的演进中，大量借鉴了西方社会治理的基础理论。本章以在中国城市社区治理的历史演进中形成的理论逻辑框架为核心内容，探索中国城市社区治理历史演进中的理论逻辑变迁，形成中国城市社区治理的理论框架及理论逻辑。

第一节　中国城市社区治理现代化的理论框架

西方治理理论的发展为我国城市社区治理改革提供了有效的借鉴。中国城市社区治理现代化的理论逻辑构建需借鉴西方社会治理理论的先进思想，结合中国城市的社会环境、社区结构及发展方式。

一　社区治理的基础理论

社区治理的基础理论有图 2-1 所示五种，下面将介绍其中四种。

（一）新公共管理理论

1. 新公共管理理论的诞生背景

20 世纪六七十年代，西方资本主义国家受到资本主义经济危机影响，出现经济停滞和严重的通货膨胀，政府为了刺激消费，采用积极的政策提高税收，导致公共服务质量和效率降低，引起社会舆论，最终引发了意识形态变革。自由经济思想、公共经济学和选择经济学等学派的不断发展导致在意识形态方面出现大量的新思想（Yi et al.，2020）。新的思潮更加强

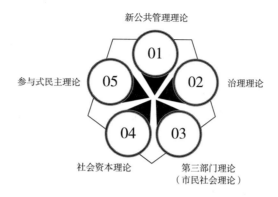

图 2-1　社区治理的五种基础理论

调市场的自由性，充分肯定了资本主义市场自身的调节能力和调节作用，呼吁政府不要过多干预市场，应通过市场经济行为的逐利性实现资源优化配置。只有政府减少干预，让市场自发调节，才能真正地实现社会供需的平衡，从而推动经济的发展与繁荣。也就是说，政府应当加强服务，减少过度的行政干预，推进市场化进程。

与此同时，原有的公共行政体系已无法满足日益增长的社会需求，无法适应快速发展的信息化社会。基于此，"重塑政府""再造政府"的"新公共管理运动"行政改革浪潮在世界范围内掀起，新公共管理（New Public Management，NPM）就此诞生。

2. "新公共管理"的相关理论

"新公共管理"也被称为"管理主义""企业化政府""后官僚制"等，与之相关的理论被称为新公共管理理论（易承志，2008）。

（1）七项原则论

胡德（Christopher Hood）对新公共管理理论的概述具有一定的代表性，在学术界具有较强的影响力，其提出了新公共管理理论的七项基本原则。

第一，职业化的管理。新公共管理要求管理人员需要具备管理的资格和资质，具备管理的知识和能力。

第二，制定管理标准和绩效制度。新公共管理理论强调要以制度为基础，强调管理的绩效，在管理标准和绩效制度中明确管理目标，并提出规范性要求。

第三，成本导向。要求在管理中要重视公共资源使用效能，合理控制公共资源支出，强调公共资源的投入产出比。

第四，单位化整为零。以小型化、独立化的单位替代庞大的公共单位。

第五，引进竞争机制。通过竞争机制提高管理效率。

第六，私人企业管理模式，借助私人化的管理方式提高管理质量。

第七，强化纪律约束。对公共管理进行约束和限制。（李维宇、杨基燕，2015）

（2）"十大政府"论

奥斯本（David Osbrne）和盖布勒（Ted Gaebler）提倡采用企业化的经营和管理理论开展公共管理活动，同时在政府改革中提出了"十大政府"论。

第一，掌舵型政府：在新公共管理理论中，政府的职能是把握发展的方向而不是埋头蛮干。

第二，授权型政府：善于向社会授权，引导社会参与而非亲力亲为。

第三，竞争型政府：引入市场化竞争机制，通过竞争提升服务质量和服务效率。

第四，使命型政府：以公共利益和公共价值为导向，向社会提供高质量公共产品。

第五，效率型政府：提升政府行政和服务效率，减少相互推诿。

第六，供需型政府：以社会需求为导向，满足社会需求。

第七，事业型政府：尽职尽责，尽可能减少不必要的支出，防止铺张浪费。

第八，前瞻型政府：进行统筹规划，谋划发展宏图。

第九，合作型政府：积极与社会力量、市场力量建立合作关系。

第十，市场型政府：掌握市场杠杆，持续深化改革。

（3）八个方面论

世界经合组织针对新公共管理提出"八个方面论"。

第一，转移权威。

第二，确保绩效、控制与责任制。

第三，发展竞争选择。

第四，灵活行政。

第五，提升管理水平。

第六，提升信息化水平。

第七，重视质量管控。

第八，强化中央指导职能。（莱恩，2004）

（4）六大要点论

欧文·E. 休斯（2015）通过研究和分析，总结出新公共管理学的六大要点。

第一，重视管理的结果，管理者必须对管理的结果负责。

第二，去官僚化的高效管理。

第三，以"三 E"为标准，推行绩效评估机制。

第四，公共管理者需要以服务为核心理念。

第五，政府掌舵和市场划桨的合理分工。

第六，引入民营化竞争机制降低政府压力。

（5）七个方面论

学者陈振明（2021）将新公共管理分为七个方面。

第一，把职业化管理作为重点。

第二，注重绩效评估。

第三，提倡开展回应性工作。

第四，公共部门逐渐向分散化和小型化方向发展。

第五，合理引入竞争机制。

第六，大力倡导试用私人部门的管理方式。

第七，努力改变管理者与政治家、公众的关系，构建和谐的社会人际关系。

3. 新公共管理理论综述

（1）新公共管理理论追求"3E"

"3E"即 Economy（经济）、Efficiency（效率）和 Effectiveness（效益），是新公共管理模式的追求目标。新公共管理理论提出应当引入私营企业的成功管理经验，推动政府公共服务改革，政府公共部门应当引入竞争机制，从而提高办事效率，解决实际问题，满足公民真实需求，回应社会期望。西方公共体系和管理改革有多种定义和具体论述，但其本质内容都可以概括为引入私人管理的理论和经验推进公共服务改革，更加注重实际工作绩效，通过考评考核和竞争管理来实现结果的优化，以公民需要为导向，真正地提升服务质量和效率。按照新公共管理理论的论述，政府的管理应把控航向，是"掌舵"而非"划桨"。政府需要从传统上直接提供公共服务的职责中解脱开来，转向统筹和决策方面，该理论强调政府主要职能应当是制定决策，而非执行落实，也就是强调管理作用，将操作和执行职能下移。政府职责应当是把控主要航向，这样能够有效地缩减政府机关的行政规模，在降低成本的同时，可以提高办事效率，减少执行冲突。"掌舵"者应当以全局的眼光制定未来发展战略，看到事物的全貌，从而调节资源的配置，推动良性竞争。"划桨"者只专注于执行层，不被其他职能干扰，让使命的执行更加有力。

（2）新公共管理理论强调市场的意义

基于公共选择理论，新公共管理理论提出政府的服务和管理应当以公民的实际需求和市场需要为导向。政府需要逐渐向责任型政府转型，借助市场的力量实现公共利益的最大化。在这一过程中，政府需要向社会放权，吸收私营部门的经营经验和管理经验。新公共管理理论对集权机构和授权机构进行对比分析，发现授权机构优势更加明显。总体而言，授权的组织机构反应更迅速，灵活性更高，创新和研发精神更强，办事积极性更高。政府通过放权及市场化的引入，在公共服务供给方面引入竞争机制，进一步提升公共服务的供给效率和供给质量。

（二）治理理论

1. 对"治理"的研究渊源

党的十八届三中全会提出"推进国家治理体系和治理能力现代化"，"治理"一词颇受欢迎，对"治理"的研究也风生水起。从治理的概念，或者从治理的外延和具体内涵来看，对治理的研究和应用千变万化、层出不穷。

（1）我国对"治理"的研究

"治理"一词在我国具有深厚的历史渊源，尧舜时期的《商君书·修权》就有"公私之交，存亡之本"的记载，蕴含天下为公的治理理念。公元前2025年，夏启采用"奉天罚罪"的习惯法来调整社会关系，维护其奴隶制国家的政权，其中习惯法体现出了当时社会中治安管理的理念和思想。春秋战国时期，诸子百家在治国理政中逐渐开始使用治理的概念。李龙（2014）认为，几千年以来，"治理"一词在我国历史上一直强调"治国理政"之道。近代以来，由于西方列强的侵入，我国沦为半殖民地半封建社会，国家缺乏内部管理权导致出现"乱世无治制"的局面。直到中国共产党领导的新民主主义革命和社会主义革命取得胜利并建立起人民民主专政的国家政权，我国才重新回到了治世的道路上，对"治理"的研究也在不断前行。

（2）西方文明中的"治理"研究

"治理"对应的英文单词是"governance"。该单词有数百年的使用历史。西方文明的"治理"随着时代的变迁而不断变化，"治理"在不同的时代及不同的国家存在不同的内涵，在不同的政治体制下出现了不同的治理模式和治理路径。

1848年马克思主义诞生后，《路易·波拿巴的雾月十八日》和《德国的革命和反革命》中均有"治理"一词出现。20 世纪 90 年代以来，西方学术界将"治理"作为政府改革的主要研究议题，以"治理"为研究对象的各类著作涌现，并成为学术界争论的焦点。

詹姆斯·N. 罗西瑙（James N. Rosenau）认为治理由共同的目标所支持，但这个目标未必出自合法的以及正式规定的职责，且它也不一定需要依靠强制力量克服挑战而使别人服从，它既包含政府机制，同时也包含非正式、非政府的机制。

格里·斯托克（Gerry Stoker）认为社会治理在学术界目前主要有五种理论（见图 2-2）。

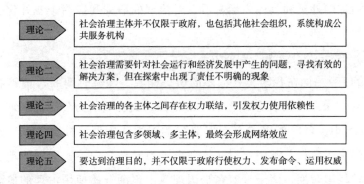

图 2-2　目前学术界主要的五种社会治理理论

由此我们或许可以断定，社区治理主体包含国家、公共机关、社会组织、企业、社区居民等，因此它更强调社会与国家的协作，即国家和政府在引领社区治理的过程中要积极与其他社区治理主体形成合作关系。"治理"与"统治"不同，尽管表面看没有太大的差别，也都属于政治活动范畴，都需要权威和权力，但两者的内涵存在很大不同。治理的权威来自所有参与者，治理是所有参与者上下互动的管理过程，管理方式具有很大的灵活性，管理手段也非常多样化（俞可平，2000）。因此，从内涵与外延来看，治理是一个比统治更宽泛的概念，一方面，它可以跨越国界，"全球治理"的概念也源于此；另一方面，治理源于公民的自愿认同和对公共生活的积极参与。世界银行将"治理"界定为通过权力对经济社会资源进行管理来实现发展的方式；有效治理包括以法治保障公民安全、有效的行政管理、实行职责和责任制、具有政治透明性。联合国开发计划署认为治理是为了管理国家事务而运用政治权力的实践。经济合作与发展组织的发展援助委员会认为，治理就是运用政治权威，通过对资源的合理分配来达到既定发展目标的过程。

2. "治理"理论的兴起背景

"治理"理论的兴起有以下几个方面的背景。

（1）国家的职能扩张致管理危机

第二次世界大战后，国家职能扩张，机构臃肿，导致行政效率低下，西方福利国家出现管理危机，政府与社会的联系愈来愈少。西方福利国家追求公平分配与应享权利，政府不仅要向公民承诺建立一个名副其实的福利国家，而且承诺要采取行动改变所有社会和经济的不平等，这给政府带来沉重执政压力，一旦丧失行政能力，政府就会因为无法兑现承诺而陷入合法性危机。

（2）资源配置中存在不足

许多学者开始认识到在资源配置中政府存在不足，市场同样存在缺陷，市场机制在提高资源配置效率和发展市场经济方面曾显示出比层级制更大的优越性，但在具体的配置过程中，市场机制也存在分配不公、垄断、失业等现象。因此，治理理论是各相关学科对政府理论研究发展到一定阶段的互相渗透、相互融合、综合发展的产物。

（3）理论背景

治理理论的兴起虽然有现实的社会原因，但其并不是一种简单的现实社会问题的应对之策，在其社会原因背后有着深刻的理论背景。资本主义占据绝对统治地位已有几百年，其间，围绕政府职能与政府改革的学术争论从未停止。治理理论认为，无论是"看不见的手"，还是"看得见的手"，都无法克服市场机制和政府本身所固有的缺陷。在治理理论兴起之前，西方国家的公共管理主要采取两种模式，一是集权式的政府主导模式，二是市场化的经营模式。在实践中，这两种模式都存在不可避免的缺陷。由此，西方学术界重新探讨国家和社会事务的管理模式，治理理论便应运而生，成为当前西方学术界流行的理论之一。

3. 综述——治理具有工具理性的特征

综上所述，治理是破解人类社会发展难题、促进社会进步的主要手段和工具，其具备工具理性的特征。治理是人类社会发展过程中逐渐形成的一种新的发展理念，是在对传统发展模式和发展理念不断进行反思的基础上形成的一种新发展理念。在治理体系中，国家和政府仍然是核心的治理主体，但是其强调国家和政府授权于社会，与除国家和政府之外的其他治理主体形成良性的互动合作关系，进而构建多元化和多中心的治理体系，通过政府与社会的平等对话实现共治。与统治和管理的理念不同，治理理论是人类社会在不断发展进步过程中为了应对各类问题不断探索形成的一种工具理性。但是，治理本身具有工具理性的特征，并不意味着它能解决所有问题，甚至可能出现治理失效的风险。新多元化治理主体无法替代国家和市场在政治和资源配置方面的作用和功能。自组织没有引入除国家之外的第三角色，也没有采用非资本主义的基本原则，因此国家或者自组织替代市场并不能确保经济的有效运行。自组织反而可能会导致资本主义市场经济产生各种障碍和问题。在社会资源配置领域，政府失灵、市场失灵和治理失效的问题仍然可能发生，基于此，大量学者提出"元治理""有效治理""善治"等概念来解决治理失效的问题，其中善治理论被大量学者认可，逐渐成为治理的替代性概念。

善治进一步丰富了治理的内涵，能够在一定程度上消解治理的工具理性特征。善治其实就是在公共管理中保证公权力的效益最大化使用。善治的根本特性就是在社会管理中协调了政府与市民社会的关系，让二者形成合力，共同参与社会管理，达成国家、政府和市民社会的关系最优解（俞可平，2000）。善治在做决策时，需要根据社会全体公民的价值需求，形成广泛的社会共识来确保社会资源的分配，能够保障每个个体的生存权益，保证公平和效率。这就消解了治理的工具理性，让其更多地关注民生需求，赋予了它独特的价值色彩。善治也让治理体系评价机制更加全面，引入多元价值评价体系，让治理理论表现出工具性和价值性相结合的特质。善治也在一定程度上解决了治理概念和价值定义模糊的问题，对治理的核心价值判断提出了较为准确的标准，即社会治理主体是国家、政府、公民、社会和第三方机构等。社会治理要坚持民主、公平、公开、法治等价值取向，实现"多一点治理，少一点统治"。

（三）社会资本理论

1. 社会资本理论的发展

社会资本相关的探索问题在 20 世纪 70 年代出现，并逐渐成为学术界关注的一个重要方向，在很多学科领域，对于社会发展、经济发展的解释，往往便是以这类理论为支撑的。

（1）汉尼拔的研究

汉尼拔是首个提出社会资本的人，他认为社会资本的存在、积累与流通，是实现社区道德、经济、娱乐、知识等发展的现实条件。

（2）布迪厄的研究

将社会资本这类理论应用于社会学领域的先行者是布迪厄，其在定义社会资本时，将其阐述为当下现实的资源，或潜在资源的综合体，这些资源与成员在群体之中所扮演的角色、具备的身份存在关联，其认为个体成员便是通过社会资本来取得群体信任的。

（3）科尔曼的研究

布迪厄的探索可以说是基于微观层面进行的，而科尔曼则选择了通过中观视角来探索，认为资本形态除了物质、人力资本之外，还包含社会资本，并认为社会资本的构成是三个层面的，即网络社区、社会网络与社会团体。在进一步的探索中，科尔曼还提出了一种观点，即社会资本表现形式，这些形式包含：其一，相互服务的特性，通过相互的义务、期望，让社会资本的价值彰显出来，并体现出高度信任；其二，信息获取的机制，在群体中，个体可以基于自身的社会网络得到相关的信息；其三，规范与限制，社会资本存在规范，为某些内容提供支持，也限制了某些内容的不规范操作；其四，权威关系，在社会资本中，其权威关系的形成是基于参与性实现的，对于共同关注的问题，其可以给出更好的解决方案。

（4）普特南的研究

在政治经济学领域，将社会资本概念引入的先行者是普特南，其视域体现在宏观层面，其认为社会资本的鲜明特征在于，其蕴含且彰显着社会组织的一些属性，如公民参与、相互规范、相互受益、社会信任等，其社会效率的实现，是彼此的协作、彼此的关联行动的结果。社会资本让社会组织的一些属性变得更加鲜明，也强化了社会组织的一些特征。事实上，人们在解决问题的时候，倾向于选择应用自愿合作的方式，也倾向于通过协作的方式来解决群体问题，而社会资本便在这里发挥关键作用。普特南认为，在社会资本中，最核心的内容是社会信任，其互惠特性的存在则有助于让机会主义失去空间，而其信息网络的交互，会让社会信任进一步得到强化。

（5）波茨的研究

一些学者在探究中，将目光看向了社会资本与个人社会流动两者之间的关联性，并基于社会网络做了一定的分析。如波茨在探索过程中，认为社会资本是网络或社会结构内部的成员个体取得稀缺资源的能力，而这种能力是具有非固有性的，存在于与其他人的关系之中，是相互包含的资产部分。波茨在探索中，将社会资本定义为熟人、朋友等，个体通过这部分资本来得到其他资本。

（6）林南的研究

在分析社会资本具体问题的时候，林南选定的视域是社会资源。在探索中，他首先针对资本做了定义，认为资本描述的是渴望在市场环境下通过一定的行为得到一定回报的资源投资，其彰显出利益追逐性。在这种情况下，他又对资源进一步阐述，认为资源具体是具备价值的物质。通过这些分析，他了解了社会资源的内涵，然后对社会资本给予了具体界定，认为社会资本是在存在目的性的行为过程中，被动员、被获取的在社会结构中嵌入的这部分资源。按照林南的观点，在社会关系中，个体带着期望开展的一系列投资便是社会资本。

2. 社会资本的分类

社会资本按不同视域来划分就有不同的种类，如图2-3所示。

（1）基于社会变迁视域来划分

基于社会变迁视域来划分，社会资本可以分为两类。

其一，传统血缘依附型。该类社会资本与传统农业社会存在着紧密的对应关系，是以血缘为纽带，以亲缘关系为现实基础搭建而成的一类社会

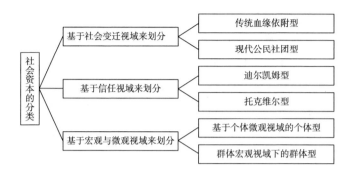

图 2-3　社会资本的分类

资本。该类社会关系网络，往往表现出鲜明的封闭性，有着突出的同质性。从国内的情况来分析，我国社会资本以该类资本为主，其存量是相对比较大的。在这种社会资本环境中，其对应的社会网络，往往是家族、宗族，是存在着一定血缘基础的，血缘作为一条线连接着彼此，内部的信任模式也是由血缘的亲疏来决定的。

其二，现代公民社团型。现代公民社团型对应的则是工业经济。随着工业的发展与物质的丰富，人的依赖关系的基础逐渐被瓦解，而物的依赖关系逐渐形成。在该类社会资本之中，人们可以按照自身的渴望与期待自愿组合，形成新的社会网络，而这种网络的出现并不是以血缘关系为基准，而是以业缘关系为基准的。

现代社会资本的发展与完善，一个支撑点便是现代法理，将其与传统社会资本做横向的对比来看，其将个人能力的展现、个人价值的实现等摆放在了十分重要的位置，给予尊重与支持，继而让成员之间更倾向于合作、信任、自主与平等。在现代社会自治的机制中，公民社团是一个关键的参与主体，采取民主化治理的方式，能够营造良好的现实氛围，让公民在社会生活中可以感受到合作、平等，感受到公共参与的意义与价值，有助于让公民更具备公共精神。其社会网络往往彰显出两个显著的特征，即多样性、开放性。这些特征也意味着网络中的成员身份存在着多重性，这也有助于形成更为普遍的、更为广泛的信任模式。

（2）基于信任视域来划分

基于信任视域来划分，社会资本主要表现为两类。

其一，迪尔凯姆型。迪尔凯姆型属于深度信任类型，其适用的范围存在着局限性，往往存在于私人朋友群体、家庭群体之中，其信任存在于彼此之间的内部，而对于外部的社会往往表现出不信任。

其二，托克维尔型。托克维尔型属于浅度信任类型，其关系构建是公民基于一定的目的、意愿与特征，彼此之间自由组合形成的弱关系。在互惠互利的公共组织内部，会形成一种相对广泛的、存在彼此认可的信任，而这也是现代社会整体力量的根本所在。正式组织成员通过彼此的交互、信任，逐渐形成了一定的公民道德。

而具体到浅度信任的社会资本表现形式较多，其中一个关键的形式便是非营利组织。

（3）基于宏观与微观视域来划分

基于宏观与微观视域来划分，社会资本具体可以设定为基于个体微观视域的个体型和群体宏观视域下的群体型，如图 2-4 所示。

基于个体微观视域的个体型	群体宏观视域下的群体型
对于个体型而言，其在认知社会资本的时候，关注的核心在于社会资本对个体得到相关资源的帮助水平或重要程度，而群体型更为侧重社会资本的存在与运作，其对群体构成的影响结果是形成彼此之间的良好信任、构成互惠关系、形成凝聚力等	从群体型的角度来把握，社区便是社会资本的一类空间，而在这个空间之中的社会资本也可以界定为社区社会资本。在这个视域下，社区内的居民彼此之间交互信息、交流信任，通过积累与发展，形成较强的归属感，在这些综合力量的驱动下，社区社会资本会得到进一步强化，而社区治理的效果也会得到明显提升

图 2-4 基于宏观与微观视域的社会资本划分

（四）参与式民主理论

1. 西方民主理论的起源及演进

参与式民主理论在社会治理层面所彰显出来的价值是十分显著的，也是现阶段引导公众参与社会治理的一大现实理论工具。

（1）雅典城邦的公民大会制度

西方民主理论的发展历史久远，公元前 5 世纪，当时的雅典城邦便构建了公民大会制度，为公民参与决策提供了方案，然而它虽然在名称上为公民大会，但在执行过程中却将很多自然人排除在外，逐渐成为少数人的舞台。

（2）罗马帝国的多数人参与决策

之后的罗马帝国也采取了一定的民主管理办法，与雅典城邦不同的是，罗马帝国真正给予了多数人参与决策的渠道与机会，罗马公民有参与政治的相关权利。在罗马帝国之后的漫长历史中，西方采取的往往是封建制，民主并没有登上历史舞台的机会。

（3）西方民主制度的变革

在近 300 年的发展历程中，西方民主制度通过一次次变革，逐渐成为主流，人们的政治权逐渐得到了保证。如美国，其在民主理论方面做出的贡献是十分引人注目的，对西方政治制度的完善、发展给予了极大的支持。当下，在西方民主理论中存在着两类主流观点，其一，精英主义自由民主；其二，公民参与式的民主。随着世界各国交流越发频繁与关系越发紧密，西方政治理念的输出与影响力度增大。

（4）西方自由主义民主被质疑抨击

20 世纪 60 年代，西方社会制度与理念遭遇了现实危机，西方自由主义民主的内涵、现实表现、应用模式逐渐被质疑抨击。

其中马尔库塞便是一个代表性人物，他认为，伴随着资本主义的进一步发展，劳动分工逐渐细化，人也会逐渐成为"工具"，沦为给资本打工的毫无意义与价值的物质，这种劳动异化的结果，就是人被物化、被奴役（McCarthy，2019）。虽然西方在疾呼民主，然而在现实统治中，民主的存在是很少的，事实上，绝大部分人是根本没有参与到决策层面的，他们的民主权利并没有真正体现出来。在这种情况下，人只能被迫从事劳动被压榨，而这种被迫还带着"合法"的性质，其民主权利根本就没有体现出来。

哈贝马斯在进行晚期资本主义的探索时，为了化解合法化危机，采取了两个办法，一个办法是构建民主制度；另一个办法是让行政决策、行政系统独立出去，与群众意志保持距离，从而切断了民众参与政治的具体路径。在新左派、西方马克思主义的观点中，西方所谓的"民主"，并不是真正意义上的民主，也无法实现对民众民主的真正保障（McCarthy，2019）。

巴伯对自由主义民主的否定态度是极为鲜明的，其批判的风格也是尤为明显的。按照他的观点，自由主义民主直接可以归入"弱势民主"的范畴之中，其无法对自由、权力两者的关系做出协调。巴伯提出，西方自由的内涵与自私自利是没有差别的存在，而且凸显出了十分显著的道德沦丧、高度冷漠，有着令人不安的腐化堕落，平等被定义为市场交换的一类东西，平等不再是人与人的属性，而是取决于地位与权力。正是存在着如此多的缺陷，自由主义民主无法真正实现人类民主的发展。巴伯认为在这种存在于现实中的弱势民主中，公民交往的友谊是不存在的，参与的乐趣是虚无的，政治行为是自我管理型的，是不具备条件也不具备能力将公民纳入民主之中的，其无法与众多公民通过共同的协商给出决策结果（McCarthy，2019）。

自由主义民主在西方政治中的具体体现便是代议制民主，是一类精英主义的统治方式。在较长的发展历史中，代议制民主通过一系列的机制与控制手段，将民众的民主压缩到了一个很低的限度，即让民众仅仅参与选举的过程，让选举本身成为民主，但选举的结果、选举的政治方向并不具备民主性。长此以往，大众失去了对政治的参与兴趣，精英垄断便逐渐成形，并得到强化，然后将参与政治的民众清除出去，从而将民主的根基完全铲除，只剩下精英统治。

2. 民主与参与的联系

自由主义民主并不能体现民主，更不能面向民主服务，那就需要找寻其他的路径与方式，而找到的结果，便是参与式民主。基于这种理念的推动，参与式民主理论逐渐发展并完善，这类理论主张将广泛的公众意志、观念、诉求体现出来，积极保障民主的自由与平等，彰显其参与性，并据此推动一个参与性的政治架构设计。这类模式站在了自由主义民主模式的对立面，两者相互竞争。

从"民主"的概念出现开始，什么是民主、如何实现民主，至今都没有形成一个定论。民主是一类理想的、人们渴望的政治模式，人们参与其中，体现自己的价值，是民主的具体体现。很多研究民主的文献资料都主张民主与政治治理需要关联在一起。在《契约论》中，卢梭便对人民与国家之间的关联性做了阐述，其主张政府的所有权力都来自公民授予。而公民授予国家权力去管理相关事务，并不意味着公民自身参与政治的权利便消亡了。

民主模式相关制度主要表现为图 2-5 所示三类。

图 2-5 民主模式相关制度的主要表现

行政集权民主制在公共管理层面彰显出显著的效率优势，然而这类制度的应用本身就无法体现民主。随着公民的教育水平不断提高，人们的参政意识也得到了进一步提升。面对较多的矛盾性问题，将公民纳入治理体系成为一个有效的发展思路。当下，参与式民主制得到了广泛关注，众多学者倾向于倡导国家采取这类方式，以切实保障与推动民主。

1962 年，学生支持民主社会组织，明确宣传了组织的主张，即构建一类参与式民主制度，而这种制度构建存在着两个核心指向：第一，要求个体具备充分的参与权，以参与到影响其生活现实的决策之中；第二，社会支持与鼓励人们追求、享受自主，给人们民主与自主以充分的媒介支持。

基于参与式民主制的现实来分析，其想要构建政治制度，需要关注以下内容。设置公共团体，由这个团体来完成社会基本决策。政治不再是高高在上的、远离人们生活的，而是可以作为一种存在于人们生活之中的、可以体现自身价值的、融入社会的、可以通过参与来解决问题的制度，人们具备充分的渠道，可以将自身的愿望、现实中的问题表述出来，传达出去，在决策的过程中，可以更好地体现公民的意志。通过这类理论可以实现一种生态良好的社会，对于影响公民生活现实的决策，公民具备充分的参与权，可以得到其他人的尊重。

二　中国城市社区治理现代化的理论框架

中国城市社区治理直接关系到国家社会治理现代化和国家治理创新发展的进程。基于对国际社会治理理论的分析，结合中国城市治理的特点，构建中国城市社区治理的理论框架，以理论框架引领中国城市社区治理的实践创新。中国城市社区治理理论框架的构建需要以社会治理的基础理论为基础，构建不同理论在中国城市社区治理中的实现机制。纵观国外社会治理理论的提出和演进过程，城市社区治理的核心要素包括治理主体、治理基础和治理行动，几乎所有理论的提出和实践均涉及以上三个要素。基于此，我们在中国城市社区治理的研究中，提出"治理主体—治理基础—治理行动"的理论框架（见图2-6），该框架的构建对于解释和指导中国城市社区治理的历史变迁及未来发展走向具有一定的意义。

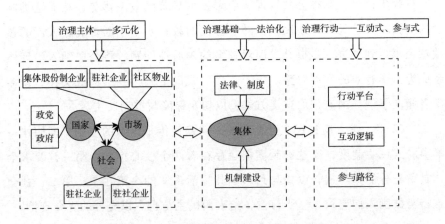

图 2-6　中国城市社区治理分析理论框架

（一）治理主体——多元化主体治理的格局

从某种意义上来讲，城市社区治理的变迁和发展过程也就是治理单元不断变迁的过程，治理单元的变迁及再造是随着我国城市社区治理过程中人口、空间等要素的不断变化而进行的相应探索。

城市社区治理的基础理论揭示，城市社区治理主体除政府之外，还包括市场主体及社会主体。新公共管理学倡导政府将权力下方，应适度干预而不是全盘干预。在治理中提倡政府积极引入市场化和私营部门，通过市场机制来提升公共服务的供给效率和供给质量。竞争性的引入则有利于进一步提升质量。改革开放以来，随着我国经济体制的转轨，市场主体逐渐成为治理的核心主体之一，改变了长期以来计划经济时代单一主体的治理格局。

第三部门理论的出现和发展则进一步扩大了治理主体的范围。在社区治理层面，政府与市场两个主体往往会出现"失灵"问题（孙辉、刘淑妍，2019），而引入第三部门，则有助于缓解此问题。引入第三部门的现实优势在于，可给予城市社区治理新的力量与方案，为社会大众参与城市社区治理提供有效的平台，为倾听群众声音、响应群众需求创造更好的条件。

治理是一个内涵丰富多样、含义广阔的综合性概念。治理与传统意义上政府的特权概念是相违背的，治理概念认为政府并不是国家权力运行的唯一核心，且政府在社会公共管理中不可能发挥全部作用，挑战了传统政府的权威性。社会组织或其他第三方机构，只要合理地行使公共权力并获得广泛的社会认可，就能成为权力中心，享有公权力。治理理论主要分为三个方面：其一，更关注社会管理主体的多元化，对社会组织和行业协会投入更多的关切；其二，对政府的角色定位进行重新阐释，并未颠覆政府在社会治理中的管理作用而是提出了新型的政府治理理念，也就是政府在社会治理中要实现有效管理；第三，对治理参与者构成的网络化系统进行深刻阐释（俞可平，2015）。

城市社区治理的各基础理论均强调打破传统政府单一主体的治理模式，构建由政府、市场和社会多方参与的多元化治理格局，形成多中心治理的模式。党的十八届三中全会以来，国家通过各种措施和途径试图向社会放权，积极引导不同的主体参与城市社区治理，进一步激活不同治理主体参与治理的内生动力。从我国计划经济向社会主义市场经济体制的转变、中国特色社会主义事业建设的历程中均可以看出，新中国成立以来，在城市社区治理的过程中，治理主体的范围不断扩大，逐渐开始构建一种包容、开放的治理关系格局。因此多元化主体参与的多中心治理理论机制是我国城市社区治理实践的主要分析模式。

（二）治理基础——平等、协商的法治化治理

中国城市社区治理现代化的基础在于制度、法律，法治是实现中国特色社会治理的核心基础，为中国城市社区治理现代化的发展提供了制度基础和法律保障。

国家力量始终贯穿于中国城市社区治理的全过程。一方面，在中国城市社区治理的过程中，国家力量通过自上而下的资源输入以及政策调节确保对城市社区的影响力和控制力；另一方面，国家力量的控制为城市社区治理的主体结构及治理秩序提供了有效的保障。

新公共管理理论、治理理论、第三部门理论等治理的基础理论均存在国家向社会放权的思想。但是国家向社会放权并不意味着国家对城市社区控制能力的减弱。相反在意识形态多元化的背景下，在中国城市社区治理中，国家通过法律制度、政策及资源的输入，不断强化对城市社区的控制。中国城市社区治理需要构建完善的规则体系，而国家需要设计出符合中国城市社区治理的规则体系，对多元化治理主体的治理行为进行约束。

我国从计划经济到社会主义市场经济体制的转变改变了政府单一主体治理的格局，逐渐开始引入市场竞争机制。市场化的改革强调公平竞争，政府在市场化改革中需要以制度建设为核心，制定城市社区治理的相关法律制度，以适度的干预对城市社区治理进行调控，确保多主体治理的城市社区的秩序。因此在不断的探索中，政府部门在我国城市社区治理中承担的职能已经发生转变，由传统的大包大揽逐渐转变为以秩序构建为核心的治理保障。

（三）治理行动——互动式、参与式治理

我国计划经济阶段和社会主义市场经济阶段的实践表明，单纯依靠政府和市场无法解决治理中"公平"与"效率"兼顾的问题，而第三部门理论则

为这一问题提供了解决思路。在公共治理中引入第三部门，有助于实现公平、平等的对话和协商，有助于让居民参与到管理层面。城市社区居民可通过第三部门平台积极参与到城市社区治理中，借助第三部门与政府、市场的平等对话、协商提出诉求。在政府公共服务政策化和公共管理社会化的分化中，政府不再是唯一的公共管理专门机构，还存在能承担公共管理职能的半自治、准自治和自治的机构（张康之，2000）。

市民社会研究是西方政治学研究的重点话题之一，西方社会发展进程可归纳为三大流变过程：从"与野蛮社会的分离"到"与政治社会的同义"，从"与政治国家的分离"到"多种属性的赋予"，从"与经济社会的分离"到"文化与公共交往领域及第三领域的拓展"。在三大流变过程中，其核心议题一直围绕国家与社会的关系而展开，形成了合二为一、二元分立和胶合互动三种模式。在一定意义上讲，西方学者复兴市民社会理论的最终目标就是有机地协调市民社会和国家政府的关系，形成和谐共促的稳定格局。这也就对未来的研究提出了新问题，即应当如何确立市民社会与政府的协同关系体系架构（邓正来，2013）。

党的十八大以来，在我国经济社会转型的过程中，实现国家治理现代化和创新社会治理成为我国应对社会经济风险的主要路径。"良性互动""合作共赢""民主协商"成为现代化治理的关键词。纵观我国城市社区治理的变迁路径，平等、协商、对话成为我国城市社区多元化主体互动式治理的实现路径。治理理论认为在多主体的城市社区治理中，不同主体之间的关系为平等合作关系，在治理活动中通过民主协商的方式参与治理。民主协商契合城市社区治理基础理论的核心思想，同时也符合我国城市社区治理多元化主体的发展趋势。城市社区治理民主协商是在党组织的领导下，将各主体纳入城市民主协商制度的框架内，构建包容性的城市社区治理环境。中国城市社区治理的行动路径是实现中国城市社区治理目标的关键。在城市社区治理的行动中，需要以政府为引领构建多元化、互动式的行动模式。解决社区问题、促进社区和谐发展是中国城市社区治理的目标之一，而整合社会资本、发挥各方的主体作用和功能是实现城市社区治理的核心目标。

第二节 中国城市社区治理现代化的演进逻辑

从"社会管理"向"社会治理"的转变是中国共产党在城市治理探索中治理理念和治理思维的重大转变，体现了经济、社会不断发展的治理体制变迁路径。透视新中国成立之后中国城市社区治理现代化的演进逻辑，是构建新时期中国城市社区治理现代化理论逻辑框架的实践依据。城市社区治理政策的变化离不开党和国家对城市社区的认识变化，本节将从"单位-街居制"、社区服务、社区建设和社区治理四个阶段（见图 2-7），梳理党和国家以及民政部门关于城市社区治理的演进逻辑。

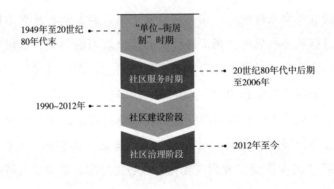

图 2-7 城市社区治理的演进阶段

一 "单位-街居制"时期：高度的一元指令治理

"单位-街居制"时期为 1949 年至 20 世纪 80 年代末。1949 年，维护社会稳定、创造有利的生产经营环境是党和国家在城市社区治理中的核心目标，围绕这一目标，我国逐渐构建了城市基层政权组织体系，确保在城市社区治理中国家意志和国家政策能够得到有效的渗透。"单位-街居制"是 1949 年至 20 世纪 80 年代末中国城市社区治理的基层组织架构，是当时中国城市社区治理的基础。

（一）单位制

单位制是为有效地应对新中国成立之后的严峻环境，为应对"总体性危机"而建立的一种新的社会组织体系。单位制是新中国成立初期国家权力高度集中的政治体制和计划经济体制下的产物。它是现代中国在经历了一场由共产党领导的社会革命，并运用国家行政力量对社会进行了大规模重新组织后形成的（路飞，1993）。

1949 年中华人民共和国成立后，党的工作重心由农村转移到城市，面临严峻形势，如何管理城市和建设城市、如何管理社会事务、如何协调各种社会关系等成为政府为维护正常社会秩序而迫切需要解决的重要问题。为了巩固新生政权、迅速恢复与发展国民经济、维护社会秩序的稳定，我国在城市构建起一套自上而下、具有浓厚行政色彩和高度控制功能的社会组织体系，即单位组织体制（单位制）。单位制集高效的政治动员能力、高效的资源调控配置能力与高度的社会控制能力于一体，对于促进经济发展、整合社会资源、增强社会组织性、维护社会秩序的稳定、强化国家控制力发挥了重要的作用。

1. 单位制的特点

单位制的特点主要有两个。

第一，形成社会结构分化程度相对较低的总体性社会。对于各类资源，国家占据着主导与垄断地位，在这类条件下，意识形态、经济与政治紧密结合在一起，国家政权对社会推行全方位的控制。每一个单位都高度相似，不同的单位之间没有本质的区别。每一个组织的功能都是综合式的，像个"小社会"。

第二，社会流动性很差。单位与单位之间、单位与社会之间很少发生横向或纵向联系，单位逐渐成为一个封闭的微型社会（见图 2-8），从资源到人都高度封闭，不能自由流动。

在单位制体制下，单位是国家进行社会控制、资源分配和社会整合的主要组织化形式，承担着政治控制、专业分工、社会秩序维护和生活保障等现实性功能，其现实定位可以理解为一座桥梁，一端连接个体，另一端连接国家，它需接收来自国家层面的各类政策与要求，并基于单位内的党群

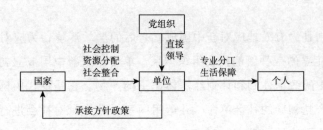

图 2-8　国家—单位—个人三级结构体系

组织发挥作用，传达给下一层级，并最终传导至基层。此时则呈现出了一种
分化现象，社会似乎被割裂为两部分，一部分是国家，其高度集权；另一部
分则是单位组织，数量庞大且分散，且表征出封闭性。"国家—单位—个人"
三级结构体系就这样被建立起来了（袁方方，2019）。

　　单位制具有比较明显的行政全能主义特性。在单位制下，国家垄断了
所有的政治、经济和社会资源，形成对单位的绝对控制。作为基层工作空
间，单位根据行政级别来确定上下级关系，单位内部的组织成员，无论是
干部还是工人，都具有一定的行政级别。所有单位都内设健全的党组织和
各类群团组织，负责单位的政治建设；而作为社会生活空间，单位为其组
织成员提供生产生活所需要的各类资源和服务，包括教育、医疗和养老
等，社会成员必须依靠单位才能获得基本生活保障，这样单位就对管理的
所有成员也形成了绝对控制（袁方成，2019）。

　　2. 单位制的发展阶段

　　单位制的发展不是一蹴而就的，其基本路线为：乡村的"根据地制
度"—"中介：东北地区"—"典型单位制"。从中华人民共和国成立初
期单位制萌芽到正式形成再到全面发展，直至被社区制替代，前后大约运
行了 30 年时间。单位制的发展粗略可以分为三个阶段。

　　（1）第一阶段：单位制萌芽阶段

　　单位制萌芽阶段是 1948～1953 年。东北解放初期（1948～1952 年），
我党在城市建设和管理中，借鉴苏联经验，立足解放区实际情况，建立了
单位制的雏形。以企业和事业单位为关键的"安东—吉林模式"成为单位

制的雏形。这一时期，我党借鉴革命根据地时期的军事共产主义的分配制度——供给制，在企事业单位内部建立起了"包下来"的福利制度。

（2）第二阶段："典型单位制"的发展阶段

第二阶段即"典型单位制"的发展阶段，时间为1953~1957年。这一时期，中国确立了高度集中的计划经济体制，实行国民经济"第一个五年计划"和社会主义三大改造。第一个五年计划的基本任务是集中力量优先发展重工业，以苏联支持的156个建设单位来驱动社会主义工业化的建设和发展。在"一五"计划执行的过程中，东北在很短的时间内建立了超大劳动密集型的企业。经过社会主义三大改造和国民经济"一五"计划时期的探索和积累，单位制正式形成。

（3）第三阶段：单位制的全面扩张阶段

1958年12月，《关于人民公社若干问题的决议》发布，明确提出城市内部必定要予以人民公社的尝试工作。基层社区普遍成立了人民公社组织，与居委会一起共同管理城市基层事务。人民公社在城市大量兴办集体企业，动员职工和无业者甚至家庭主妇投入社会生产中来，最大限度地将城市居民纳入单位体系中。人民公社成为社会生产、组织和分配的工具，大多数城市人民公社建立在街道一级，使城市管理彻底"单位化"，"政社合一"的城市基层管理体制建设成为主流。随着城市人民公社组织的日益强大，城市社会的单位制得到进一步强化，居委会的管理服务功能逐渐被人民公社组织取代，由此，居委会后退到城市基层管理体制的边缘。

1966年之后，单位制进一步全面扩张，国家在城市设立"革命委员会"以取代街道办事处，实行一元化领导，大量管理事务由街区内部转移到单位，相应的管理权力也随之转移到单位。街道办事处的权力再次处于被架空的状态，社区则被彻底边缘化。由此，单位制在城市基层管理的实际运作中占据绝对优势地位。"以单位制为主、以街居制为辅"的城市基层管理体制完全建立起来。

3. 单位制的结果

单位制在发挥历史作用的整个过程中，难以规避地形成了诸多方面的结果。何海兵（2003）认为，可以把单位制形成的结果总结为两个层面。

（1）从全社会来说，逐步地建立了"总体性社会"

1949 年新中国成立之后，构建了一个总体性社会，这种社会表征出的特征是，结构分化程度低。政府在这种社会中承担着全面的垄断职能，无论是在政治层面，还是在经济层面，抑或是在意识形态层面，国家具备高度的权力，对社会的控制也是全面的。这种控制的一个构成要素便是单位制组织。

（2）站在个体的视域来把握，人的依赖性被发展到了一定程度

单位制借助资源垄断与空间等加以封闭，达成了单位成员对单位的高度依托，逐步地塑造了单位成员的依赖性人格。关键表现为：在单位制作用下，单位借助垄断政治、经济、社会资源，逐步地针对单位成员构建支配关系。

4. 单位制的瓦解

随着"文化大革命"的结束，"上山下乡"运动中数十万知识青年返回城市，城市社会面临严峻的就业压力，国家推动的就业制度变革对单位制的发展造成了巨大的冲击。同时，随着对外开放的持续深入，计划经济体制逐步向社会主义市场经济体制调整，我国的所有制结构出现了变化，社会流动越来越频繁，"单位人"不断转变为"社会人"，政企、政社关系逐步改善，这些均导致单位制丧失了其生存的土壤，最终开始瓦解。

（二）街居制

在计划经济体制建设阶段，我国主要通过单位制来管理社会，配合一些基层地区的管理。基层地区管理基本为借助街道办事处与居民委员会等来推进各项工作，也就是人们所说的"街居制"。街居制长期发挥着政府的"腿"这一重要作用，简单地执行上传下达的任务。

1. 街居制的建设时期

新中国成立之后，我国街居制的建设历经了四个时期（何海兵，2003）。

（1）创办时期

1949 年新中国成立之后，党和政府的工作重心开始由农村转向城市。为强化城市政权、管理等，国内许多城市产生了街道一级组织与居民委员

会组织。20 世纪 50 年代后期的"大跃进"、人民公社化运动，让街道的机构与职责快速膨胀。人民公社此时只能说是一个政权组织，还承担着社会、经济组织方面的功能，其在基层管理中，采取的是完全的行政式管理方式，承担涉及基层的几乎全部的公共职能，权限实现了快速膨胀。然而，"大跃进"运动使其未能取得成功，这一制度最终未能保持很久。

（2）曲折时期

在 1966~1976 年的"文化大革命"时期，街居制受到了较大程度的破坏。在极"左"路线的约束下，部分居民委员会引入了军事编制，部分居民委员会被看作"当权派"。伴随各级"革命委员会"的构建，街道办事处更名为街道革命委员会，居民委员会也被叫作"革命居委会"，主要工作是开展相关的阶级斗争，明显违背了为民服务的目标。

（3）恢复时期

1978 年，党实行对外开放政策之后，街居制恢复，且得到迅速成长。20 世纪 70 年代末，取消了街道革命委员会。《城市街道办事处条例》等相关文件陆续出台，在这些政策文件的支撑下，居民委员会和街道办事处逐渐恢复重建。

（4）发展时期

在这之后，街道办事处与居民委员会均步入一个快速发展的新时期。

对于街道办事处来说，其发展特点如图 2-9 所示。

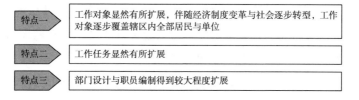

图 2-9　街道办事处的发展特点

对于居民委员会来说，1989 年正式发布的《城市居民委员会组织法》是一个关键的文件，居民委员会工作有较大的起色，其发展特点如图 2-10 所示。

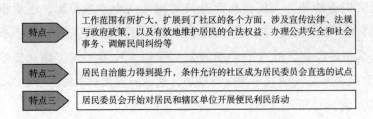

图 2-10　居民委员会的发展特点

2. 街居制的特征

街居制作为一种社区管理制度，主要有下述几个层面的特征。

（1）社区管理组织体系呈现垂直的科层制结构，党委或党工委仍然是领导核心

社区治理主体的多样化仍无法达到预期，主要表现为政府组织及其派出机构在社区治理中仍然扮演着唯一的治理主体角色，其在社区治理中掌握着大部分治理资源。社区居民委员会名义上是居民自治组织，实际上沦为政府或基层政权的附属，扮演着“打杂”的角色。

（2）社区在管理的具体路径与办法上，往往体现出鲜明的行政色彩，强制性十分突出

地方政府在定位社区居委会时，将其视为下属机构，存在领导直属关系。在这里，居委会主要职责是完成街道办事处布置的各种工作任务，具有浓厚的行政色彩，无法实现自治。在具体的公共事务管理层面，决策的主体是街道办与居委会，采取的管理方式也体现着鲜明的行政风格。

（3）社区缺乏非营利组织和非政府组织

第三部门渗透到社区的难度较大，大部分地方政府对它们的构建与进入社区存在一定的担忧，缺乏社会组织管理监督经验。因为历史的原因，我国社会组织的数量相对不多，类型不足，且社会组织过于依附政府，无法独立自主参与社区治理。

（4）社区成员缺乏社区治理参与意识，参与治理不积极。

社区成员参与社区治理不积极的具体表现如图 2-11 所示。

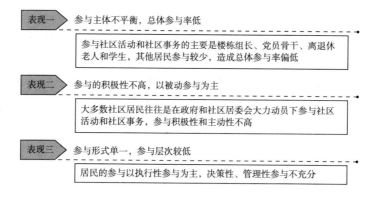

图 2-11　社区成员参与社区治理不积极的表现

3. 街居制被社区制取代

随着对外开放与社会转型和持续的建设，我国城市基层管理产生了新的情况、新的问题，街居制面临许多现实问题。快速的城镇化、单位制的解体、城市流动人口的急剧膨胀、住房制度的改革等使得街居制陷入困境，主要表现为职能超载、职权有限和角色尴尬。早在 20 世纪 80 年代，我国就逐渐将城市确定为经济体制改革的中心，街道办事处和居民委员会的职责和关系随着经济体制的改革而不断进行调整优化。伴随社区服务概念的提出，社区制逐渐取代街居制，成为我国城市基层管理的主体。

二　社区服务时期：开始逐渐放松管制的治理

社区服务时期为 20 世纪 80 年代中后期至 2006 年，在这一时期，随着我国经济体制的转型，我国社区治理逐渐进入社区服务时期，社区管制也逐渐放松。

20 世纪 80 年代中后期，城市发展的速度十分迅猛，人们的生活需求也逐渐趋向多元化。武汉、天津等城市开始要求基层组织承担一定的服务性内容，此服务被称作社区服务。在社区服务时期，确定了城市社区服务的重点与方向，以便民服务为根本宗旨，着眼于困难户、儿童、老人、残疾人、优抚对象等开展深入的服务工作。

（一）社区服务的启动

1986 年，民政部开始强调社区服务，提出以社区为单位开展弱势群体、优抚对象及普通社区居民社区服务，并且对社区服务提出详细的要求。同年，在城市开展社区服务工作的构想由时任民政部部长崔乃夫提出，"社区服务"的定义首次进入中国政府管理过程。

1987 年，崔乃夫在大连召开的社区服务座谈会上对社区服务进行了说明，将其定义为：社区服务是在政府的倡导下，以解决社区问题为出发点，发动社区成员开展的各类型互助性服务。同年 9 月，在武汉召开了全国社区服务工作座谈会，此次座谈会的召开标志着我国开始大力推动社区服务工作。

（二）"社区服务"第一次被列入了法律

1989 年，由民政部牵头组织的社区服务工作会议在杭州举行，此次会议主要由试点城市参加，交流推广相关经验，为全国范围内推广开展社区服务工作奠定了良好的基础。全国人大在 1989 年通过了《中华人民共和国城市居民委员会组织法》，"社区服务"第一次被列入了法律条文，要求：居委会必须全力开展利国利民的社区服务。随着社区服务的不断推进，社区服务的对象和内涵不断得到扩展。

（三）社区服务业被纳入第三产业

1992 年 6 月，中共中央和国务院通过《关于加快发展第三产业的决定》，明确将社区服务纳入第三产业，提出要推动社区服务产业化和行业化发展。1993 年发布的《关于加快发展社区服务业的意见》进一步明确了社区服务的属性，对社区服务业的发展进行了合理的规划，并提出社区服务业具有社会福利性，依托社区组织为社区居民提供服务。夏建中（2010）提出"社会化、产业化、法治化"是未来我国社区服务发展的主要特点。

1997 年 7 月，在青岛召开以社区服务产业化发展为主题的研讨会，在此次会议上，专家学者以及民政部门相关人员就社区服务的发展路径和发展方向进行了充分的研讨，提出了不同的观点。此后，直到 2006 年，社区服务市场化的倾向才完全扭转。

（四）加强和改进社区公共服务体系建设提上日程

2006 年，国务院发布了《关于加强和改进社区服务工作的意见》（以下简称《意见》），对社区服务的范围及社区服务工作提出了明确的要求。《意见》提出加强和改进社区公共服务体系建设，将社区服务的范围概括为就业，救助，卫生和计划生育，文化、教育、体育，安全等各个方面。

《意见》进一步明确了社区服务中社区居委会、民间组织、驻社区单位、企业和个人各自的职责。社区居委会是社区服务的主要供给者，要根据基层政府的要求为社区居民提供多方面的社区公共服务，同时要结合社区的实际特点积极调动组织社区居民开展互助性服务，为社区服务的供给创造有利的条件，支持不同类型的社区组织发展，积极吸纳多元化的主体参与到社区服务中，形成多元供给的社区服务体系。《意见》将社区服务分为公共服务、互助性服务或者志愿性服务、微利性服务。《意见》基本上扭转了以往社区服务市场化的偏向，将公共服务作为社区服务的核心内容，政府是社区公共服务的首要提供者。

（五）关于这一时期的总结

夏建中（2019）指出"社区服务"的提出让中国人了解到"社区"这个社会学领域的专业术语，形成了一支庞大的社区志愿者队伍，同时在社区内部大力推动社区服务设施设备的兴建，形成了一大批社区服务网点。

在这一历史时期，我国的社区建设基本上是在进行社区服务，以民政服务为工作的重点。我国在进行社区服务期间，持续扩展服务的对象、具体的服务内容，社区服务对象由民政对象扩大到全部居民，社区服务内容不再限制在民政服务上。在该阶段，经济体制的改革带动了政治体制和社会体制的改革。在经济体制改革的驱动下，逐渐形成了以公有制为主体，多种所有制经济共同发展的基本经济制度。同时经济结构的转变进一步促进了社会结构的转变，加速了社会流动。利益结构平衡的打破使得我国公民的利益意识逐渐增强，逐渐形成了多元化利益主体。但是在这一阶段，社会治理体制的改革明显滞后于经济体制的改革。

三 社区建设阶段：市场化、经营化、制度化的治理

社区建设阶段为1990~2012年，该阶段的城市社区逐渐开始实施市场化、经营化和制度化的治理。

（一）提出"社区建设"概念

社区服务已无法适应社区发展的需要，在全面推动社区发展的过程中需要提出一个更全面的概念。20世纪90年代初期，民政部从我国国情切入，参考国外的做法，提出了"社区建设"这一概念，民政部指出加强城市基层组织建设要以社区建设为重点内容，要充分调动社区内外部各种力量推动社区建设，不断完善基层政权组织职能。因而，在国内各城市中开展了大量社区建设。

（二）开展"社区建设试验区"试点工作

上海市开始积极探索新形势下的城市管理体制，通过不断的探索逐渐形成了"两级政府、三级管理"的新体制，在全国范围内也产生了一定的影响。1998年，国务院将社区建设作为重点工作，并交由民政部重点推进，1999年，民政部发布了《全国社区建设试验区工作实施方案》，提出要结合我国社会主义市场经济发展的趋势和要求，建立与之匹配的社区管理制度。同时积极推动"社区建设试验区"试点工作，在北京、上海、天津、沈阳、武汉、青岛等26个城市接连进行。借助十年以上的实践归纳与经验总结，逐步地建立了多种典型的社区治理方式。在这一时期，我国社区建设超过了社区服务的范畴，拥有了更加完善的含义和内容。

（三）全国掀起社区建设的热潮

2000年11月，中共中央办公厅、国务院办公厅下发《关于转发〈民政部关于在全国推进城市社区建设的意见〉的通知》，对社区建设提出了新的要求，明确了社区建设在现代化建设中的重要地位，为新时代我国社

区建设提供了基本的思路，要求在社区建设中不断强化基层政权的建设，结合社区建设目标持续不断深化基层管理体制机制。这一文件的发布标志着社区服务的阶段已经结束，全国各地迅速掀起了社区建设的热潮。

2001 年 3 月，第九届全国人民代表大会第四次会议提出了构建新型现代化社区的目标，在通过的《中华人民共和国国民经济和社会发展第十个五年计划纲要》中明确提出在"十五"期间要重视社区建设，将社区建设作为"十五"期间经济发展的重要内容。

2002 年，时任中共中央总书记江泽民同志提出要加强基层自治组织建设，建立健全基层民主管理制度，通过完善居民自治制度构建文明祥和的新型社区。

1. 社区建设的内容

在该阶段，社区建设坚持以人为本、服务居民的基本原则，通过居民自治和社区管理体制优化，加强社区组织建设，强化社区服务、卫生、治安、文化等方面的内容建设，全面推动新型社区的建设。

2. 社区建设的主要目标

社区建设的主要目标如图 2-12 所示。

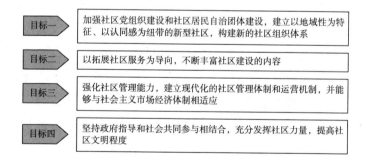

图 2-12　社区建设的主要目标

（四）社区建设工作的完善

2004~2012 年，建设和谐社区是社区建设的主要内容和目标。时任中共中央总书记胡锦涛同志在 2005 年专题研讨班中对社会主义和谐社会的内涵进行了说明，此后学术界基于胡锦涛同志关于社会主义和谐社会的重要论述对和谐社区的概念进行了界定。时任民政部部长李学举认为和谐社区就是居民自治、管理有序、服务完善、治安良好、环境优美、文明祥和的社区。

2008 年党的十七届三中全会召开，提出"要完善社会管理体制机制建设，加强对城市社区建设，保障城市的和谐稳定"。2009 年，中央人民政府进一步明确了社区建设的发展性目标，要求社区做到"管理层面彰显秩序，服务层面追求完善"，打造"文明祥和"社区。同年，民政部对 500 个社区给予了示范社区的荣誉称号。2010 年，《关于加强和改进城市社区居民委员会建设工作的意见》就完善城市基层居民自治、健全城市基层管理和服务体制做出了政策指导。2011 年，国务院办公厅发布了《社区服务体系建设规划（2011—2015 年）》，为社区建设设计了一个完整的社区服务体系框架，扩大了社区自治和服务的范围，有力促进了社区制的发展。

（五）社区建设的意义

无论是在深度上还是在广度上，社区建设都是重中之重，其意义也远超社区服务，推行社区建设标志着我国社区治理由街居制向社区制转型。街居制是改革开放之前与单位制共存的国家基层社会管理模式，随着城镇化进程加快、单位制的解体和住房制度的改革，适合计划经济体制的街居制转变为适合社会主义市场经济体制的社区制。城市社区承担社会治安、人民调解、青少年教育、计划生育、妇女工作、老龄工作、社会福利和公共卫生的任务，由社区居委会、社区居民代表大会、社区协商议事会议和社区党委四部分组成，社区还包括社区自治组织等其他社会组织。社区制中党委或党工委仍然是领导核心，社区内其他组织都必须接受街道办事处和社区居委会的领导，包括政府职能部门、各种所有制的单位、各种社会团体或者居民自治组织。此后，各种组织之间开始初步形成一种社区合作共治的机制（夏建中，2008）。

四 社区治理阶段：共建、共治、共享的多元化治理

社会治理阶段为 2012 年至今，该阶段我国提出了共建、共治、共享的

社会治理目标。

（一）"社区治理"概念的提出

2012年，党的十八大对如何加强社会管理提出具体要求，即完善基层民主制度，加强基层社会管理和服务体系构建，并首次提出了"社区治理"的概念。党的十八大报告明确要求，在城乡社区、基层事务、公益事业等层面切实彰显民主权利，实施群众自我管理，推动自我服务，落实自我监督。党的十八大报告首次将城乡社区治理的理念纳入党的重要文献中，规定了城乡社区治理的基本方式和基本要求，强调在城乡社区治理中要发挥群众自我管理、自我服务、自我教育和自我监督的功能，在城乡社区治理中推行民主权利。

（二）"治理"取代"管理"成为新的执政方略

2013年11月，党的十八届三中全会召开，会议通过了《中共中央关于全面深化改革若干重大问题的决定》（以下简称《决定》），提出要推进国家治理体系和治理能力现代化，在构建国家治理体系的过程中，要充分发挥党委在社会治理中的领导作用和政府在社会治理中的主导作用，同时要求通过各种途径和方式鼓励引导社会力量的全面参与，构建新型的社会治理格局。"治理"理念的提出，体现了我党执政理念的升华，治国方略在社会转型期间的新变化、新要求、新跨越，标志着我党的执政方略由传统的"管理"转为新型的"治理"。

《决定》明确提出要大力推动基层民主的发展，建立健全基层民主机制，畅通民主渠道，完善基层民主运行机制。在基层积极推行民主协商制度，积极推动群众在基层事务中实现自我管理、自我服务、自我教育和自我监督。在依法治国的大背景下，基层民主的发展必须探索走出一条法治化的道路。

党在社会建设理论与实践的重大创新中最具代表性的就是提出了社会治理，这体现了执政理念的变化。在创新社会治理中，法治是前提、基础和保障，法治被放到了更为重要的位置。

（三）构建全民共建共治共享的社会治理格局

2015年10月，党的十八届五中全会明确构建全民共建共治共享的社会治理格局成为我国社会治理的新理念，该理念强调社会治理的主体为全体民众，同时进一步强调全体民众也应共享社会治理的成果。

2017年6月，中共中央、国务院颁布了《关于加强和完善城乡社区治理的意见》（以下简称《意见》），将城乡社区治理提升到前所未有的高度，成为我国城乡社区治理的纲领性文件。从《意见》中可以看出，城乡社区作为社会最基本的单元，也是构建现代化治理体系的基础。《意见》对我国城乡社区治理提出了总体的要求和实施路径，明确了基层党组织、政府、居民在社区治理中的角色，提出要以改革创新为动力，积极整合各方力量和各类资源，赋予城乡社区治理更好的活力，让其逐渐朝向共建共治共享的美好家园发展。这是新中国历史上第一个国家层面发布的关于城乡社区治理的纲领性文件，对于破解社区治理难题、完善社区治理体系以及提升社区治理能力，具有纲领性的意义和作用。

2017年10月，党的十九大报告中强调加强社会治理体系建设，明确提出要逐渐推动社会治理重心下移，充分发挥基层力量，构建政府治理、社会调节、居民自治相互关联、良性互动的现代化治理体系，打造共建共治共享的社会治理格局，强调在社会治理中实现社会化、法治化、智能化和专业化。其中，社会化治理要求在社会治理中引入社会力量；法治化治理是以法律制度为基础的治理而非人治；智能化治理要求在社会治理中充分借助现代科学技术，如物联网技术、大数据技术等先进技术；专业化治理强调社会治理队伍的专业化。社区治理作为社会治理的基础和核心内容，是打造共建共治共享社会治理格局的基石。

2018年4月，民政部在全国基层政权建设和社区治理工作会议上强调要重视基层政权建设，培育专业治理队伍。同年，民政部在"全国社区治理和服务能力建设示范培训班"中进一步提出要深入贯彻落实《意见》要求。

社区治理是在社区建设的基础上进行的。2013年前后，已基本完成社区建设任务。预计2025年或者2030年，我国城乡社区治理模式成熟定型，治理能力有效提升。从长远发展的角度来讲，推进国家治理体系和治理能力现代化是深化改革、推动社会稳步发展的总体目标，是一个动态化的持续性过程。推进社区治理的现代化是中国特色社会主义建设的重要基础，是实现中华民族伟大复兴的重要保障。

第三节　中国城市社区治理现代化的理论逻辑与实践路径

一　中国城市社区治理现代化的时代内涵

2013 年，党的十八届三中全会首次强调将推进国家治理体系和治理能力现代化作为我国深化改革的重要内容，国家治理体系的提出是一个重大理论创新，涉及权力配置和行为方式的深刻转变，以往的单一主体治理转变为多元主体治理是国家治理体系建设的重要特征（高小平，2014）。完善的治理体系是实现国家治理现代化、提升国家治理水平的基础和关键。具有中国特色的国家治理体系应该建构一种系统、整体和协同的新型治理格局，其包含结构、功能、制度、方法和运行五大体系（陶希东，2013）。

（一）城市社区治理是国家治理体系的重要组成部分

按照治理区域划分，国家治理体系可以分为城市治理和乡村治理。在中国历史上的绝大多数时期，城市人口的比重远低于农村人口。在明清和民国时期的中国广大农村地区，地方自治是农村社区治理的重要特征。农村地区是一个相对稳定的熟人社会，宗族、长老在农村地区自治中扮演重要角色，"无讼"是维系社区稳定的重要目标（费孝通，2001）。

与农村地区不同的是，在中国历史上，城市一直被中央政府管理，缺少城市自治的机会，城市的主要功能是行政管理，传统中国城市的社会治理主要采取自上而下的管理模式。

新中国成立之后，中国城市担负着行政管理和生产的双重功能，城市中的单位承担着资源分配的职责，同时单位制社区成为城市社区的重要形式，单位制社区的治理属于所在单位的职能。另外一种城市社区是街居制社区，街居制社区的居委会担负社区管理工作。无论是单位制社区，还是街居制社区，社区治理仍然采取一种自上而下的管理模式。

改革开放之后，城乡社会流动速度加快，中国的城镇化水平不断提升。国家统计局的数据显示，2018年末中国常住人口城镇化率达59.58%。这表明中国社区治理的重点从农村地区转向城市，同时单位制的解体、社会多元主体的出现给城市社区治理提出了新的难题，也赋予了城市社区治理新的时代内涵。

1. 城市社区治理的时代内涵

俞可平（2014）认为治理主体、治理机制和治理效果三个要素均是国家治理体系的重要内涵，国家治理的理想状态就是"善治"。"善治"包括好的政府治理和社会治理，实现"善治"的理想目标需要实现国家治理体系的现代化。何谓"善治"？即通过合理完善的制度安排和规范清晰的公共秩序，提升政府治理、企业治理和社会治理能力。城市社区治理实现"善治"的目标是国家治理体系现代化在城市治理中的具体体现。

（1）城市社区治理结构向党建引领下的多元治理结构转变

党的十六届四中全会提出了健全"党委领导、政府负责、社会协同、公众参与"的社会管理格局。此后，党的十八届三中全会进一步明确了这一治理格局的内涵，提出了各主体的功能作用，提出了由党委、政府、社会力量、居民多中心参与的多元治理结构。

（2）城市社区治理离不开公共权力的运作

公共权力规范运行的关键在于推动政府管理职能的有效转变，要求各级政府部门在公共事务领域尽职尽责。各级地方政府开始深入探索治理的权利义务由政府向群众转移的发展道路和制度性变革，我国社区治理工作模式也由此发生重大改变。

2. 从社区管理到社区治理的逻辑转变

从国家统治到国家治理，从社会管理到社会治理，不是简单的词语变化，而是思想观念的变化。

（1）国家治理的研究与解释

国家治理是政治学研究的重要领域，因此一些政治学学者对这种变化进行了解释。

俞可平（2014）认为治理体现出更多工具理性，并阐释了统治与治理之间的巨大差异：不同的权力主体，治理强调多主体治理，除政府之外，还包括企业、社会组织、居民等不同的治理主体；权力性质不同，相对于统治的强制性而言，治理更强调协商；权力的来源不同，治理的权力来源包括法律和社会契约；权力运行的向度不同，治理的运行方向主要是平行的，而统治的运行方向是自上而下的；两者的边界不同，治理涉及的是公共事务，而统治处理的是政府事务。高小平（2014）认为"治理"这个概念内容丰富、包容性强，重点是强调多元主体管理和民主、参与式、互动式管理。"管理"和"治理"是关于"关键词"的变化，涉及治国理政总模式的转变，以及在完善和发展中国特色社会主义制度方面的推进。何增科（2014）认为"国家统治"的本质是一种阶级统治，"国家管理"则强调公共利益的最大化，指出"国家治理的概念是在扬弃国家统治与国家管理两个概念基础上提出的一个新概念"，"国家治理是由包含国家政权所有者在内的利益相关者针对公共事务所开展的一系列合作管理活动，通过国家治理活动来维持公共秩序，提升国家公共利益"。国家治理的独特性体现在国家政权管理者的责任、合作管理的重要性以及公共利益和公共秩序的治理目的上。徐勇、贺磊（2014）指出，"治理"应该强调治理过程，是政治主体结合国家发展的需要，通过公共权力的应用进行有效管控的过程。"国家治理"这个概念的提出反映了人类社会的进步，因为国家治理更加强调多元互动和合作共赢，国家治理过程强调共同解决所面临的问题，共同推动社会进步。

（2）社会治理的研究与解释

社会治理是社会学研究的重要领域，社会学更加强调社会转型的影响。在党的十八届三中全会提出社会治理体系现代化之前，2004年党的十六届四中全会明确提出了新的社会管理格局，即"党委领导、政府负责、社会协同、公众参与"。

李友梅（2012）认为政治学的治理理论和新公共管理理论在解释中国在转型期的社会管理困境时存在认知瓶颈。中国的社会管理体制存在两种机制，一种是命令协调机制，这种协调机制以一元权力为中心，通过自上而下的方式来实现；另一种是"建立在多中心基础上的开放式协调机制"。前者是纵向机制，后者是横向机制，并进一步指出中国社会管理创新中存在横向机制的制度性缺位以及纵、横向机制间的结构性断裂两种现象。她建议在转型期形成上下贯通的多层级复合"共治结构",而城市社区层面多方参与的共治结构是创新社会管理的重要场域。上海在逐步建设现代化社区的过程中,出现了一种新型的社区治理结构,这种治理结构的特点是长期处于建设过程中,是在"社区共治"过程中逐渐产生的,脱离了地域化的情境和既定性的组织结构框架,其治理秩序的自然生成往往带有一种高度不确定性或偶然性的基本特征,属于治理结构的任何主体都可能无法仅仅依靠一种组织形式而自然而然地获得一个领导者的统治地位,还必须通过策略性的交互作用来重建一个新的社区治理权力资源。李友梅(2007)和夏建中(2010)认为社区治理在转型期更有必要,可以削弱市场失灵和国家失灵产生的负面影响。

3. 城市社区治理结构的重新建构

城市社区治理结构必须不断调整,才能构建现代化的城市治理体系。具体应重视图 2-13 所示几个方面。

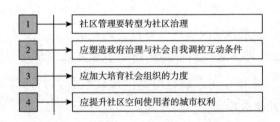

图 2-13　城市社区治理结构的重新建构

(1) 社区管理要转型为社区治理

在我国城市社区治理变迁的过程中,要结合时代的特点及时代任务,重新认识社区治理现代化的内涵,赋予居民参与社区治理的权利,拓宽居民参与社区治理的法治渠道(张翼,2020)。

(2) 应塑造政府治理与社会自我调控互动条件

我们应高度重视城市社区党建,提升基层社会治理体系整合能力,塑造政府治理与社会自我调控良性交流互动的重要条件。

社区治理系统即为构建整个社区生活秩序体系进行的制度化和结构化的安排。政府和社会的力量共同塑造、影响这套结构性制度安排，然而将两者有机结合起来面临很大的挑战。作为两个不同的方面，政府治理与社会自我调控系统间的深层次的衔接与融合是城市社区治理的核心，而中国一直有"强政府"的传统，如何超越行政机制，建立富有弹性的基层党建整合机制是值得探索的问题。城市社区党组织的政治导向作用是维护社区公共性与公共领域规范、有序发展的主要制度依据，还是有力拓展当前治理网络的重要组织支持体系（李友梅，2017）。

（3）应加大培育社会组织的力度

作为参与城市社区治理的重要力量和社会自我调控系统的重要载体，社会组织是实现城市社区共治的关键。社会组织可以提高社区自治与服务社区居民的能力，通过充分发挥社区社会组织的平台作用，能够强化居民之间的融合和凝聚力，调动社区居民参与社区服务和社区治理的积极性。对于社区社会组织来讲，其要建立健全内部治理结构、提升服务意识、强化服务能力、积极带动居民参与、增强独立性和自主性（赵罗英、夏建中，2014）。

（4）应提升社区空间使用者的城市权利

城市权利理论由列斐伏尔提出，他认为所有城市居民都有在城市中长久居住的权利，这种权利是一种普遍的权利，并不基于房屋产权，所有城市居民在城市中都享有教育权、健康权和居住权等权利。城市社区治理需充分发挥业主委员会的主体作用，赋予物业使用者相应的权利，通过业主委员会积极发动常住人口以不同的形式和渠道参与城市社区治理。随着市场化改革的不断深化，大量的流动人口进入城市社区，吸引流动人口积极参与城市社区治理成为市场化发展背景下城市社区治理的主要任务之一。因此在城市社区治理中，要结合流动人口和户籍人口的特点，不断探索建立"开放性"和"常住型"的动态治理体系，才能适应我国城镇化的进程和城市社区治理的特点和要求（张翼，2020）。

（二）城市社区治理现代化水平是国家治理能力现代化的重要体现

1. 城市社区治理的必要性

城市社区在改革开放之后发生了巨大变化，随着我国从计划经济体制走向社会主义市场经济体制，户籍制度逐渐松动，人口流动成为常态，新型城镇化正在形成。这些变化导致城市社区结构发生重大转型，要求城市治理方式发生转变。

（1）"居委会办社会"导致社会组织难以发挥有效的社会治理作用

"单位办社会"转型为"居委会办社会"，居委会成为城市社区治理的主体力量，同时科层化的趋势导致社会组织在社区治理中难以发挥作用。从 20 世纪 90 年代开始，"街道-社区制"逐渐成为我国基层管理的主要模式，社区居委会在很大程度上体现了政府和街道的意志。在管理体制转型的过程中，"单位办社会"逐渐被"居委会办社会"所替代，社区居委会的自治功能逐渐被强化。同时在这一阶段，国有企业改革不断深化，社会主义市场经济体制不断得到巩固，原有的"单位办社会"职能由街道和居委会逐渐接管，街道和居委会也由此转变为集管理与服务等多功能于一体的基层组织，出现了"居委会办社会"的现象（张翼，2020）。"居委会办社会"这一现象说明城市社区治理需要党政相关部门提供组织支持与财政支持，否则其多重功能无法得到实现（张翼，2019）。同时为了提升组织效力，居委会及其所属机构出现科层化，社区居委会的科层化体现的是其行政化（李友梅，2002），社区居委会更像是政府的基层延伸。近年来，城市社区登记了大量自发形成的社会组织，但是这些社会组织由于缺乏资金支持和管理经验，难以发挥有效的社会治理作用，这与"居委会办社会"有关。

（2）城市社区异质性增加了城市社区治理的难度

城市社区分化成不同类型的社区，不同类型城市社区增加了城市社区治理的难度。改革开放之后，特别是 20 世纪 90 年代以后，国家实行分税制改革，房地产成为地方财政的重要收入来源，城市面貌因房地产的发展而发生剧烈变化，同时居住地成为社会地位的重要标志。

上海的社区被分为传统街坊社区、单位公房社区、高收入商品房社区、中低收入商品房社区和社会边缘化社区，这些社区的形成年代、空间布局、基础设施条件、管理方式和交往关系存在较大差异（王颖，2002）。城市棚户区是城市低收入人群生活区，在国家主导的棚户区改造过程中，不同类型的城市棚户区的社区治理侧重点也不尽相同（李国庆，2019）。

（3）城市社区居民异质性导致需求存在差异

城市社区居民从同质性向异质性转变，城市居民按照不同的方式获取住房，形成不同的住房地位群体，不同的住房地位群体之间的社区服务需求存在差异。北京市有六种住房地位群体，如图 2-14 所示。

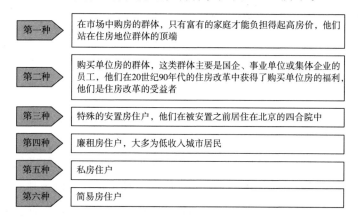

图 2-14　北京市的六种住房地位群体

这六种住房地位群体内部也存在差异（李强，2010）。在城市新建小区，特别是既有商品房又有回迁房的小区，虽然小区的物业管理同属于一个物业管理公司，但是居民的归属感存在巨大差异，为了避免两种不同类型居民之间产生矛盾，商品房与回迁房会被隔离开。

2. 特大城市社区治理需要创新

除了"居委会办社会"、城市社区异质性和城市社区居民异质性三种特征之外，特大城市的社区治理还面临三种问题：与人口流动和集聚相关的各种社会问题，特大城市虚拟社群的舆论治理，社区的非在地获益权问题。因此特大城市社区治理面临的压力更大，需要创新社区治理体制。

（1）与人口流动和集聚相关的各种社会问题

特大城市社区治理需要处理与人口流动和集聚相关的各种社会问题。现代社会是一个流动社会，而中国特大城市具有丰富的公共资源，是最为重要的人口流入地。

统计数据说明了中国特大城市体现出"大国大城"（陆铭，2016）的发展特点。

常住人口数量增加尤其是外来人口的增加给特大城市的社区治理增加了难度。党的十八届三中全会明确提出在我国城镇化进程中要严格控制大城市人口规模，此后优化人口结构成为我国大城市发展中的主要任务之一，不断加强人口的结构性调控，此时，仅仅依靠政府行政力量已不足以应对社区治理现代化过程中的问题。

（2）特大城市虚拟社群的舆论治理

特大城市虚拟社群对传统的城市社区秩序维持机制形成挑战。特大城市的网民数量庞大。

卡斯特（Manuel Castells）在 21 世纪初提出，网络社会的崛起将对社会治理产生新的影响（Melanie，2014）。网络社会中出现了人类联结的新形式——"虚拟社群"。虚拟社群是指以互联网为载体的新型社区，虚拟社群以聚集共享机制和利益为中心，依托互联网工具实现社区的治理。虚拟社群也被认为是基于互联网而形成的社会媒体，出现了个人化的特征，而且中国互联网上的传言在很大程度上影响人们对事物的看法（赵鼎新、潘祥辉，2012）。

在城市更新过程中，虚拟社群利用网络舆论形成潜在的集体行动，对社区治理产生不确定的影响（李振锋、张弛，2020）。因此，引导虚拟社群、与虚拟社群沟通，成为未来特大城市社区治理的重要任务。

（3）社区的非在地获益权问题

在城市的老旧社区中，人户分离已经成为一个常见现象（王桂新、王利民，2008）。人户分离的居民拥有户口属地的各种权利，但在现居住区却没有选举权、被选举权和议事权。在特大城市和超大城市的很多社区中，流动人口的规模远超本地户籍居民规模，但由于社区权利仅赋予具有属地户籍的居民，流动人口无权参与到社区管理工作中。因此，社区治理变成由少数户籍居民对多数非户籍流动居民的治理（张翼，2020）。

3. 国家治理能力现代化的时代要求

城市社区治理现代化能力的提升，是我国国家治理现代化能力提升的关键要素。改革开放之后，所有城市的社区治理均面临图 2-15 所示的三个基本问题。

城市间存在发展水平的差异，因此经济社会的转型条件也存在差异，

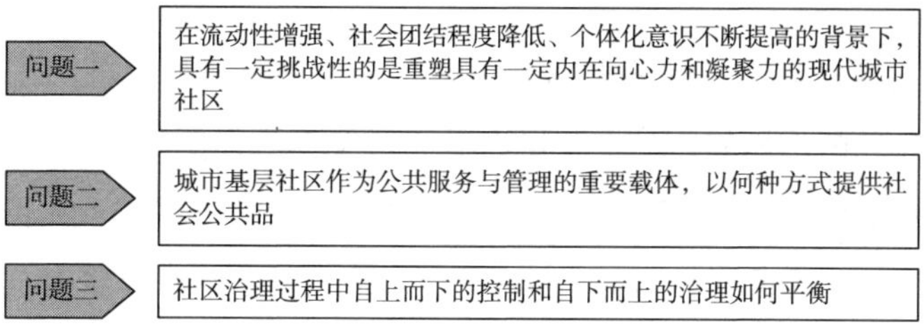

问题一	在流动性增强、社会团结程度降低、个体化意识不断提高的背景下，具有一定挑战性的是重塑具有一定内在向心力和凝聚力的现代城市社区
问题二	城市基层社区作为公共服务与管理的重要载体，以何种方式提供社会公共品
问题三	社区治理过程中自上而下的控制和自下而上的治理如何平衡

图 2-15　城市的社区治理面临的基本问题

对于这三个问题，不同城市会形成不同的解决方案。当前城市社区治理的改革探索则大多因地制宜地寻求对三个问题的均衡应对之道（李友梅，2016）。这与国家治理能力现代化的目标密不可分。

党建工作要引领社区治理的发展方向，要结合时代发展的趋势和社区治理的需求，积极引导社区治理的走向，厘清政府、社会和市场在社区治理中的职能，加强顶层的制度设计是破解中国城市社区治理创新中深层瓶颈问题的关键，从而适应多元、分化、开放的经济社会新形势。按照 2018 年修订的《中华人民共和国城市居民委员会组织法》，在城市社区治理中要构建"一元多方"的治理结构，其中"一元"为党对社区治理的引领，"多方"则是包含政府在内的多种治理主体，即政府、企业、社会组织、自治组织等，在"一元多方"治理结构下形成常态化治理体系，提升社区应急治理能力和治理水平。在社会协同能力不足的背景下，不仅需要适度推行行政科层"强治理"模式，同时也要致力于居民自治"弱治理"格局的改变，持续不断提升自治能力和自治水平。

二　中国城市社区治理现代化的理论逻辑：共建共治共享

党的十八届五中全会通过的《中共中央关于制定国民经济和社会发展第十三个五年规划的建议》（以下简称《建议》）中针对社会治理明确提出构建共建共享的社会治理格局的目标。此后在党的十九大报告中进一步将其确定为"打造共建共治共享的社会治理格局"，这是我国社会治理领域最重要的指导原则和创新方向。

（一）共建共治共享是城市社区治理创新的需要

1. 共建共治共享反映出党在城市社区治理中理论的创新

2004 年党的十六届四中全会提出要"社会管理体制创新"，表明我党开始从重点关注经济领域的发展转向经济与社区建设领域并重，在保持经济高速发展的基础上要重视社会管理方面的创新。然而正如李友梅（2012）所言，社会管理体制下存在两种协调机制，即以自上而下命令式为主的纵向机制和多元中心沟通的横向机制，两者之间存在断裂，具体表现为社会管理理念强调"管"的重要性，一方面能够突出党和政府在社会管理中所承担的职责；另一方面在这种理念下很容易忽视广大人民群众的参与，社会管理容易被理解成少数人管理大多数人（李强、温飞，2016）。

党的十八届三中全会以来，"社会治理"的概念逐渐替代了传统的"社会管理"，同时在不断的探索实践中，城市社区治理体系得到完善，治理能力和治理水平不断得到提升。《建议》中明确提出了构建全民共建共享的社会治理格局，要求在社会治理中强调全民的参与及全民的共享。党的十九大报告对社会治理理念进行了更进一步的升华，提出"打造共建共治共享的社会治理格局"，为新时代我国城市社区治理的不断创新提供了新的思路。

2. 城市社区治理理念创新的现实条件

城市社区治理理念的创新与中国在改革开放之后发生的剧烈变化密切相关，其现实条件已经成熟（见图 2-16）。

中国的社会结构发生巨变

社区呈现多样化

城市社区成员多样化和主要群体变化

信息技术促进信息化治理创新

图 2-16　城市社区治理理念创新的现实条件

（1）中国的社会结构发生巨变

中国的社会结构正在发生巨变，由一个传统的乡土社会转变为一个以城市为主的社会。1949 年，中国城镇化率仅为 10.64%；而 2014 年，城镇化率高达54.77%；中国城镇化率在 65 年中提升了 44.13 个百分点，年平均提升速度为2.55 个百分点（陈彧，2018）。城市在国家发展战略中愈加重要，《中华人民共和国国民经济和社会发展第十二个五年规划纲要》进一步明确了城市发展的基本规律和基本要求，要求在城市建设发展中统筹布局，坚持以大带小的基本原则，逐渐形成城市群，推动不同规模的城市协调发展。按照我国城镇化进程，到 2030 年，我国城镇化率将达到 65%，城镇人口规模将达到 10 亿人左右。中国在未来将拥有超大规模的城镇人口，这要求城市社区治理理念不断创新。

（2）社区呈现多样化

中国城市基层社区已经从传统单位制社区和街居制社区变成多样化社区。王颖（2002）对 21 世纪初上海的社区进行划分，共划分出 5 种不同的城市社区，李强（2010）区分了北京 6 种不同的住房地位群体，这些不同的住房地位群体居住在不同的社区。多样化的社区导致社区公共服务需求的多样化，要求社会治理精细化。

（3）城市社区成员多样化和主要群体变化

城市社区成员多样化和主要群体变化需要城市社区治理转变思路。中国城市社会结构目前正在发生巨变，李春玲（2015）认为共建共享的治理理念要求多元主体参与社会治理，在该理念下，政府作为主要的治理主体要积极引导其他主体参与，与其他多元主体构建协商机制，通过多元治理机制的建设提升公共服务供给质量和效率，进而达成和谐共治的社会治理新局面。在以往的社会管理中，城市社区管理主要关注外来人口，这种思路不是一种共建共治共享的思路。李春玲（2015）认为主流社区群体需要被纳入城市社区治理，包括社会中间阶层和青年群体，他们对社会治理水平有较高要求，这两个群体在经济社会领域十分活跃，有较强的能力参与社会治理及其相关决策，对政府的相关政策常常提出批评意见。

（4）信息技术促进信息化治理创新

信息技术促进了社会的发展，也要求城市社区治理在信息化治理上进行创新。《中国互联网络发展状况统计报告》显示，2017 年我国新增网民数量 4074 万人，总规模达到了 7.72 亿人，网民数量增长率达到 5.6%；互联网普及率为 55.8%，我国手机网民规模达 7.53 亿人，使用手机上网的网民占 97.5%，较 2016 年提升 0.4 个百分点，用手机上网的网民比例持续提升。信息化成为当今社会的重要特征和发展趋势，这要求城市社区治理在传统的网格化管理中纳入数字化管理。

（二）共建共治共享体现了城市社区治理的本质

1. 共建：体现出城市社区治理的方式

共建理念要求社会全体参与，全体国民的参与是全体国民共享的基础，能够极大地丰富整个社会的资源。党的十九大报告特别强调人民的地位，充分体现了马克思主义的基本原则和思想。共建理念的提出也进一步明确了人民与党和政府之间的关系，为人民服务始终是党和政府的首要职责，而人民群众具有主人翁的地位。

在城市社区治理过程中，"多元化"的概念并不完全适用"共建共治共享"中的主体，这里的共建共治共享更强调构建主体间利益共享、风险共担、协同共进的社区共同体。社区共同体的建立需要摆脱政府担负无限责任的困境，具体举措如图 2-17 所示。

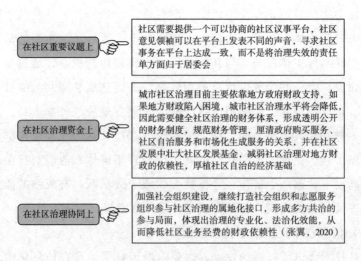

图 2-17　社区共同体的建立举措

2. 共治：体现出城市社区治理的路径

城市社区治理的主体不能只有政府，而是需要政府、市场与社会作为三大主体共同协作。由于社会问题的复杂性、社会需求的多样性及社会价值的共享性，政府、社会、市场之间的互动关系表现为多维度的复杂关系。

在现代社会，政府、社会和市场均无法通过自身的力量解决复杂的社会问题，这就要求在社会治理和社会公共事务管理中，政府、社会和市场形成紧密的合作关系和对话机制，共同处理社会事务，提升公共事务管理的效能。政府、社会和市场能够从不同维度和不同层面提供公共服务，通过互动合作推动社会稳步前行（周红云，2016）。

理想化的政府管理体系也无法满足社会大众对公共服务的需求，完善成熟的市场体制也无法实现资源的最优化配置。而第三部门作为弥补政府失灵和市场失灵的中坚力量，其合法性和可持续性也受到一定的调整，可能会出现"志愿失灵"的现象。由于政府、社会和市场本身均存在一定的不足，三者需要充分发挥其自身的优势，科学合理划定作用边界，通过良性互动解决复杂的社会问题。在城市社区治理中，政府、社会与市场只有通过良性互动才能真正实现共治。

3. 共享：体现出城市社区治理的本质属性

全民共享突出了党的十九大报告提出的"坚持共享发展"的理念。党的十九大报告明确了人民日益增长的美好生活需要和不平衡不充分的发展之间的矛盾成为新时代我国社会的主要矛盾。为满足人民日益增长的美好生活需要的社会治理，是为全体人民服务，让全体人民共享发展的成果。

（1）公共服务均等化

公共服务均等化是共享理念在城市社区治理中的重要体现，也是城市社区治理的重要目标。在同一城市存在不同类型的社区，需要在这些不同的城市社区中采取不同的社区治理模式，推动多类型社区的平衡发展；针对老旧小区，要根据经济社会发展的情况有计划地进行改造优化；加强对城乡接合部小区的规划建设；对于新建小区要加强社区规划布局。在社区治理的过程中协调社区内部各主体之间的治理能力。在同一社区内部，应打破户籍的制约，吸收非户籍人口参与社区治理，吸纳租户居民参与民主协商的各个过程，将常住人口纳入选举和被选举工作中，赋予其相应的选举权和被选举权，按照需要吸纳非户籍人口进入居委会。

（2）社区服务智慧化建设

社区服务智慧化建设是为了满足居民在社区日益增长的美好生活需要。传统的社区规划以社区物理空间为内容，侧重社区内部设施布局与功能优化，忽视了社区居民主体性特征，社区服务智慧化建设坚持以人为本的基本理念，通过动态化的规划将社区治理规划与居民生活及需求紧密结合在一起，以社区居民需求为出发点，通过社区居民生活圈内设施的规划和调控引导社区治理，以服务居民为核心目标（柴彦威、郭文伯，2015）。社区服务智慧化将以人为主体的个人时间利用和以物为主体的设施时间利用作为规划对象，通过合理规划提升设施时空利用和居民活动之间的匹配度。在社区服务中，利用智慧化移动设备及时发布相关的服务信息，通过合理的引导和干预改变居民不良的行为习惯，培养居民健康、低碳的生活方式，进而促进整个社会的健康发展（魏玺等，2023）。

三　中国城市社区治理现代化的实践路径

（一）政府的有限嵌入

1. 政府有限嵌入的必要性

自中国城市社区成立之初，政府就在城区社区治理中发挥主导作用。中国城市社区是在社会转型背景下，为了解决单位制解体后城市社会整合与社会控制问题自上而下建构起来的国家治理单元（李友梅，2017）。我国城市社区建设是政府主导的行动过程，街道党工委和办事处扮演领导者、组织者和协调者角色，居委会处于从属地位（杨宏山，2017）。行政主导下的居委会具有双重身份，它既承担街道办事处的任务，又代表居民利益（桂勇、崔之余，2000）。然而，在城市社区建设的实际运作过程中，居委会更主要的任务仍然是处理国家权力向基层社区延伸的事务，让社区成为稳固的治理单元，城市社区建设更加注重社区中的"行政有效"。实践中的社区治理目标往往被重建行政协调系统替代，国家在社区中的合法性得到进一步确认（孙莉莉，2018）。在社区建设过程中，国家内部组织的功能及其实现工具以一种更精细的方式进行了自我强化，纵向的行政命令系统十分有效，而横向的社会协调系统难以建立起来（李友梅，2012）。近年来，网格化管理成为大城市社区治理的重要技术平台，然而这种具有技术理性的管理方式提高了行政治理能力（何瑞文，2016）。因此，如何减少城市社区承担的过多的政府任务，实现有限的政府嵌入，成为城市社区治理面临的一个重要议题。

2. 政府有限嵌入的实施路径

（1）政府事权下放与街道编制增加相挂钩

扭转社区行政化需要提升社区自治能力，充实街道这一层次，实行政府事权下放与街道编制增加相挂钩。目前的中国城市管理实施"两级政府、三级管理"的体制，街道办事处作为政府的派出机构，承担政府部门的行政事务，却没有行政审批权和执法权，并受限于编制，普遍存在"事多、责大、人少"问题，因此街道不得不向社区安排工作。杨宏山（2017）指出，街道办的改革需要明确街道事权范围，核定街道责任清单；建立社区工作站，提升社区居委会的自主性；提供"一站式"办公环境；推进政府购买服务。

（2）加强党建引领在城市社区治理中的统筹作用

党的十九大报告对社会治理提出要求，在城市社区治理中，要积极发挥党委领导作用，强化政府责任，积极调动社会和公众参与，构建完善的法治化治理体制。在城市社区治理中，党组织应以群众诉求为导向，积极引领各方治理主体参与，通过协同机制构建完善的公共服务体系，提升党建引领的号召力。政治引领作为方向引领，面对不同治理主体之间的多元诉求，需要基层组织搭建居民参与社会治理的平台，在党组织的引领下，不同治理主体通过平等协商的方式参与议事，构建党组织引领下的民主协商机制。党建必须依托基层党组织进行全方位的引领，还要完善基层工作网格化体系和党建项目化体系。

（二）社会组织发挥协同作用

1. 社会组织发挥协同作用的必要性

共建共治共享的社会治理新格局需要社会组织的参与。在近半个世纪的城市社区治理实践中，独立于国家力量之外的公共组织作为社会治理重要主体长期缺位，对于整合社区自治力量、增强社区凝聚力缺乏应有的贡献。改革开放之前，国家几乎垄断全部资源，对几乎全部的社会生活实行全面的控制，中国长期处于总体性的社会结构状态（孙立平，2004）。改革开放之后，独立于国家的社会力量开始不断发育，各种社会组织不断出现。但国家对社会组织发展始终抱有一种防范和限制的心态，1988年之前，我国针对社会组织定期清理整顿，导致当时我国社会组织发展缓慢，缺乏有利的发展环境和制度保障。为推动社会组织的有序发展，我国先后印发了《基金会管理办法》、《社会团体登记管理条例》和《民办非企业单位登记管理暂行条例》，社会组织的发展有了法律依据，但是其发展仍然受到限制。由于社会组织准入门槛较高，且受到双重管理，社会组织发展长期低迷。2004年，社团、行业组织等社会组织逐渐得到了国家和政府的重视，强调其在公共服务、行为规范等方面的作用，提出社会主义和谐社会建设需要加强与社会组织的协同，使得社会组织发展获得新的时代机遇。

2. 社会组织发挥协同作用的举措

社会组织发挥协同作用的举措如图2-18所示。

吸纳各类社会组织参与到治理网络中

创新社会组织管理体制

将社会组织纳入相应的制度框架

图 2-18　社会组织发挥协同作用的举措

（1）吸纳各类社会组织参与到治理网络中

城市社区多元共治的实现需要一批社会性的自组织以某种制度化方式参与到城市社区治理过程中，培育社会组织对于现代社会治理具有重要意义。当代社会利益结构高度分化，不同的社会组织代表了不同群体的诉求，在基层社会治理中只有吸纳不同类型的社会组织，构建多主体参与的多中心治理网络，为它们建立一个协商平台，才能建立长效调节机制，实现社会自我调节。社会组织作为社区居民参与社区治理的重要平台，能够有效调动社区居民参与社区治理的积极性和主动性，共同维持社区的正常秩序，不断夯实社区治理的群众基础。社会组织在参与社区治理的过程中可以灵活采用不同的手段和方式来动员、引导、教育社区居民，提升其自我服务能力和协调能力，降低治理成本。

（2）创新社会组织管理体制

社会组织有效地发挥协同作用需要政府加大社会组织培育力度，创新社会组织管理体制。近年来，中央大力推动"政府购买公共服务"，各级政府通过购买服务的形式为社会组织的发展注入了大量资源，这为社会组织的培育提供了一个重要契机。2013年，在我国社会组织管理改革中，民政部明确提出公益慈善类和城乡社区服务类等符合条件的四类组织可以依法直接申请登记，这四类社会组织不需要经业务主管部门的批准而可直接向民政部门申请登记，进一步简化了社会组织登记的程序，使其摆脱了"双重管理体制"的束缚，使得我国社会组织发展环境得到了进一步的优化，为社会组织的发展带来了新的契机。

（3）将社会组织纳入相应的制度框架

社会组织在城市社区治理中不能独立发挥作用，而是应该配合政府，服务社会发展目标，所以应将其纳入相应的制度框架。社会组织在城市社区治理中只是发挥参与和协同的作用，政府仍然发挥主导作用，在城市社区治理格局中政府与社会组织之间是领导和配合的关系。社会组织不能局限于追求组织自身的发展和实现"专业化"的目标，而是应该嵌入公共服务供给模式优化以及公共服务供给效率提升的整体目标中。在城市社区治理中，社会组织是主要的治理主体之一，同时社会组织也是城市社区治理的对象。

（三）居民成为社区的主人

1. 居民成为社区主人的必要性

俞可平（2014）认为在国家治理体系中，民主是其本质，国家治理体系的建设必须充分保障民主权利，国家治理必须坚持以人为本的基本理念，在公共政策的制定和公共事务的决策方面充分体现人民的意志。因此要在城市社区治理中体现社区居民意志，发挥其主体作用，就要让社区居民真正参与到社区治理中，成为社区的主人。

城市社区居民参与社区治理可以提高城市管理科学化水平，提升公共政策的公共性与质量。当前我国大多数城市管理体制仍是一种自上而下的集权管理体制，实行封闭式运作。城市规划只涉及专家和政府相关领导，主要考虑技术问题，没有考虑到城市社区居民，导致规划存在缺陷，在操作过程中存在困难。因此，政府在制定公共政策时引入公民参与，可以让公共政策更加符合城市社区发展的实际。

目前城市社区居民参与社区治理的程度较低，参与过程的质量不高。总体上，我国城市居民参与社区治理的意识还不够强，特别是对于与其自身利益没有直接关系的社区公共事务，参与热情和积极性不够高。有些城市社区居民的参与能力较低，他们对于关乎自身利益的事情不知道如何提意见。社区治理数字化是社区治理的重要趋势，然而这种治理方式给社区中的重要群体——老年人带来不便，数字鸿沟降低了他们参与社区治理的热情。由于我国公民的公共意识还不够强，城市社区居民参与社区治理以居民个体为主，组织化参与较少，缺乏社区居民组织保障。城市社区居民缺少系统的政治参与训练，缺少参与经验，容易产生较高的期望，如果目标不能实现就会产生受挫感，影响参与的实际质量。

2. 促使居民成为社区主人的举措

促使居民成为社区主人的举措如图 2-19 所示。

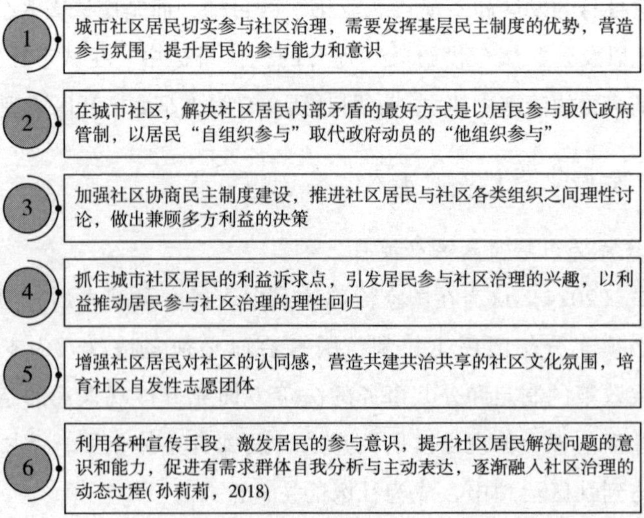

1 城市社区居民切实参与社区治理，需要发挥基层民主制度的优势，营造参与氛围，提升居民的参与能力和意识

2 在城市社区，解决社区居民内部矛盾的最好方式是以居民参与取代政府管制，以居民"自组织参与"取代政府动员的"他组织参与"

3 加强社区协商民主制度建设，推进社区居民与社区各类组织之间理性讨论，做出兼顾多方利益的决策

4 抓住城市社区居民的利益诉求点，引发居民参与社区治理的兴趣，以利益推动居民参与社区治理的理性回归

5 增强社区居民对社区的认同感，营造共建共治共享的社区文化氛围，培育社区自发性志愿团体

6 利用各种宣传手段，激发居民的参与意识，提升社区居民解决问题的意识和能力，促进有需求群体自我分析与主动表达，逐渐融入社区治理的动态过程(孙莉莉，2018)

图 2-19　促使居民成为社区主人的举措

第三章　深圳城市社区治理的现状

深圳作为中国改革开放丰硕成果的集大成者，深圳的发展史也是深圳城市社区治理的变迁史，更是中国近现代城市治理变迁的缩影。探究深圳城市社区治理的现状，归纳总结深圳城市社区治理的变革历程及成效，对于了解和掌握城镇化进程中我国城市社区治理的理论逻辑和历史脉络具有极大的参考价值和参考意义，同时可以为中国城市社区现代化治理指明方向。

第一节　深圳城市社区治理的变革历程

深圳社区治理是随着深圳城镇化、特区一体化建设而逐步推进的。改革开放以来，深圳城镇化发生了两次变革：第一次出现于 1992 年，特区内 173 个自然村、68 个行政村，包括沙河华侨农场，通过改建形成了 12 家企业、66 家社区股份合作公司、100 个居委会，涉及农民 4.6 万余人，特区内 4.6 万余名农民一次性全部成为城市居民；第二次出现在 2003 年，自 10 月开始至次年年底，龙岗区、宝安区合计 27 万名村民全部成为城市居民。通过以上两次改建，彻底形成了深圳城镇化的发展格局。

从深圳社区管理体制演进的历程来看，深圳的社区建设和社区治理经历了五个阶段，如图 3-1 所示。

一　"政社合一"的管理模式（1958～2002 年）

（一）公社化时期政社合一体制（1958～1982 年）

农村人民公社化运动是党在 20 世纪 50 年代后期全面推进社会主义现代化建设中为推动我国社会主义建设而提出的一项重要发展战略。1958

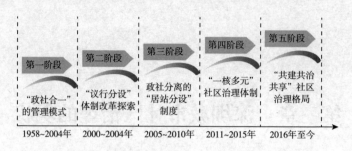

图 3-1　深圳社区建设和社区治理的五个阶段

说明：有些时间节点有重合之处。

年，深圳推行公社化，在整个县域内设置了 6 个人民公社、41 个生产管理区。发展到 1961 年，全县有 5 个公所、22 个人民公社、419 个生产大队、2847 个生产队。1963 年，通过整合公所，形成 17 个人民公社、165 个生产大队。

（二）公社后时期乡政村治体制（1983~1991 年）

1. 家庭联产承包责任制

1983 年左右，我国农村推行家庭联产承包责任制，也就是通过分田到户的方式进行了土地改革，建立了家庭联产承包责任制，土地依然是集体共有，然而经营权可以归为农民。1983 年，深圳撤销人民公社，转而设置区公所，同时将生产大队调整为乡，对应地设置了乡政府，将生产队转变为村委会。1984 年 2 月，再次进行调整。此外还存在一个畜牧场。1986 年 10 月，撤销区公所，设置镇政府，将原有的乡改设为行政村，成立村民委员会，将原有的村民委员会调整为自然村。1991 年，深圳行政村数量为 191 个。

2. 推行"乡政村治"制度

在公社后时期制度调整中，推行"乡政村治"的制度，也就是在乡镇范围去除"社"，维持"政"。将生产大队和生产队分别调整为行政村和自然村。在行政村内部设置村委会，村委会不再隶属行权关系，属于行政村自治组织。至此，公社体制解体，给社会、政治与经济带来了极大的影响。

随着生产大队向行政村的转变，农村社区也从社员共同生产的大家庭逐渐发展成为农民按照法律自治的组织，从以往服从上级的行政命令逐步地调整为村民自治，这一演变成为农村治理发展中的重大飞跃。虽然这一阶段村委会在农村社会治理中仍然无法实现政企分开，不但承担社会治理（基本是管理农民），而且承担农村集体经济与资产的管理。但宪法和法律赋予了村委会作为基层群众性自治组织的基本属性，明确了村委会在农村治理中的主体性地位（张则武，2011）。

3. "三来一补" 企业和股份合作制变革

随着深圳城镇化和经济的迅速发展，深圳农村传统上依靠地理位置与土地资源优势的发展模式也发生了根本性的改变，"三来一补" 企业在深圳农村快速发展，且成为农村经济发展和社会建设的核心力量。1983 年开始，"三来一补" 企业快速发展，并逐渐向三资企业转变。数据显示，1990 年底，全市三资企业的数量达到 3269 家，但是此时仍以 "三来一补" 企业为主，其数量几乎是三资企业的 2 倍。农村经济的快速发展导致原来由村委会经营和管理农村经济的体制已经无法适应时代的要求。为了更好地推进农村经济的发展，各村纷纷成立了专门的经济发展组织及企业来承担村委会管理集体经济的职能。在这一过程中，部分村出现了合股集资办企业的形式，形成了农村股份合作企业的雏形。由村委会创办企业进行集体经济管理的方式仍然面临一系列的问题，如主体不够明晰，产权设定不够清楚，流转过程不够通畅，企业缺乏法人资质、缺乏自主经营权。同时一些地方出现了村党支部、村委会班子不和、争权夺利的现象。

20 世纪 80 年代后期，为进一步推动农村集体经济监管方式的改革，深圳市首先在特区内进行了股份合作制变革。在城镇化建设的进程中，各村逐步提出了各种各样的改制形式与方法。农村股份合作企业的创办在一定程度上明确了企业的产权，促进了企业的规范化运作，编制了企业的章程，建立了董事会、监事会和集体资产管理部门等，解决了按股配置问题。由此，股份合作企业、村委会与党支部协作管理集体经济的发展格局逐步确立。

（三）村改居时期社区角色的转变（1992~2004 年）

1. 深圳成为全国首个彻底实现城镇化的城市

20 世纪 90 年代初期，深圳市城镇化进程加快。深圳特区在区域拓展中选择将龙岗和宝安两区作为拓展对象，此后，两区自然村以及人口全部并入深圳特区，实现了城镇化，农村居民逐渐转变成城市居民。在管理方面，设置了现代城市标准的管理机制，特区内村委会转变为居委会，原农村集体经济组织则逐渐转变为社区股份合作企业。2004年，两区27万名农村人口全部转变为城市人口。至此，深圳成为全国首个彻底实现城镇化的城市，农村自治组织全部转变为相对应的城市自治组织。

2. 村委会过渡为社区居委会

这一时期处于在原来村委会管辖的区域的基础上开展村改居的阶段，即由原来的村民委员会过渡到社区居委会的阶段。在深圳社区治理层面，其采用的"议行合一"机制不具备多元化主体治理的条件，机构构成单一，治理能力明显不足。同时，居（村）委会承担了大量的行政职能，其自身的群众自治性被明显削弱，缺乏构建多主体参与的"共建共治"体系的基本条件。在此时期，基层社区治理主要是传统的村委会、居委会自治并存的模式（张则武，2011）。

二 "议行分设"体制改革探索（2000~2004年）

（一）最初的居委会状况

1951年，我国第一个正式冠名为居委会的组织——普陀区梅芳里居民委员会诞生，此后近半个世纪"居委会"的称呼中并没有涵盖"社区"字眼，居委会事实上属于镇政府所管辖的派出机构，居委会负责人通常是镇政府指定的，与科级干部享受相同的待遇，居委会主任通常还能成为镇人大代表，居委会所开展的工作内容通常为支持、协助镇政府进行相关的调解、管理等工作。2000年1~6月，深圳在梅林以及皇岗等区域开展"居委会"试点改造工程（也就是所谓的"居改社"）。

（二）全方位地开展"居改社"

1. 改名和机制

2002年，"居改社"全方位地开展。"居委会"名称转变为"社区居委会"，"居改社"的开展使得传统居委会的构成、功能等均发生了转变。

"居改社"后的新社区机制通常包括居委会委员、居民会议以及党组织，街道办升级成为居委会的上级单位。社区居民委员会在一定程度上保持了独立，然而在实际的运作中仍然承担了大量上级政府的职能。

2. 社区规模与管理制度改革

2002～2004 年，深圳市梳理了全市社区的改革逻辑，调整了全市社区的规模，再一次对社区进行了划分。同时，基本上建成了以社区党组织为核心，以社区居民委员会为主体，各类民间组织相互结合的组织体系。

以深圳市盐田区为例，盐田区参考我国城市社区建设的成功经验，在全区实行"议行分设"的社区管理制度。"议行分设"的特点是推行"一会两站"，即在居委会的基础上再增设服务站以及工作站。居委会拥有针对社区事务的监督权和决策权；服务站以及工作站都属于相关的"执行"部门，其中，工作站主要负责政府所交代的相关工作以及社区的相关活动，服务站则重点为社区居民提供服务。与过去的"议行合一"机制相比，这种社区管理制度是在政府职能转变的基础上，通过工作重点下移的方式来化解社区居民自治与承担政府行政职能二者间的冲突。

在开展"居改社"的过程中，盐田区探索"一会两站"的模式，立足于居委会，分别设立服务站和工作站，实行"议行分设"的社区管理制度。在该制度中，居委会负责议事，两站落实具体的工作，将社区工作站从社区居民委员会中逐步分离，基本实现"议"与"行"两大职责的分离。

三 政社分离的"居站分设"制度（2005～2010 年）

（一）"居站分设"模式的形成

随着盐田模式的成效逐渐凸显，深圳在 2005 年开始全面推行"居站分设"的模式。同年 2 月，深圳出台相应的文件，掀开了全市新一轮社区管理制度改革的序幕。此次改革创新的主要措施为：在社区设置工作站，推行"居站分设"，将部分原社区党组织成员与居民委员会的委员转变为社区工作站专职工作者。将居民委员会与社区工作站分离，其目的在于使居民委员会回归其自我管理、自我教育、自我服务的群众性自治组织的属性。社区工作站本质上属于街道办在社区的工作平台，其主要支持街道履行行政管理与社区服务等职能。

在此次改革中，盐田等区针对社区所涵盖的范畴进行重新划分，同时还实行了"一站多居"体制，也就是在某个社区工作站所控制的范畴中，设置了若干个居委会。2008 年，深圳市确立了"居站分设"的模式，通过此次改革，在全市范围内形成了 900 多个居委会和 600 多个工作站（张则武，2011）。

（二）"居站分设"的制度缺陷

"居站分设"制度尽管试图把行政管理工作与社区居民自治分离开来，然而因为社区工作站的主体定位、性质、职责与人员身份长期不清晰，出现了不少问题与争议。

四 "一核多元"社区治理体制（2011~2015 年）

（一）"一核多元"社区治理新体制形成

2011 年，深圳出台《深圳市社区服务"十二五"规划》，明确提出引进专业社会工作力量，至 2015 年在全市建设 700 个社区服务中心。2014年，根据广东省委有关精神，深圳 80% 以上社区实现社区党委书记、居委会主任、工作站站长"一肩挑"的治理格局。2015 年初，深圳市颁布了《深圳市基层管理体制改革指导意见》，明确提出深化街道行政体制改革，完善基层治理体系，积极推进"织网工程"，紧紧围绕社区党委和社区居委会，以社区工作站为平台，紧密结合社区相关主体实施社区治理的新体制，从而形成了党委管理、政府参与、社会配合、公众支持、法治保障的崭新治理格局（易怀炯，2018）。

（二）社区党建全方位升级、系统优化

2015 年 12 月，深圳市出台《关于推进社区党建标准化建设的意见》（以下简称《意见》），明确提出紧密围绕组织建设、党员管理、治理结构、服务群众、工作职责、运行保障"六个标准化"，努力通过 2 年时间构建完善的党建工作体系，强化社区党委在基层治理中的领导核心和战斗堡垒作用，从而充分实现社区党建全方位升级、系统优化。

此外，为巩固和强化社区党委在社区建设中的领导功能，《意见》明确赋予社区党委人事任免权，主要事项的处理权、监管权以及领导权。《意见》明确提出社区治理要紧紧围绕党委开展，驻社区单位、公司、工作站、物业等相关方都应积极融入和参与到社区治理架构中。也就是说，在社区治理体系中，居委会要立足于党委，紧密围绕社区居民的需求，按照法律法规赋予的权力和职责，积极整合社区内各单位及组织开展社区服务、教育、管理及监督工作。在社区治理结构中，工作站是街道开展社区管理相关工作的平台，其重点工作是获得相关的管理数据，帮助上级处理好安全生产、治安等相关事务；股份合作企业负责社区集体经济经营发展、保值增值、收益分配等工作。

至此，深圳基本形成了以社区党委为核心，居委会、工作站、股份合作企业、物业公司、社区社会组织等治理主体共同参与的"一核多元"社区治理格局。

五　"共建共治共享"社区治理格局（2016 年至今）

（一）社区服务的综合性平台——社区党群服务中心

2016 年 4 月，深圳市将所有的社区服务中心改名为社区党群服务中心，明确提出社区党群服务中心是在社区党委领导下，整合多方面力量开展社区治理，提供社区服务的综合性平台。至此，深圳市大致形成了党委、工作站、业主委员会、合作企业、社区社会组织、驻区单位共同参与的多元社区治理体制。2016~2018 年，深圳"咬定青山不放松"，各级党委书记抓阵地建设，在全市范围内成立了 645 个符合标准的社区党群服务中心（易怀炯，2018）。

（二）社区治理"共建共治共享"的保障措施

2017 年，深圳出台相关文件，要求积极发挥社区组织的功能和作用，提升社区组织在社区治理中的专业性，大力开展项目化的社区治理工作，努力打造专业化的社区治理组织。

2018 年初，习近平总书记在参加第十三届全国人大第一次会议广东代表团审议时阐述到，广东在营造共建共治共享社会治理格局方面要走在全国的前列（孙晓莉，2018）。牢记殷殷嘱托，作为对外开放窗口的深圳，重点颁布了《关于在营造共建共治共享社会治理格局上走在全国前列的行动方案》，对特区构建共建共治共享的格局进行了全方位的规划。按照相关规划和部署，深圳市通过技术保证、队伍扩充、体系完善、资源整合等措施推进社会治理的专业化、智能化、法治化，在构建共建共治共享社会治理格局上迈出坚实的步伐。

（三）"共建共治共享"社区治理成效

2016 年以来，深圳坚持以"突出党的领导核心作用，推动和改进社区共建共治共享"为方向，坚持"改善社区民生"和"激发社区活力"并举，积极探索社区治理新举措，形成"1+10+N"党群服务中心联盟。其中，"1"是 1 个市级党群服务中心；"10"是 10 个区级党群服务中心；"N"是街道社区、产业园区、商圈市场、商务楼宇等区域的党群服务中心。初步形成了政府治理与社区自我调节、居民自治互动的新格局。

从治理体系的角度来看，需要围绕社区党委开展社区治理，实现居站分设，社会组织需积极参与治理。从组织形式的角度来讲，社区治理组织包含物业公司、社区工作站等社区组织，社区组织在开展社区治理时需要确保社区党群服务中心的基础性地位。

第二节 城市更新背景下的深圳社区治理创新实践

一 深圳城市更新的历史变迁及经验

（一）深圳城市更新的历史沿革

深圳城市更新历史可划分为四个阶段。

1. 第一阶段：更新初期（20 世纪末期~2003 年）

这个时期城市更新紧紧围绕市场，以企业为主体，彰显了社会主义市场经济发展的基本要求。

20 世纪 90 年代后期，随着片区功能的持续健全，在部分中心区附近的工业区，企业的制造成本不断增加，导致部分企业开始外迁。同时在这一过程中，城镇化发展突飞猛进与人口越来越多，对服务业提出了新的要求，这一要求也使服务业得到了快速的发展，因此围绕原工业区建设了酒店、餐饮、服装等相关的服务区，无论是产业结构还是区域功能都发生了极大的改变。该阶段以上步、八卦岭等片区的成功升级为代表，其特征是紧紧围绕市场，企业自主开展升级，政府适度进行干预。

2. 第二阶段：全面探索期（2004~2008 年）

这一阶段的城市更新也被称作城中村优化。

进入 21 世纪，深圳经济维持快速增长的趋势，土地价值持续升高。大量外来务工人员的输入让居民对廉租房的需求不断攀升，村股份企业与农民分别自建住宅租赁，以获得租金方面的收益，由此也带来了深圳的"城中村"问题。

深圳开始进入稳定的建设期，伴随特区政策优势的逐步丧失，再加上自身资源有限、产业结构不科学与持续增加的人口压力，深圳市人民政府提出"二次创业"，调整土地供求结构，开始推进以城中村和旧工业区改造为重点的城市改造工作。2004 年 10 月，深圳市颁布了《深圳市城中村（旧村）改造暂行规定》；2005 年 1 月，深圳市颁布了关于城中村改造的意见，正式拉开了新时期深圳城市更新工作的大幕。

3. 第三阶段：城市更新的快速发展阶段（2009~2015 年）

这一阶段的更新模式为政府引导、市场运作，以拆除重建为主。在这一时期的城市更新工作中，深圳市人民政府越来越重视生态保护，越来越注意民生改善，同时规划体系、政策制度也日益优化，政府强化了宏观控制，全面地把握了城市更新的进度。

深圳市在 2009 年颁布《深圳市城市更新办法》，深圳的城市更新正式进入全新的时期。《深圳市城市更新办法》将城市更新分为综合整治、功能改变、拆除重建三类，并初步规定了三类城市更新的条件和规则，特别是将城市更新与旧城改造关联起来。2012 年初，深圳市政府颁布《深圳市城市更新办法实施细则》。2014 年，深圳市颁布推动城市更新工作的相关条例，细化了城市更新管理工作。2015 年，深圳市出台《深圳市人民政府关于在罗湖区开展城市更新工作改革试点的决定》，决定在罗湖区进行城市更新审批制度改革，将审批权限下放。

4. 第四阶段：城市更新的提升完善阶段（2016 年至今）

这一阶段城市更新的特点由"市场主导"向"政府把控、市场主导、公众参与多赢"模式转变。

2016 年 6 月，深圳市城市更新局正式挂牌成立，拉开了深圳城市更新的新序幕。10 月，市政府颁布《深圳市人民政府关于施行城市更新工作改革的决定》，在全市推行罗湖区的审批制度。同年，深圳市出台了《深圳市国民经济和社会发展第十三个五年规划纲要》，规定了"十三五"时期深圳城市更新的整体目标、发展策略、时序统筹等，作为全市城市更新工作的总指引。12 月，深圳市颁布《关于加强和改进城市更新实施工作的暂行措施》，大力推进城市更新工作。2017 年 8 月，深圳市房地产业协会城市更新专业委员会成立，集合专业力量，为房地产提供服务，为深圳的城市更新注入新的活力。

随着相关政策及条例的出台以及专职机构的设置，深圳城市更新进入新的历史时期。城市更新逐渐由初期个体自发优化向理性秩序的方向调整，由追求个体利益逐步转向达成城市整体效益。

（二）深圳城市更新的实践经验

深圳参考国内和国外的成功经验，通过多年的探索，创造性地形成了符合深圳实际的城市更新方案。城市更新"深圳模式"已经作为改革成果受到认同，为国家规划、土地监管体制的改革创新提供了重要的经验，具体如图 3-2 所示。

1. 建章立制，持续实施政策创新

在广东省政策等的引导下，深圳归纳总结已有的城中村与旧工业区更新优化工作经验，在 2009 年与 2012 年分别推出了《深圳市城市更新办法》与《深圳市城市更新办法实施细则》，明确了深圳城市更新的重点，以此为核心，深圳发布了政策、技术准则等各方面的文件，构建了完善的城市更新政策体系。

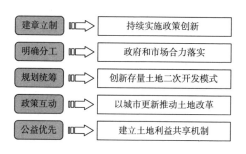

图 3-2　城市更新"深圳模式"的五大经验

2. 明确分工，政府和市场合力落实

深圳城市更新的特点是政府引导、市场运作，即政府通过颁布城市更新的相关政策，指引企业在城市更新中优化资源投资，以政府搭台、企业唱戏的形式共同推进城市更新。"政府引导"即发挥好政府在城市更新的引领与服务等方面的功能和作用；"市场运作"即有效地发挥市场在资源配置中的功能和作用，全面发挥市场积极主动性。一方面，借助支持原权利人自主进行、市场主体单独进行或者两者共同进行城市更新的形式，从制度上为市场力量参与城市更新提供一定的思路。另一方面，借助出台优惠政策吸引社会资金参与城市更新。

3. 规划统筹，创新存量土地二次开发模式

根据"节省集约经营是目标，利益共享是关键，市场化是目标"等思想，深圳开始建立以"城市更新单元"为载体的管理制度，提出了存量土地的开发范式。其特点为：以"城市更新单元"为主要管理单位；构建了城市更新单元规划体制，城市更新单元规划不再是政府主导的"代办式"的规划，而是在确保公共利益的条件下，达成"利益共享"；各类更新方式齐下，在传统的拆除重建后，还可以采取综合整治、功能调整方式。经过多年的实践，以城市更新为关键内容的存量土地二次开发俨然成为深圳新一轮城市建设与发展的主要内容，项目实施变得更加有序，经济、社会效益更加突出。

4. 政策互动，以城市更新推动土地改革

深圳城市更新政策之所以卓有成效，主要是因为创新了土地政策。深

圳在城市更新政策制度中创新性地提出了规划与土地政策同时推进，让规划与土地政策相互配合，在土地出让方式、地价差异化、地价和容积率互动等方面做了政策创新。

5. 公益优先，建立土地利益共享机制

深圳城市更新最大的特点就是遵循公益优先的原则，强调在更新单元内必须优先安排公共配套设施，在此基础上通过容积率转移、奖励等措施实现利益共享。深圳城市更新首创的保障性住房配建制度已被广东省自然资源厅在全省范围内推广。

（三）深圳城市更新发展新趋势

城市更新的创新也是城市建设的创新，城市更新的成功实践对于缓解城市空间资源紧缺、促进经济社会转型、重塑空间形态、提高土地利用效率、完善城市功能结构、优先落实城市基础设施和公共服务设施建设具有重要和深远的意义。城市更新绝不仅仅是房屋的拆旧建新，更是城市结构和功能的更新、人的生活状态的更新和城市发展思路的更新。目前，深圳城市更新已经进入精细化阶段，呈现出新的发展趋势和特点（见图3-3）。

（四）"城市更新4.0"粤港澳大湾区背景下的深圳城市更新

从早期推翻重建没有进行综合规划的1.0时代，到追求"增量增加"的2.0时代，再到从"量"到"质"调整的3.0时代，深圳城市更新已逐步进入以存量换新为核心的4.0时代。正值粤港澳大湾区建设获得了国家层面的战略发展机遇，作为粤港澳大湾区建设中的核心城市，深圳城市更新的实践以及模式成为引领粤港澳大湾区建设的重要内容。

深圳市城市更新对于粤港澳大湾区建设有着重要的意义。2017年，"粤港澳大湾区"被写入政府工作报告，上升为国家战略。粤港澳大湾区具有建设全球一流湾区与一流城市群的基础条件，粤港澳三地应在经贸、技术、金融等方面开展深度合作交流。未来，粤港澳大湾区内城市融合加快，实现资金、人才、信息、技术自由流动，从而达到要素最优配置，形成生产、生活、生态的有机融合。

趋势一　在更新理念上，强调以人为本

在人本主义理念的指引下，提倡有机更新，建设生态宜居城市。从大拆大建的更新形式转为越来越重视产业转型升级、环境整体整治、公众参与等问题的更新方向。政府对拆除重建类项目设定了严格的准入条件，以整体整治与作用调整为核心，根据绿色建筑的标准予以规划、建设、管理，尽可能防止盲目无序的建设

趋势二　在更新目标上，以质量为本

注重优化城市空间布局，提高产业发展质量。《深圳市城市更新"十三五"规划》提出：以加快建成宜居宜业的现代化国际化创新型城市为目标，以提高城市发展质量和提升土地节约集约利用水平为核心，结合强区放权工作要求，合理有序推进城市更新。通过优化更新结构，挖潜拓展城市空间

趋势三　在更新模式上，规划引领和政策管控并重，多种模式并举

深圳的城市更新包括综合整治、功能改变和拆除重建三种模式，在实施过程中根据条件成熟程度多种方式并举。同时，积极探索通过规划引领和政策管控"两只手"来完善城市更新的管理

趋势四　在更新策略上，注重综合化、精细化

从单纯的物质环境优化转向社会、经济发展规划和物质环境规划相融合的优化，也从以往的以政府、开发商为中心的推翻重建形式转向小规模、分阶段的渐进式更新优化形式，同时也越来越重视更新过程中专业化与精细化运作，控制成本、创造收益

图 3-3　深圳城市更新发展新趋势

　　粤港澳大湾区的发展离不开城市片区功能的改造升级，离不开产业集聚带来的资源整合和产业升级，离不开与产业工人息息相关的住房建设，更离不开与之配套的土地资源的重组供应。所以，粤港澳大湾区对于新增土地以及存量土地升级的需求不断增长。处于粤港澳核心地区的深圳，尤其需要通过城市更新来进一步释放存量土地资源。

　　在新形势下，深圳如何在城市更新方式中进行多元化、有机化、精细化的探索，打造"包容生长"的城市核心竞争力，成为新时代深圳城市更新的重要课题。

二 深圳城市更新典型案例分析

（一）南山区大冲村旧改：政府引导、市场化运作的"大冲模式"

1. 项目介绍

大冲村坐落在南山区产业园内，其与深圳最有影响力的技术区相邻，周边分布有中兴、TCL 以及甲骨文等大公司。村民有 871 户 2000 多人，人口高峰期突破了 10 万人，大冲村村民与村委会的主要收入来源是出租业。该村旧改项目属于深圳市"十二五"规划的重点项目，项目总共针对大概 70 万平方米的面积进行相应的改造，项目总建设面积约为 300 万平方米，涵盖酒店、写字楼、公寓等，回迁面积约为 120 万平方米，低保住房面积约为 3 万平方米，公共设施面积约为 7 万平方米，整体投资超过 300 亿元。竣工后，大冲成为深圳甚至中国旧城改造最有影响力的榜样，旧改完成之后，大冲逐渐发展成为能够代表深圳城市形象的高档的社区以及商业中心，同时还肩负起了推动深圳科技发展以及旅游景区振兴的关键职责。

2. 案例分析

早在 1998 年，南山区便有学者提出了大冲旧改。2002 年，大冲村就被深圳市政府列为旧村优化项目的关键试点村，然而在拆除与补偿等诸多方面受到影响的情况下，工程进度缓慢。2007 年，由深圳南山区政府带头，华润集团和大冲村村民委员会所属的大冲实体企业签约，双方初步明确了合作的设想。2008 年 7 月，大冲村优化项目正式启动，为落实好高新技术开发区所需配套建设，南山区政府带头制订规划，使旧改按政府设置的方向推进，且组织工作组深入农民家中，宣传相关的政策，收集农民利益诉求，争取大部分农民的认同，为旧改签约准备了一定的条件。作为合伙人的华润集团实力较强，旧改项目经验丰富，通过和村集体、村民的协调谈判，在拆迁补偿层面进行议价博弈，最终的补偿方案不但全面确保了农民的利益，也使市场环境下当事各方利益获得均衡保护，为旧改的和谐推进提供了稳定的规则保障。

按照南山区政府同华润的综合规划，大冲村在优化项目中建设了大型的商务公寓、现代化住宅，2 个四星级酒店，1 个五星级酒店，1 栋约 500

米高的办公大楼。在商业建设方面，华润置地开发建设了万象天地，整体面积约为 24 万平方米，整体投资约为 90 亿元，2016 年 10 月正式对外营业。同时，从 2014 年后半年到 2015 年 12 月，大冲村项目工程中约 100 万平方米的物业服务区域有序进行转交，第一期住宅在 2014 年底对外售卖，第一期写字楼在 2015 年对外售卖。

（二）罗湖区蔡屋围旧改：利益平衡、多方共赢的"蔡屋围模式"

1. 项目介绍

蔡屋围坐落在罗湖区，处于深圳最繁荣的地区，实际占地面积达到了 5 万平方米，蔡屋围村历史悠久，处于有代表性的低层楼多、治安环境差的地带。2003 年，深圳市审核通过了蔡屋围更新计划，开发建设由京基集团负责。更新计划针对大概 20 万平方米的区域进行拆除重建，涉及村民 2000 多户。2006 年，罗湖区成立了相应的拆迁工作组，派遣 20 多名处级干部，明确工作职责，每人负责到户，开展拆迁安排谈判工作。2007 年，该村的拆迁工作结束，同时进入建设时期。2011 年，高达 441.8 米，属于当时深圳之最以及世界第八高的"京基 100"高楼竣工，建筑面积约 70 万平方米。现阶段，"京基 100"办公大楼引入了许多全球性的机构以及全球百强公司，同时在 2010 年，KK MALL 正式对外营业，出租率达到 95%。

2. 案例分析

蔡屋围的更新案例具备政府指导、市场参与以及各方共赢的特征。根据约定，该村村民房屋按照 1:1 的比例置换京基住宅，股份合作公司能够得到约 7 万平方米的豪华物业服务区域。蔡屋围附近的城市设施完善后，片区物业不断升值，实现了政府、开发商以及村民三方共赢的局面。集体用地发展成为农村股份合作公司，形成利益共同体，为整个中国开展城中村改造以及城镇化发展提供了代表性极强的案例，从而形成了城市升级的"蔡屋围模式"。

村集体作为城市更新的主要主体，与其他主体之间形成了紧密的合作关系，能够满足村民以及开发商双方的需求。在改造的环节中，政府扮演着推动者、管理者以及监督者的角色，通过加强对标准的审查及指导，从而推动目标的实现。采用系统整治与拆除重建相结合的升级模式，借助开发商对整个商业模式进行优化。过去集中在城中村的诸多人口开始被白领人员取代，股份企业的发展以及居民的生活水平都获得了相应的保证。

蔡屋围城中村优化取得成功也能够体现深圳市社会主义市场经济的发展成果，体现在城市更新中的市场功能和市场作用。在重要的拆赔方面，开发公司与村民积极开展对话协商，解决了传统城市更新中"钉子户"的难题，构建了城市更新工作多赢的格局。

（三）福田区玉田村改造：政企合作综合整治的"玉田模式"

1. 项目介绍

玉田村坐落在福田区中心地带，由2个行政村构成，处于繁华地区，人流量较大。深圳福田区南园街道办与万科合作，对辖区内城中村玉田村进行企业化运营整治（"综合整治+运营"），该模式属于租赁运营，创新了城中村综合治理发展模式，树立了城中村综合整治新标杆。

2. 案例分析

玉田村将物业统一出租给深圳万科所属深圳市万村发展有限公司进行统一经营管理，由其予以统一全面的改造优化，对基础设施及环境予以优化，美化公共环境，改造公共活动空间。同时进行房屋的内部优化装修，通过植入物业管控、长租公寓、商业物业的方式，让玉田村环境、消防、管理等多个方面得到总体优化，玉田居民与企业实现了共赢，玉田村成为可持续经营的统租统管的示范村。

"统租运营+物业管理+综合整治"模式为城中村综合治理提供了新思路，可有效解决城中村安全隐患、市容环境、交通等市政配套问题。在福田区党委的关注下，南园街道办深入发动组织，区住建局、区安监局、区消防大队积极协作，引导辖区居民树立城市家园意识、拓宽思路、凝聚共识。政府引导、专业企业营运、村民参与，三方努力将玉田村打造成更加宜居宜业、更加彰显特色的优秀示范村，走出了一条以"玉田模式"为特色的城中村综合治理提升新路子。

这是政企合作进行城中村综合改造整治的新模式。进行城中村综合整治，核心是使用多种手段，对于适合旧城改造的社区，必须将综合整治方法与查违执法方法有机结合，加快城市改造步伐；对于缺乏科学规划与建筑质量不合格的老旧城区，可以拆除的一定要拆除，难以拆除的借助别的疏导政策解决。引入第三方企业，明确主体责任，便于政府部门进行管理，促使企业履行好职责，充分发挥其主观能动性。

（四）福田区渔农村旧改：政府主导、市场运作、村民合作的"渔农村旧改"模式

1. 项目介绍

渔农村旧改可谓是深圳开展城中村改造的引爆性事情，该案例使整个中国对城市有了不一样的思考，通过原来的物质空间的升级带动了经济和社会的升级。渔农村旧改在我国城市旧改的进程中产生了广泛的影响，是我国城市更新改造的典型。渔农村旧改项目的实施对深圳城镇化的进程产生了深远的影响，对深圳走上现代化的道路起到了极大的促进作用。渔农村旧改的成功得益于"政府主导、市场运作、村民合作"的模式。渔农村处于落马洲大桥附近，靠近深圳河，面积达 0.8 平方公里，村民大概有300 人。20 世纪末，在市场利益的刺激下，各村纷纷成立企业组织，而渔农村借助于地理位置优势，在市场经济的发展中取得了显著的成效。在渔农村的发展中，伴随着大量的重复建设、制止、谈判和实施等环节。2004年 6 月，渔农村在旧改之前，抢建的建筑物总共 37 座，总共需要拆除的建筑物为 52 座。村领导也存在抢建行为。在渔农村旧改项目中，深圳把改造的主导权授予福田区政府，同时各相关职能部门给予大力支持。改造用地面积约为 5 万平方米，整体需要进行改造的面积达 20 万平方米。在渔农村旧改项目中，针对用地规划、城市交通、公共设施以及城市景观等进行了改造，实现了社区的繁荣发展。

2. 案例分析

渔农村改造工程是深圳开展的第一个重点改造的项目，因为该村所辖面积较小，地理位置优越，在过去的发展中，村民为了各自的利益，争抢建设问题非常严峻，因此在改造中采用整体拆除的方案较为理想。渔农村旧改项目属于"政府宏观调控、市场进行参与、村民大力配合"的首个案例，政府在审查、编制、立项等相关流程中都起到了极为关键的领导作用。

借助城中村优化，渔农村的面貌焕然一新，成为皇岗口岸的一个现代

化生活社区，社区居民结构也发生了本质性改变，社区治理也出现新的发展模式。2009 年，福田区在渔农村治理改革中，逐步地实现了"政企分离"，成为全市城镇化社会治理体制改革的典范。

（五）罗湖区鹿丹村旧改：政府主导、旧住宅区拆除重建的"鹿丹村"模式

1. 项目介绍

鹿丹村紧邻深圳滨河大道，作为深圳的大型福利住宅小区，涉及房产 24 栋、居民 1280 户。鹿丹村进行建造时，运用了大量海砂，因为海砂具有腐蚀性，建成不久，大部分的钢筋外层就产生锈迹，部分住户家里的楼板产生裂纹。2000 年，不愿忍受"渗水危楼"问题的 60 余名村民共同写信给市长，市长组织相关部门和专家对这一问题进行了研讨，在 10 日之后将处理意见转交给村民，处理意见中提到通过 3 年时间完成更新升级。2001 年，市政府常务会议审核通过了鹿丹村片区整体优化的方案。

鹿丹村片区整体优化项目由深圳市政府委托市房屋与建设部门负责推进，是以政府为中心，以满足公共利益需要为基础，为应对深圳市历史遗留问题而开展的旧住宅区优化项目，是深圳市内第一个顺利拆毁优化的商品房住宅小区。

2. 案例分析

鹿丹村片区整体优化项目历经了 2004 年与 2009 年两次市人民政府大部制变革，优化责任主体也对应地由市住房局转到市国土资源和房产管理局，再转到市住建局。因为房子有明显安全隐患，大多数业主改造的意愿强烈。但是，因为房改留下的问题及受市内城市改造项目高额补偿的影响，每次补偿方案公布后，大多数业主对补偿标准及房改遗留问题的解决方式都存在异议，造成优化工作长期陷入僵局。2010 年，补偿计划才首次公开，2013 年第三季度，该计划才获得市政府的同意，在这一过程中，该计划变化了 10 多次，对外公开征求建议 3 次，2013 年末，鹿丹村改造工程才算正式开展。

鹿丹村所管辖的地块整体面积约为 50000 平方米，使用年限达到 70 年，大部分用地为居住用地，属于商品房用地，相关标准要求建筑覆盖面积控制

在 30%，容积率最高达到 5.18。规划整体面积达到 250 万平方米，住宅约为 20 万平方米（涵盖此前住房面积 15.4 万平方米和商品房面积 10 万平方米），商业面积达到 3500 平方米，其余均为学校、社区用房等相关配套。鹿丹村旧改项目受到了城市改造高额补偿之风、国家有关政策改变、行业改革等的影响，市政府、市房屋征收主管单位、市法制办等通过反复探讨和分析，在法规政策许可的范围内，最大化地维护了业主的权益。

第三节　深圳城市社区治理的成效

一　供给机制：由股份合作公司包办服务向政府购买服务转型

（一）供给机制转型的必要性

村改居之前，股份合作公司是一个党、政、法、企高度合一的管理组织，在城中村中，股份合作公司管理聚居区内几乎所有的社会事务。政府基本上放权给股份合作公司管理各村公共事务。股份合作公司的管理人员绝大部分是本村村民，在对村民的管理方面具有强烈的"人治色彩"。随着城市更新发展和社区治理改革，社区公共服务供给机制从由股份合作公司包办服务向政府购买服务转型。

（二）供给机制转型的政策支持

深圳于 2014 年 12 月印发了《深圳市人民政府办公厅关于印发政府购买服务的实施意见及两个配套文件的通知》（深府办〔2014〕15 号），包括《关于政府购买服务的实施意见》、《深圳市政府购买服务目录（试行）》、《深圳市政府购买服务负面清单（试行）》（"政府购买服务 1+2 文件"），明确规定：政府购买服务由社会组织作为承接主体之一，政府购买服务须遵循公开透明的竞争性购买机制。

为规范社会组织承接政府职能转移和购买服务工作，市民政部门先后出台了《深圳市承接政府职能转移和购买服务社会组织推荐目录编制管理办法》（深民规〔2016〕2 号）、《深圳市社会组织活动异常名录管理办法》（深民规

〔2016〕3号)、《深圳市社会组织年度工作报告管理办法》(深民规〔2016〕5号)等规范性文件,通过年度检查、等级评估、备案等措施监督社会组织内部治理、活动开展等相关情况,引导社会组织健康发展。

二 供给结构:由公共行政服务向公共福利服务转型

(一) 供给结构转型的必要性

村改居后,承担社区管理和公共服务的队伍基本为几块牌子一套人马,即原村党支部书记兼任社区工作站领导、集体股份合作公司董事长、社区组织书记等多项职务,导致现实中出现以下状况。

(1) 优先保障原集体利益,生活于社区的外来务工人员难以充分地享受作为城市居民应享有的各项权利和服务。

(2) 社区仍处于农村亲缘自治的状态,与现代社区管理要求之间存在较大的差距。

(3) 人口结构倒挂导致社区的管理压力巨大,"重管理、轻服务"的问题比较突出。

(二) 由公共行政服务向公共福利服务转型

在新形势下,社区公共服务供给结构从以提供公共行政服务为主转向公共行政服务与公共福利服务并重。近年来,深圳在优化公共服务方面举措甚多,对社区行政服务、社区基本公共服务、社区公益服务和社区便民服务等都进行了不同程度的提升,有效改善了居民生活。

(三) 转型的成效

深圳市从2015年开始在全市推广民生微实事项目,据市民政局统计,截至2017年10月底,全市实施民生微实事项目2.57万个,投入资金33.76亿元。政府以群众"点菜"的方式供给服务,社区居民身边的小事、急事、难事迅速得到解决,不仅满足了群众需求,也激发了社区居民参与社区事务管理的热情。

三 供给主体：由单一供给主体向多元供给主体转型

传统上，政府主导着城市社区公共服务的供给，并承担了绝大多数的服务供给。它几乎提供我国城市居民所需要的一切公共服务或公共产品。随着城镇化进程加快和社区治理创新推进，城市公共服务供给主体开始呈现多元化特征，供给主体包括政府、市场化主体、非营利组织和个人，各主体的目标如图3-4所示。

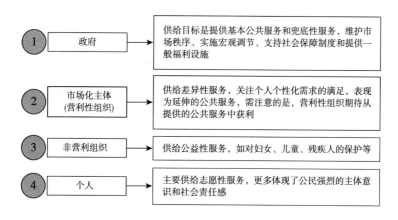

图 3-4 供给主体的目标

目前，随着社区建设发展和治理创新，深圳构建了包含社区行政服务、社区基本公共服务、社区公益服务和社区便民服务等"四项服务"在内的多元公共服务体系。

四 供给范围：从有限供给向公共服务均等化转型

（一）供给范围转型的必要性

国家"十二五"规划明确提出了我国基本公共服务均等化的发展目标。我国户籍制度与原有的公共服务供给机制并不能很好地适应社会发展，深圳公共服务在很长一段时间处于供给不足、基本公共服务非均等化状态，尤其是城中村面临公共服务落后、公共资源短缺的问题。深圳作为移民城市，人口结构长期严重倒挂，常住人口绝对值远超户籍人口绝对值，因此深圳在构建公共服务体系时，应充分考虑为全市常住人口提供均等化的社会服务与福利。

（二）供给范围转型的发展与成效

近年来，深圳努力补齐短板，全面优化公共服务，积极推进基本公共服务均等化工作，目前已全面完成国家和省有关要求，基本建成覆盖全市、功能完善、分布合理、水平适度的基本公共服务体系，基本公共服务均等化水平较高。2011~2013年，深圳市在全省基本公共服务均等化绩效考核中均为优秀。盐田作为深圳改革先行区，率先启动推进基本公共服务均等化工作，率先出台《盐田区基本公共服务均等化规划（2015—2020年）》，同时在落实"东进"战略中抢抓公共安全、生态、教育、文化等社会建设工作，围绕"美好城区"目标，加速迈向民生幸福优城。

五 供给方式：由计划经济体制向需求导向转型

（一）供给方式转型的必要性

在计划经济体制下，公共服务供给方式是政府导向，服务供给效率低，无法满足居民多元化需求。在城市更新背景下，公共服务供给转向居民需求导向。

（二）供给方式转型的措施

近年来，深圳不断通过提高服务供给质量，将政府主导的社区服务供给转变为以居民实际需求为导向的社区服务供给，加强供需精准对接，有效提升服务供给效能，具体措施如图3-5所示。

六 供给内容：由碎片化向综合性、专业化转型

2015年底，深圳市委印发并实施《关于推进社区党建标准化建设的意见》。文件规定，每个社区至少设1个党群服务中心，在社区党委的领导下，整合各方面力量开展社区服务。2016年4月，深圳市委组织部、

推动社区行政服务集约化，在社区办事大厅设立综合服务窗口，可办事项包括计生、租赁、劳保等，落实"一窗办、一网办、一次办"的社区行政审批

推动社区公益服务多样化，给辖区居民提供全方位的支持、援助和补充服务，积极调动辖区内各类志愿服务队、社工队伍加入

推动社区便民服务高水平发展，以需求为导向，围绕社区居民关切问题，不断查补社区服务中的薄弱环节，优化社区便民服务。引入和培育社会组织等社会力量提供专业服务，以问需于民确定助老服务、青少年服务、家庭服务等社区"民生微实事"项目

图 3-5　供给方式转型的措施

深圳市民政局联合印发《关于整合社区服务中心和社区党群服务中心的通知》。政策出台后，由市委组织部统一部署，全市 668 个社区服务中心全部更名为社区党群服务中心，统一了标识、指示牌、工作服、工作证等。

社区党群服务中心建设作为民生工程，在深圳市社会建设，尤其是社区建设中发挥了非常积极的作用。近年来，全市近 700 家社区党群服务中心针对社区普遍问题和居民实际需求，采取个案、小组和社区活动等专业工作方法，重点开展职业教育和就业服务、居民健康和计生服务、文体活动服务、为老养老服务、妇女儿童及家庭服务、流动人口服务、社会保障服务、志愿服务、扶贫济困助残服务等多项专业服务，协助需要帮助的社区居民解决问题，大力发展社区义工队伍，培育社区社会组织，满足社区居民多元化的服务需求，大大丰富了居民生活、促进了社区和谐发展。社区党群服务中心贴心、细致入微的专业服务，获得了广大社区居民的一致好评。

由于社区中加入了多种类型专业服务力量，社区内的资源被有效盘活，利用率大大提升，社区服务更加便捷、丰富、均衡，同时服务的使用效能提升反向促使服务形式和内容迅速适应需求，变得更为多样，提升了居民对多元化、个性化服务的满意度。

第四节　新时代深圳社区治理创新面临的困境与挑战

一　社区治理主体困境：社区治理主体关系不顺

党的十九大报告明确提出，要"打造共建共治共享的社会治理格局"，这主要是说治理主体的"共建"、治理方式的"共治"和治理成果的"共享"。在深圳社区治理实践过程中，传统的政府主导型的治理模式未得到根本性改变，仍然存在治理主体困境，体现在图3-6所示的三个方面。

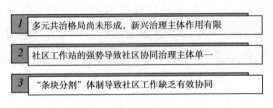

1　多元共治格局尚未形成，新兴治理主体作用有限

2　社区工作站的强势导致社区协同治理主体单一

3　"条块分割"体制导致社区工作缺乏有效协同

图3-6　社区治理主体困境

（一）多元共治格局尚未形成，新兴治理主体作用有限

经过多年的建设和发展，深圳虽然基本建立了"1+3+N"城市社区治理架构（"1"是指社区党委，"3"是指社区居委会、社区工作站、社区党群服务中心，"N"是指包括社区社会组织、业委会、物业管理公司、农城化股份合作公司、驻社区单位等在内的其他治理主体），但由于各主体之间的关系在法律法规上一直未被明确界定，深圳基层不同程度地存在着街道、社区职能定位不清、权责模糊、有权无责与无权有责并存等现象，尤其是社区工作站和街道办事处之间的权责划分不清。由于没有明确划分社区工作站和街道办事处之间的权责，大量的行政事务被下沉到社区工作站，社区工作站长期超负荷工作，而街道办事处变成了一个政策传输机。

（二）社区工作站的强势导致社区协同治理主体单一

街道办事处将社区工作站作为派驻到社区的工作机构，由政府承担的社区各项工作和公共服务职能被转移到社区工作站，在城市社区治理过程中，社区工作站一直发挥强势主导作用，几乎包办了涉及社区的所有事项。尤其是在社区党委、社区工作站、社区居委会、社区党群服务中心"四合一"背景下，社区中绝大多数公共资源集中在社区工作站，这种现象其实限制了市场活力的有效迸发，各类市场组织和社会组织无法平等参与社区治理，市场和社区的内在活力得不到有效激活。社区名义上形成了"一核多元"的社区治理体系，即形成党委领导、政府主导、社会协同、公众参与、法治保障的基层治理新格局，但实际上社区工作站始终是社区治理的强势主体，其他治理主体很难与其形成平等的对话、协商和合作关系。

（三）"条块分割"体制导致社区工作缺乏有效协同

"条块分割"的管理体制导致社区工作缺乏有效协同，良性分工协作机制尚未在基层治理体系内部有效形成，社会活力尚未被真正激发。

政府与社会组织、居民自治的有效配合尚未形成。在目前深圳社区组织结构和实际工作情况中，真正履行社区公共事务管理与服务职能的是社区党政组织，其他社会组织由于力量薄弱或资源缺乏难以承担相应职能，自主性需加强。在实践过程中，有效参与的社区居民数量不足，因此让社区居民在社区治理中进行自我管理、自我服务、自我教育、自我监督的美好愿景难以实现。

二 基层治理体制的困境：行政化与自治不足

实际上，社区基层治理的"通病"一直存在，例如工作职能行政化、社区机构间权责不清、自治功能弱化等现象。政府部门作为社区治理过程中的资源配置主体，为有效推进社区福利服务，采取行政命令和行政指标的方式，实际上在一定程度上限制了社会组织平等参与社区治理。

目前，深圳社区治理体制的行政化问题依然比较突出，主要体现为政府在职能履行过程中的"错位""越位"等现象比较严重。

(一) 社区工作负担繁重

随着政府职能转型,社区工作站承担了大量行政性事务,并开始普遍出现行政化倾向,成为基层政府的延伸,导致行政管理服务与社区自治交织不清。《深圳市社区工作站管理试行办法》规定了 42 项社区工作站工作职责,但实际上,有 100 多项具体工作任务都由社区工作站承接,社区工作站日常的各种会议、台账工作非常多,同时也面临大量临时任务,由此,社区工作站面临的各类考评、创建、指标特别多。尽管近年来,各区试行"准入制",着力减轻社区负担,但收效一般,依旧存在随意向社区工作站下放工作任务的情况,甚至一些专业性强、技术性强的职能部门也以"属地管理""工作进社区"为名,将工作任务强压给社区,而不考虑社区工作站是否具备承接的能力和条件,并与社区工作站签订责任书,制定考核指标,存在"职能部门用权不担责,基层担责却无权"的现象。

由于政府行政管理工作向社区过度延伸,社区工作站被迫放下各种本属于社区公益服务、自治事务等领域的工作任务和政府资源,实际上也挤占了居委会和社会组织需要逐步发展的服务空间。

社区工作站的大部分工作是政府下达的任务,服务内容涵盖社会生活的方方面面,包括民政、司法、治安、安全、计生、维护稳定、劳动就业、文化、调解群众矛盾、普法等百余项任务。除此之外,日常还需要处理各种台账、报表、检查、评比、各部门各类调查统计,以及各级政府职能单位下派的其他任务,导致社区工作站演变成具有综合性、社会性、群众性、公益性等功能的"准政府"。

据福田区香蜜湖街道社区调研反馈,社区目前承担着 30 大类 140 余小项工作任务。问卷调查显示,在实际工作过程中,社区工作站功能主要体现在行政性服务 (97.3%)、福利性服务 (83.2%)、维护社区稳定 (77.9%) 三大方面。

表 3-1　社区工作站的功能发挥情况

单位：项，%

	数量	占比
行政性服务（如社区安全、计生事务等）	145	97.3
福利性服务（如居民最低生活保障）	124	83.2
社会化服务（如托幼服务、便民利民服务等）	81	54.4
维护社区稳定	116	77.9
社区自治	59	39.6
其他	7	4.7

资料来源：2016 年深圳社区建设条例立法专项调研。

（二）居委会自治功能弱化

"居站分设"改革后，社区工作站职能作用突出，管理与服务资源过于集中，导致居委会普遍被严重弱化和边缘化。社区居委会无法较好发挥自治功能以及履行对社区内业主委员会、物业服务企业及社区社会组织的指导、监督职能。

此外，社区社会组织不多，未发挥应有自治功能。社区社会组织大多是老年协会、群众性文体组织，自治类组织数量少，专业人员不足，活动能力弱，作用未得到充分发挥。现有的社区社会组织对基层治理的参与不足，在带动居民关注公共议题、实施集体行动、培育公共精神方面能力较弱。

三　社区参与方面的困境：居民参与不足

社区居民是社区治理的重要主体之一。没有居民的参与，社区治理就不可能真正实现。根据居民参与内容，社区参与可分为四个方面：社区政治参与、社区经济参与、社区文化参与、社区社会参与。

在深圳社区治理实践过程中，长期以来存在的社区居民参与意识不强、居民参与治理的社区文化培育不足、社区参与制度不完善等现实问题，导致社区居民参与社区治理积极性不高、有效参与不足、社区参与初级化。

（一）社区参与总体水平不高，社区总体参与率低

调查数据显示，居民主动参与（参与较多和参与积极）社区事务的比例仅有38.2%（见表3-2）。

表3-2　居民参与社区事务情况

单位：人，%

	频数	百分比
没有参与	2	1.3
参与很少	26	17.4
一般	64	43.0
参与较多	41	27.5
参与积极	16	10.7
合计	149	100.0

资料来源：2016年深圳社区建设条例立法专项调研。

（二）社区居民有效参与群体不均衡

调查显示，目前，深圳社区活动参与主体以"老、少、弱、闲"群体为主（见图3-7）。

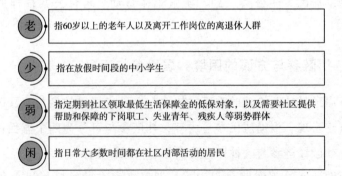

图3-7　深圳参与社区活动的人群分类

社区参与和这些群体的利益关联度高，他们容易被组织和动员，社区

也愿意针对这部分人开展活动。这种参与造成了两极化现象："老、少、弱、闲"群体参与社区活动比较积极，但因受教育程度低和经济实力、社会影响力较弱而无法深入参与社区事务、影响社区发展；与此相反，受教育程度较高，经济、政治影响力较强的社会精英、上班族则由于工作繁忙、生活压力大等无法或不愿意参与社区活动。

（三）参与程度不深，参与层次低，参与的形式不够丰富

审视当前深圳城市社区居民对社区活动的有效参与情况可知（见表3-3），大多数居民对福利性、娱乐性活动参与较多，政治性、权益性活动参与较少。从现实情况来看，较容易解决的公共环境卫生等问题在居民议事会中讨论最多，而事关社区发展大计的议题，如社区规划、民主管理等则相对较少，居民议事会的参政议政相关功能并未充分发挥。

表 3-3　居民参加社区活动情况

单位：人，%

	频数	占比
社区政治活动，如选举	152	9.0
社区文化娱乐活动	664	39.4
社区管理活动	138	8.2
社区公益活动	343	20.3
社区内邻里之间的互动	201	11.9
没有参加过任何活动	188	11.2
合计	1686	

资料来源：2016年深圳社区建设条例立法专项调研。

（四）主动参与少，动员式参与和被动式参与多

2016年3月的《深圳市社区治理体系建设调研报告》显示，深圳居民在社区居委会中的参选率并不高，在200多万名符合选民条件的居民中，通过自愿登记形式确定的选民只有50万人。在该次调查中，有65.9%的受访居民表示从来没有参加过居委会选举。究其原因，居民自治的空间十分有限，限制了居民参与社区自治的热情，加上基层法治意识整体也较薄

弱，学法、守法、用法氛围不浓，社区居民难以依法行使参与社区建设的权利。业主大会这一居民自治团体在很多社区形同虚设或者发展不完善，这导致居民普遍缺乏社群观念，很难把社区当作"自己家"，更缺乏依法参与社区建设的主观意识。

四 社区服务方面的挑战：公共服务供给不足

社区公共服务是社区治理的重要内容。从服务内容来看，社区公共服务主要包括行政性公共服务、市场性公共服务、自治性公共服务和互助性公共服务四大类。深圳社区基本公共服务体系建设经过十多年的实践探索，取得了比较显著的成效，但现有的社区公共服务供给机制和能力与居民对美好生活的多元化需求仍存在较大差距。社区服务方面的挑战如图 3-8 所示。

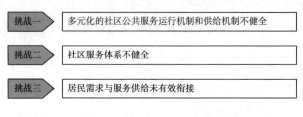

图 3-8 社区服务方面的挑战

（一）多元化的社区公共服务运行机制和供给机制不健全

社区治理体制行政化倾向导致社区服务功能弱化，居民多元化和个性化的需求无法被有效满足。"行政化"的现象在社区中较为严重，政府职能工作向社区延伸，社区工作站（居委会）承担了政府大量的行政管理工作。在这种状态下，社区基层组织很难从各级政府下派的繁杂行政任务中解放出来，将主要精力放在社区居民自治、为居民服务上，社区服务功能弱化。

（二）社区服务体系不健全

目前深圳社区服务机制、体系仍与居民日益增长的服务需求有不小差距，还存在不少问题，如服务设施布局不合理，在不同规模的社区之间，人均拥有的服务设施数量差距较大；基本公共服务均等化水平不高，同等条件的居民不能享受同等服务；政府购买公共服务的机制不完善，服务评估和监管制度不健全；社区服务机构能力欠缺，服务队伍专业水平不高，服务产品种类不多；等等。

（三）居民需求与服务供给未有效衔接

一方面，为了达到一定考核标准，为了"出政绩、造亮点"，有关部门基本上根据政府的工作需要决定是否准予社区服务立项，而不是根据社区居民的实际需求决定。另一方面，很多居民急需解决的"小事"，由于本身"小"，无法打造"亮点"，得不到及时处理。这样一来，社区提供的服务与居民实际需求脱节，供需不匹配的矛盾就此产生。

五　社区工作者队伍建设：专业化、职业化不足

社区管理的主要组织者是社区工作者，同时，社区工作者还是社区服务的直接提供者、社区建设的直接参与者，建立一支稳定又具备高素质的社区工作者队伍是实现社区治理现代化的重要保障。总体上看，深圳社区工作者队伍建设相关政策系统性不高、激励机制不健全，队伍整体素质不高，专业化、职业化水平有待提高。具体如图 3-9 所示。

图 3-9　社区工作者队伍建设的问题

（一）社区工作者队伍整体素质不高

社区工作者进入门槛较低，大多数社区工作者学历偏低，缺乏系统的教育、管理和培训，能力参差不齐，难以适应现代社区治理的新要求。

（二）社区工作者队伍待遇偏低、稳定性不足

由于历史原因，深圳社区工作者队伍构成复杂、身份多元，包括事业编制人员、雇员、协管员、部门派驻人员、劳务派遣人员、政府购买服务人员等各种类型人员，没有统一的薪酬体系，导致社区工作者整体工资和福利待遇偏低，且差别较大。同时，由于缺少相应的激励和晋升机制，社区工作者职业发展存在"天花板"效应，公共管理、法律事务、社会保障、社会工作等方面的专业人才短缺，加上社区工作压力大，社区工作者流动性大，严重影响工作队伍的稳定性。打造一支人员稳定、专业素质较高的社区工作者队伍存在很大困难，基层社区服务管理水平的提升面临巨大压力。

（三）社区工作者队伍专业性不足

社区工作者队伍专业性不足的原因有两个方面。由于社区待遇偏低，难以吸引优秀人才，基层一线工作人员大多缺乏专业训练和培训，总体素质偏低；通过政府购买服务方式从事社区服务的社会工作专业毕业生又往往缺乏基层工作经验，导致社区服务专业性、多样化和系统化不足。

六 制度机制方面的挑战：政策机制不健全

社区治理是一个系统工程，制度的刚性约束十分必要，应建立精细化和规范化协同有效的治理体制机制，坚持通过制度对"人"和"事"进行管理，提高基层治理工作的法治化和规范化程度。实际上，以立法形式来指导和规范社区建设，被世界上大多数国家，尤其是西方发达国家广泛采用。

（一）社区治理方面的法律法规亟待健全

社区治理方面的法律法规亟待健全，具体问题表现在以下几个方面。

社区建设的领导体制机制尚不健全，尚未形成党委和政府统一领导、组织部门抓总引领、民政部门指导协调、各有关部门和群团组织支持配合的工作局面。

社区工作事项准入制度没有严格实施、落地。由于过分强调基层属地

管理责任，社区工作事项准入制度形同虚设，各职能部门随意下放行政事务到社区，造成行政管理工作越位。据香蜜湖街道社区的统计，仅 2015 年、2016 年，市、区职能部门就下放了 17 项业务工作。

社区建设的工作队伍保障机制不到位。现有社区工作者队伍构成复杂、身份多元、总体素质不高、工资待遇低，缺少相应的激励和晋升机制，其业务能力、业务水平无法适应现代社区管理服务的要求。

社区建设考核监督机制不健全。目前关于社区工作的评议考核机制中，"上对下"（各职能部门、街道办事处对社区党委、社区工作站、社区居委会）的考核过多，"下对上"（社区党委、社区居委会、社区居民对各职能部门、街道办事处）的评议较少。

（二）社区治理制度、政策分割严重

现有的社区治理制度、政策分割比较严重，缺乏系统性、完备性。社区治理包括多元主体、社区管理、社区建设、社区服务、社区工作者队伍建设、社区自治、保障机制等多个方面和多个环节，社区治理立法需要加强顶层设计，注重法规政策的体系性、系统性和完备性。近年来，深圳结合工作实际，在基层管理体制创新方面进行了积极探索，出台了一系列政策规定，已初步形成了社区治理的政策体系。但现有的这些社区治理制度、政策分割比较严重。主要体现在图 3-10 所示三个方面。

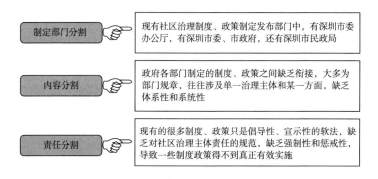

图 3-10　社区治理制度、政策分割的表现

第四章 城市社区治理国内外经验借鉴及启示

实现良好治理环境的前提是建立健全的城市社区治理规范，因此，设计完善的社区治理政策规范就显得尤为重要。本章既探索美国、新加坡和日本等国际典型的城市社区治理模式，也研究国内城市（上海、成都、北京、武汉、沈阳）社区治理创新的地方经验。研究和借鉴国内外先进的社区治理经验，对于推动深圳城市社区建设与治理创新具有重要意义。

第一节 国际典型的城市社区治理模式

一 美国的社区自治与多元互动

美国自下而上的社区治理是自治型模式的典范。在美国的社区治理中，政府主要负责社会整体性发展的宏观管理，社区居民、社区企业、志愿者和非营利组织负责推动具体社会事务（崔永红，2013）。

（一）政府在社区自治中的主要职能

美国的社区治理在一定程度上体现了美国追求民主自由的风气。美国政府在社区自治中主要承担以下职能。

一是推动法律法规制度研制，并结合社会发展不断完善，为社区自治提供完备的制度框架。

二是为社区居民和非政府团体参与社区自治提供政策性宏观指导和资金方面的支持。

三是给予物资支持社区建设，为社区自治提供支撑载体。

四是有效发挥行政职能，优化资源配置，并依据实际需要对政策进行微调整，以支持和引导资源的调节。

（二）美国社区自治模式的参与主体

美国社区自治模式的参与主体包括政府、社区居民、非营利组织、社区企业和志愿者等，社区治理工作是自下而上开展的。首先社区居民通过社区平台为社区发展建言献策，政府通过收集整合民意，形成社区发展的整体性规划和具体工作方案，从而达到解决社区问题和促进社区发展的目标。具体结构如图 4-1 所示。

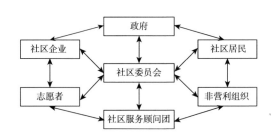

图 4-1　美国社区治理主体结构

1. 社区委员会

社区委员会是社区居民参与社区自治的主要平台，也是社区与政府进行联系的重要纽带，包括社区居民委员会和社区工作委员会两个机构（刘见君，2003）。社区委员会的主要职能包括人员任命和管理、组织社区活动、拟定社区发展规划和工作计划、商议和决定社区重大事务等。

2. 社区服务顾问团

社区服务顾问团主要由专业代表、社区主任、社区代表组成，其职能包括整合社区居民的意见，推动社区具体工作方案的落地实施，是美国社区治理中重要的自治组织。

3. 非营利组织和社区企业

非营利组织和社区企业在美国社区治理中扮演重要角色。非营利组织是由居民自发成立、自我管理、为社区居民提供多样化服务的组织。发达的 NGO（Non-Government Organization，非政府组织）充当政府与居民之间的中介提供具体社区服务,包括传统服务机构、政府资助组织和居民自建组织。它与社区居民关系密切,与政府之间无隶属关系,代表不同群体独立自主地开展社区活动。此外还有社区企业参与社区治理,如社区化小企业发展中心和投资公司等。

(三) 美国社区自治模式的特点

这种"议行合一"的自主治理模式,由政府资助,社区因地制宜孵化内部组织直接满足居民生活需求,最大限度地利用多方资源开展社区治理。政府通过政策和法律引导与影响社区治理。社区居民是推动社区自治的重要力量,其不仅具有强烈的参与社区事务的意愿,而且具备较高的能力和素养,能够为社区发展建言献策。因此,政府统筹分配、集约管理与居民高度自治是美国社区自治模式的成功经验,符合社区长远发展的利益。

二 新加坡的政府主导与政社互动

作为多元种族和文化融合的新兴工业化国家,新加坡社区建设与治理的特点主要有三个:政府主导、培育组织;以人为本、社会参与;统筹指导、自治民主(刘见君,2003)。

(一) 新加坡的政府主导型模式的优点

新加坡的政府主导型模式的优点表现为帮助政府建立了管理规范、社会公平性较高的居民良好生活环境,据统计,新加坡政府出资建造的65万个单位住宅内,住了全国约86%的公民。新加坡政府在全国划定了一个个选区,并基于选区开展社区治理工作。在新加坡,社区治理工作的经费一方面来自政府财政投入,另一方面来自社会筹集资金。其中,政府财政投入占据较大比重。据统计,新加坡的社区基础公共服务设施建设90%由政府出资,社区日常运转费用由政府承担50%。政府主导下的大众参与既弥补了社区公共资源的不足,又强化了执政党的基层建设。

（二）新加坡的政府主导型模式的特点——政社互动

政社互动的治理局面是新加坡社区治理的一大特点（见图4-2）。政府部门与社区组织良性互动，社区遵循统一指导与民主自治并行治理原则，推动政府部门与社区组织之间明确分工、协同配合、功能互补，形成了科学高效、管理灵活的社区治理模式。

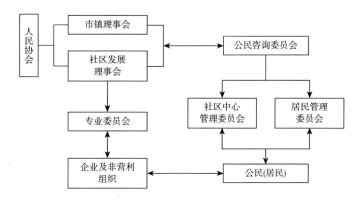

图4-2　新加坡政社互动结构

新加坡建立了自上而下比较完善的社区治理组织体系。国家层面包括人民协会、国家福利理事会、全国志愿服务和慈善中心。区域层面的社区治理组织有社区发展理事会和市镇理事会。社区发展理事会下设专业委员会，管理各类事务。

除政府机构外，基层社区自治组织如社区中心管理委员会、居民管理委员会、公民咨询委员会等，也构成了社区治理组织体系中的重要一环。基层社区治理组织在政府的指导下自主开展工作，并及时向政府反馈民众意见。

三　日本社区混合型管理模式和公民参与

日本城市社区治理本质上是国家主导和社区自治的混合型模式，体现为政府和社区居民对社区公共事务协同管理，社区遵循自治原则、服务原则、责任原则和和谐原则（汪洁，2019）。

（一）日本社区混合型管理模式的特点

日本社区混合型管理模式的特点是以社区自治为主、政府力量为辅，民间自治与官方色彩交织，政府宽松有序引导社区建设，町内会、社区民间组织与居民积极响应、参与其中，各主体有机结合、相辅相成，共建社区。市、町、村是日本的基层行政单元和社区治理主体，为本行政区域内的居民提供综合服务（汪洁，2019）。政府通过市、町、村内的行政委员会及其下设的社区建设委员会等基层政府办事机构参与基层治理，支持和指导社区工作（见图4-3）。

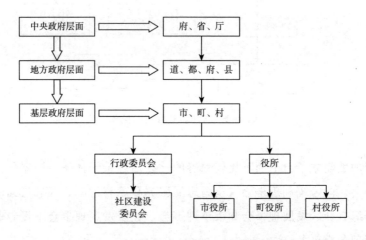

图4-3 日本社区治理纵向行政管理体系

日本政府在社区治理中主要发挥政策指导、财政支持、日常监管等作用，同时，引导社区自治组织、社区居民、社会组织、公益团体等参与社区公共事务，广泛听取不同主体的建议，解决社区发展过程中的具体问题，营造共建共治共享的社区氛围。

（二）日本社区混合型管理模式的成功经验

日本社区混合型管理模式以多主体协同的方式，让不同主体广泛发表意见看法，处理社区具体事务，推动社区科学高效运转，其成功经验包括以下三个方面。

一是在指导层面，政府统筹推进，支持、引导多主体参与，发挥综合监管职能，不断提高治理效能。

二是在资金层面，政府给予拨款，广泛听取居民意见，确保资金在监督下规范合理使用，避免浪费或挪作他用。

三是在参与层面，日本社区治理更注重民主，广泛听取来自社会组织和居民的意见，激发居民直接参与社区事务的热情。

第二节　国内城市社区治理创新的地方经验

一　上海社区治理模式——从政府主导的层级社区治理模式过渡到智能化社区治理模式

（一）上海的社区治理格局

在上海的社区治理与改革中，政府把社区治理融入"两级政府、三级管理、四级网络"的城市管理体制中，并形成了由领导系统、执行系统、社区支持系统构成的完善的社区治理格局，构建起开放的参与性社区治理新格局（见图4-4）。

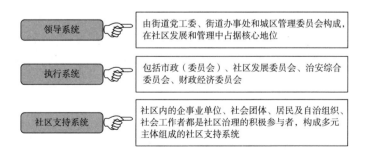

图4-4　上海社区治理格局

概括起来，上海社区治理的特点就是：以街道办事处为社区治理的基本单位，在街道党工委和街道办事处的统筹管理下，引导居民委员会、社区居民、社会组织、志愿者等不同主体参与社区事务，属于政府主导下多主体参与的社区治理模式。强化了政府在社区治理中扮演的裁判和教练的角色，以及对地区性、社会性、公益性事务的指导和监督作用，强调了街道办事处在政权管理中占据的承上启下的关键位置，顺应了上海城市发展的新趋势。

（二）上海社区治理的街道社区机制

上海在推动改革的过程中形成了具备鲜明特色的街道社区机制。

1. 构建了以社区为核心的领导系统

管理领导系统的构成主体具体是街道办事处、城区管理委员会。

（1）街道办事处

受改革推动因素作用，街道办事处逐步地明确了其一级管理的地位。街道办事处主要存在下述权限：可以在部分城区规划层面参与进去，具备属地管理权限，具备综合协调权限。街道行政权力中心逐渐转移至街道办事处。

（2）城区管理委员会

针对城区治理中条块分割带来的管理不便现实问题，政府提出"以块为主，条块结合"的发展思路，由街道办事处承担组织职能，将相关单位部分人员纳入城区管理委员会，这些人员来自工商、环卫、医院、派出所、市容等部门或机构。城区管理委员会需要定期开会，提出社区建设的具体问题，制定社区治理与发展的方案。城区管理委员会承载的现实任务类似于串联起了条与块，发挥较为重要的行政协调功能，促进专业和综合管理形成一个统一的整体。

2. 构建了以社区为核心的执行系统

执行系统主要包括四个委员会（见图4-5）。

3. 构建了以社区为核心的支持系统

支持系统往往是由社会团体、相关自治组织、企事业单位等组成。其通过组织，形成社区咨询会或居民委员会等，承担咨询、监督、协

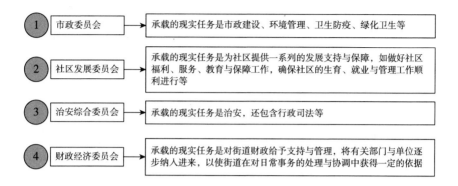

图 4-5　四个委员会

调、议事等相关任务，进而对社区治理提供一定的支持。上海模式是"四级网络"，打造居委会干部队伍，全面发挥居民委员会的功能，推进居民积极地参与社区治理，保障社区稳定，有效地确保居民安家乐业。

上海属于政府主导型社区治理方式，其显著特征是将社区建设与"两级政府、三级管理、四级网络"的城市综合管理体系有效结合，在社区界定层面，其瞄准的是街道，实现了街道社区的建设，且凭借行政力量，在街居互动期间发展各项社会事业。上海政府积极投入人财物等资源加强社区建设，进一步发挥街道能动性，通过上下联动、协同配合，共同推动社区治理的高水平发展，涌现出一系列社区治理工作典范。

（三）智能化的社区治理架构——"上海社区云"

随着社会经济的发展和基层治理格局的演变，上海在不断完善其层级治理体制的同时，更加重视智能化的社区治理架构。为提升社区治理智能化水平，上海搭建了"上海社区云"智能化平台，开发"上海社区云"App，以居（村）层面为主，将社区治理与公共服务整合在一个平台上，方便社区工作人员开展日常业务，促进居社互动，有效提高社区治理效能。"上海社区云"系统是大数据信息技术在社区治理领域的融合应用，进一步丰富了社区治理的内容与形式，实现"社会治理一张网"。同时，通过信息化、智能化手段，全面整合各类社区治理资源，推动多方主体广泛参与，及时响应基层社会的各种诉求。这是上海推动社区治理精细化、规范化、信息化发展的重要举措。

"上海社区云"是基层落实"一网通办""一网统管"的重要载体，是"社会治理一张网"设在基层社区的重要端口和平台。居民可以通过"云"上的功能板块（见图4-6），进行线上意见表达和参与社区治理（如可以直接对社区公共议题进行投票、发表意见等），实现居委会与居民的零距离沟通交流，助力精准化服务、智能化治理。

"上海社区云"一共有六大板块（见表4-1），居民可以在这里获取更多社区信息，共同参与社区自治。

图 4-6 "上海社区云" App 界面

表 4-1　"上海社区云"六大板块

板块	内容
社区公告	及时获悉社区发布的各类通知、信息，了解社区工作动态
村务公开	掌握村务信息，了解社区办事流程
议事厅	发起社区热点议题讨论，畅通民意表达渠道、及时收集民意
乡邻互助	对小区里的身边事发表看法，向社区寻求帮助，随时和邻居沟通互动
党建园地	由党员发布党组织活动等信息，充分发挥党建引领作用，凝聚社区党组织力量
左邻右舍	实名认证，安全可靠，完全模拟真实社区生活，是年轻人沟通的好地方

二　成都社区治理模式——社区大党建引领，院落自治

在社区治理方面，成都按照授权赋能的原则，于 2017 年成立了社区发展治理委员会，将人财物和责权利对称下沉到城乡社区，以党建为引领统筹城乡社区治理工作，逐步探索出了"一核多元、赋能基层"的社区发展治理模式（王明成、杨婉茹，2021）。

（一）成都社区治理模式的内容

成都社区治理模式的主要内容可以概括为：一核多元明确党建引领、赋能基层整合治理资源、精细化治理落实新机制、三治融合提升居民参与能力（王明成、杨婉茹，2021）。其中，"一核多元"主要指发挥基层党组织的领导核心作用，引领多元治理主体参与，形成横向和纵向有效联动的社区治理体系；"赋能基层"主要指通过人财物和责权利对称下沉，为基层社区组织赋能，提供有效的治理资源保障，进一步激发基层社区治理主体内驱力，实现社区自治和自我发展；"精细化治理"主要指依托互联网平台和信息技术手段，着眼于复杂的社区治理问题，通过多元治理方式和治理手段，从根本上解决治理问题，提升社区服务水平；"三治融合"主要指以自治为基础，推动社区主体广泛参与，以法治为保障，完善社区法治机制和规范，以德治为支撑，促进居民自我管理和自我教育，健全"三治融合"的社区治理体系（冯磊，2021）。

（二）成都社区治理模式的形成

成都的社区治理突出基层党组织的领导作用，成立社区服务组织，通过授权赋能提升社区组织治理能力，提供高质量的社区服务。

1. 建立社区大党建格局

在实践探索中，成都市在基层社区构建了纵横交错的党员工作网络，纵向形成"社区党总支—院落党支部—楼栋单元党小组"的三级联动组织体系，横向建立"社区党组织—辖区单位党组织—党员志愿者队伍"工作体系。

2. 在社区或院落一级增设议事会

成都市各区根据自身特点，在社区或院落一级增设议事会，进一步优化社区治理主体结构，集合社区居民、驻区单位、社会组织等多元主体力量，充分利用社区居民（代表）大会、社区居委会、社区议事会共同构建的社区自治平台，在社区党组织领导下开展自我管理与服务。

3. 建设社区公共服务站（所）

通过社区公共服务站（所）连接各类参与主体，形成共同参与的多元治理格局（见图4-7）。在成都的社区治理实践中，形成了各类社会组织与社区、居民积极开展互动合作的局面。

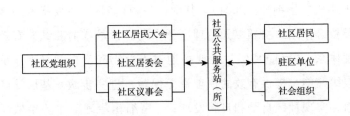

图 4-7　成都社区多元治理格局

三　北京社区治理模式——网格化社区治理和服务与多方协商共治推进社区治理转型

北京在社区治理实践中构建了城市社区网格化治理的基本框架，形成了网格化治理的基本经验。北京聚焦基层治理工作落地难问题，进一步发挥社区居委会自治作用，鼓励和引导居民成为社区治理工作的推动者、实践者和监督者，推动实现"家门口"的基层治理，在国内社区治理领域独树一帜。这种模式的主要特点如图4-8所示。

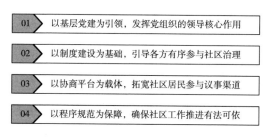

图4-8 北京社区治理模式的特点

（一）以基层党建为引领，发挥党组织的领导核心作用

北京坚持党对社区治理工作的核心领导，加强服务型社区党组织建设，在街道党工委的领导下，发挥街道办事处在社区事务中的主导作用，发挥各社区居委会的自治作用，以区属职能部门为服务保障，引导社区居民、社会组织、社区志愿者等力量为社区建设建言献策，在目标一致、平等协商的互动过程中，实现社区和谐稳定、可持续发展。

（二）以制度建设为基础，引导各方有序参与社区治理

北京不断加强社区治理方面的制度建设，通过搭建社区议事平台、制定工作指导手册、壮大社区议事队伍，不断完善社区议事协商工作体系，深入居民家中解决社区难题，推进社区治理工作流程化、规范化、常态化发展。为吸引更多社区主体参与治理，一方面发挥社区党委、党支部、党小组、党员网格长、党员楼栋长的引领作用；另一方面积极挖掘社区居民中的专业人员组成骨干力量，邀请专业社会组织对议事队伍进行指导培训，促进各主体积极、有序地为社区发展建言献策，增强居民对社区自治的参与感和获得感。

（三）以协商平台为载体，拓宽社区居民参与议事渠道

社区议事协商平台是社区居民参与社区治理的重要媒介，居民可以通过线上线下等渠道，对社区各种议题进行系统、深入的讨论，最终形成居民认可的解决方案。目前，北京各区根据议事需要建有不同的议事平台，如石景山区的"老街坊议事会"、东城区的"七方联席会""小院议事厅"、西城区的"民主协商议事会""石老娘议事厅"等。同时，利用微信公众号、微信小程序等新媒体平台，拓宽公众参与渠道，通过互联网平台将议事协商网络从社区网格覆盖到具体楼栋，有效解决了与居民利益息息相关的一系列社区生活问题（刘宗主，2012）。

（四）以程序规范为保障，确保社区工作推进有法可依

北京围绕"提出、商议、决策、办理、评价"五个具体环节，形成提出问题、分析问题、解决问题的闭环工作流程，让社区居民"当家作主"有法可依、有章可循，增强社区居民的参与感和获得感。例如，东城区朝阳门街道成立了由社区居民、辖区单位、产权单位组成的社会组织——史家胡同风貌保护协会，启动了"咱们的院子"项目，责任规划师入院与居民沟通，共同设计院落改造方案，引导居民协商制定了《小院公约》，建立了公共维修基金，选出了"小院管家"，居民成为小院改造项目的主人（冯磊，2021）。

北京的社区治理模式通过对基层政府的授权赋能，以及基层政府的自我赋能，让基层政府在治理过程中由"划桨者"变为"掌舵者"，社区居委会也切实发挥了组织引导、沟通协调等作用，从政府的"跑腿员"变为社区居民的"领头人"，在这一过程中也提升了基层主体参与社区共治的积极性，增强了社区居民的参与奉献意识，形成了社区治理的强大合力。

四 武汉社区治理模式：政府主导与社区自治混合治理模式

武汉模式是政府主导与社区自治混合治理模式。武汉把社区界定为街道之下、社区居委会之上的自治组织。社区主要通过民主协商与依法选举产生社区成员代表，并设置社区成员代表大会、社区居委会和社区协商议事会，

并明确实现社区自治的关键在于转变政府职能以及为社区自治赋能（刘成晨、袁小泉，2018）。

（一）形成政府主导与社区自治混合治理模式的策略

形成政府主导与社区自治混合治理模式的关键策略如图4-9所示。借助这四个策略，武汉在社区治理层面不仅融入了政府力量，还凸显了社会力量的作用，不仅调动了行政资源，也引入了社会资源，将行政调控作为辅助手段，让社区自治真正落到实处。

策略一　梳理政府、街道、社区的关系

聚焦政府、街道、社区三个部分，将三者彼此的关系彻底梳理清晰，将相应的职责以规定的形式确定下来，为实现社区自治提供有力保障。确定了居委会与街道办两者之间是平级的彼此协作、服务、监督的现实关系，而并非上下级的隶属领导关系。街道办承担的是行政层面的任务，而居委会承担的是社区自治层面的任务，其与街道办之间并不存在直接的隶属关系，有权利拒绝一些来自街道办的缺乏合理性的摊派任务，同时，还构建了社区评议街道办的体制，且将评议结果作为对街道办进行奖惩的重要依据

策略二　深入走向社区

政府将社区作为治理的关键内容，进行工作重心转移，要求服务承诺、工作任务、人员配置、经费支持、监督评价等深入走向社区

策略三　权责匹配

权力与职责需要切实匹配，责任需要体现在具体的事务之中，具体表现为：其一，在面对与居民利益存在直接或重大关系的事务时，区政府需要与社区居委会协调，通过相关部门批准且得到居委会允许之后，区政府为社区提供相应的经费，赋予其相应的权力；其二，对于一些区政府难以承担的，或承担不好的服务，则可以交给社区来负责，在转移相应权力的同时，还必须将相应的经费转移到位，确保做到谁来负责，谁具备权力和资金，这也是社区承担社会服务职能的关键性条件

策略四　落实监督

将责任具体到个体层面，明确职责、落实监督。旨在推动区政府真正放权，避免形式化。明确职责也可以避免遇到责任问题时各主体推诿不断。在支撑机制上切实做到责任具体到个人、监督具体到个人

图4-9　政府主导与社区自治混合治理模式的策略

（二）武汉社区治理模式的特征

武汉在推动社区自治和实现多元治理的过程中，做了大量有益探索实践，取得显著成效，其社区治理实践形成的"江汉模式""百步亭模式"等在国内享有较高声誉。概括起来，武汉社区治理模式的特征主要有图 4-10 所示的几个方面（任远、章志刚，2003）。

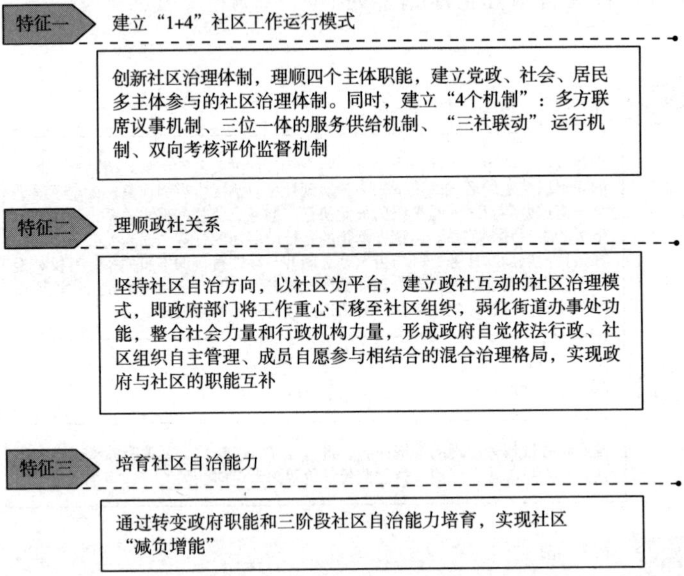

特征一　建立"1+4"社区工作运行模式

创新社区治理体制，理顺四个主体职能，建立党政、社会、居民多主体参与的社区治理体制。同时，建立"4个机制"：多方联席议事机制、三位一体的服务供给机制、"三社联动"运行机制、双向考核评价监督机制

特征二　理顺政社关系

坚持社区自治方向，以社区为平台，建立政社互动的社区治理模式，即政府部门将工作重心下移至社区组织，弱化街道办事处功能，整合社会力量和行政机构力量，形成政府自觉依法行政、社区组织自主管理、成员自愿参与相结合的混合治理格局，实现政府与社区的职能互补

特征三　培育社区自治能力

通过转变政府职能和三阶段社区自治能力培育，实现社区"减负增能"

图 4-10　武汉社区治理模式的特征

五　沈阳社区治理模式：以构建自治型的社会组织体系推进社区自治

20 世纪 90 年代末，沈阳以"以人为本、社区自治"为基本原则，在全市推广社区自治的创新型模式，它是一个以构建现代社区体制为框架、以社区居民民主自治为主体、以党的领导为核心的全面推进社区治理的社区自治模式，重点强化社区组织的自治功能，明确规定社区组织的自主权和社区成员的决策、管理、罢免等权利，使各方主体行使社区自治权得到了充分保障。1998 年，沈阳在试点完成之后，在全市范围内推动社区改革，根据社区的规模做出调整，并进一步界定了条块关系，形成了新型的管理机制，在国内产生了较大的影响。

（一）沈阳自治型治理模式的主体

自治型治理模式最为突出的特征是组织的建设。沈阳以国家政权为参照对象，在社区内部设置了三个主体（见图 4-11）。依托相关的制度与规定，对三者彼此的职责、关系做了界定。

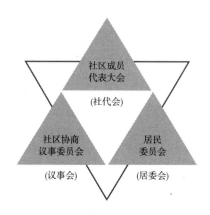

图 4-11　沈阳自治型治理模式的三个主体

（二）沈阳自治型治理模式的主要策略

1. 明确社区定位

沈阳把社区定位为小于街道办事处、大于居民委员会的组织。主要原因在于，已有的居民委员会规模相对较小、资源少，如果把社区定位为与居民委员会平级则无助于社区功能的全面发挥，而街道办事处是政府的派出部门，工作重心在于履行相关政府职责，如果把社区放到街道办层面上，会对社区自治产生不利影响。因此，让社区介于街道办事处和居民委员会之间，可以有效地规避这两个层面上的不足，促进社区资源的充分利用和功能的有效发挥。

2. 重新划分社区

沈阳市按照不同标准对社区进行了划分操作，形成了四类社区，即"板块型社区""小区型社区""单位型社区""功能型社区"，其划分依据如图 4-12 所示。

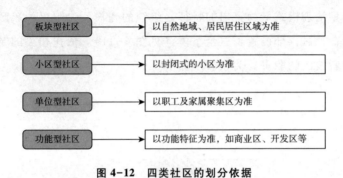

图 4-12 四类社区的划分依据

3. 推动社会组织体系的重构

沈阳社区治理建立了四大"主组织"，四个层面对应的组织如图 4-13 所示。

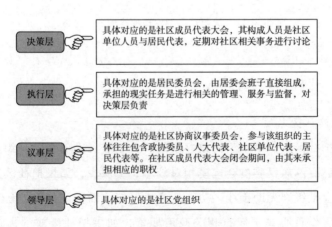

图 4-13 四个层面对应的组织

（三）沈阳自治型治理模式的影响力

沈阳的社区治理模式依托四大"主组织"形成了专门的议事体系，实现领导、议事、执行、决策主体各司其职，体现了民主政治的特征。在全面开展的"幸福沈阳共同缔造"行动中，沈阳积极构建以社区党组织为核心、以社区居委会为主导、以社区居民为主体、以社区各种组织为主要服务载体的"一核多元、共治共享"工作机制，充分发挥基层主体参与社区治理的能动性，对推动社区发展具有重要意义。沈阳自治型治理模式在全国范围内产生了很大影响，通过赋予社区组织充分自治权以强化其自主地位，形成"社区自治、议行分离"的治理机制，体现了我国社区治理发展的主流趋势。

第三节　国内外城市社区治理的经验及启示

一　完善社区治理制度规范，促进社区治理法治化

社区治理的可持续发展需要健全的社区治理法律法规和制度规范作为保障。因此，应首先从顶层设计层面健全相关法律法规和制度规范，让社区治理工作有法可依、有章可循。结合国外先进的社区治理经验，在社区治理法治化方面，我们应根据社区治理的实际需要和社会特点，科学立法，完善法律法规体系，为社区治理提供法律保障。具体措施如图 4-14 所示。

二　构建多元主体协同治理模式，促进社区治理科学化

城市社区治理体制内部各个主体之间存在目标差异和利益分化，开放的系统具有复杂多样的特点。应从整体性视角看待社区治理工作，若仅依靠某个社会主体或者居民个人，则无法有效解决纷繁复杂的社区发展问题。因此，我国社区治理发展的趋势必然是构建多元主体协同治理模式，重建由政府、社区、非营利组织、社区企业及社区居民等多元主体构成的网络型社区治理模式，使社区治理主体的组织体系由纵向科层结构转变为

在新发展形势下，国家立法机关应尽快出台与之相适应的有关城市居民委员会组织的法律，从宏观层面统筹规划

 结合区域特色，由地方政府制定基层社区服务标准及管理办法、居民评测机制等，完善地方行政法规

 各个基层社区因地制宜，制定符合本社区特点的具体规范，保障和规范居民对社区治理的积极有序参与

4 要厘清政府和社区工作权责，按照"权随责走、费随事转"的原则，严格实施社区工作事项准入制度，切实推进社区减负增效，提升治理效能

图 4-14　促进社区治理法治化的措施

横向网络结构，充分发挥社区各主体的能动性和自主性。一方面，坚持党建领导下的多元主体参与，加强社区治理力量。政府应充分发挥社区各主体作用，发挥基层党组织的组织领导作用，调动社区居民委员会、业主委员会、社区社会组织和社区居民等为社区发展贡献力量。另一方面，政府要大力培育社区社会组织，营造良好发展环境，促进社会组织快速健康规范发展，发挥各类专业社会组织在议事、决策、执行等环节的积极作用，推动社区治理的创新发展。

三　信息化应用+网格化管理，促进社区治理精细化

加快互联网与社区治理的融合，增强社区信息化应用能力，推进"智慧社区"建设已成为一种趋势。具体措施包括以下两个方面。

一是要提高社区信息基础设施和技术装备水平，大力推进社区公共服务综合信息平台建设，实现一号申请、一窗受理、一网通办，强化"一门式"服务模式的社区应用。不断拓展社区公共服务综合信息平台服务领域和功能，引导广大社区居民依托平台开展自治、办理服务事项。

二是因地制宜，科学划分社区网格作为网格化管理单元，通过信息化手段实现社区的网格化管理。通过网格化管理开展智慧社区建设，利用信息化手段进行社区网格化治理，促进社区治理的信息化和精细化。

四　加大资源投入力度，提升服务能力，促进社区服务社会化

社区治理目的的实现需要以资金投入为保障。除了政府主体的法定财政投入（项目性、补贴性、购买服务性投入等），还需建立多渠道社区治理投资机制，拓宽资金筹集渠道，使社区从被动接受变为主动创收。具体措施如图 4-15 所示。

鼓励社会力量投资社区治理，动员企事业单位、社会组织、个人等以多种形式捐赠社区事业

鼓励社区公益事业发展，建立健全专项资金制度，如开展"公益创投大赛"，通过项目竞标的方式来购买社区社会组织的服务

以税收豁免、税收减免等形式给予社区社会组织税收优惠，因地制宜地发挥市场机制作用，弥补资金不足

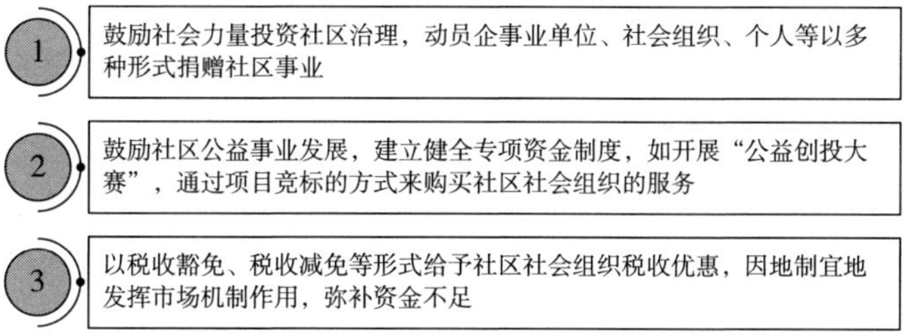

图 4-15　加大资源投入力度的措施

第五章　城市社区治理现代化的深圳创新
实践和深圳模式

深圳市作为中国城市发展的先行者，各区在城市社区治理的实践中逐渐形成了具有特色的城市社区治理模式。探究深圳城市社区治理现代化的实践及模式，总结归纳深圳城市社区治理机制，能够掌握我国城市社区治理理念的转变路径，同时也能为我国城市社区治理提供有效的示范。

第一节　社区治理现代化的深圳实践

一　基层行政管理体制改革

（一）"居站分设、一站多居"制度的发展

进入 21 世纪以来，深圳市委、市政府发布一系列社区建设的管理办法。

2005 年 2 月，发布《深圳市社区建设工作试行办法》和《深圳市社区建设发展规划纲要（2005—2010 年）》，这两个文件的发布标志着深圳市社区管理体制改革创新的帷幕正式拉开。这次改革创新的突出特点是在社区设立工作站，实行"居站分设、一站多居"制度。2005 年，为保障改革顺利推进，同时加强对社区工作站的规范管理，深圳市人民政府办公厅发布了《深圳市固本强基社区建设项目管理办法》；2006 年，深圳市委办公厅、深圳市人民政府办公厅发布《深圳市社区工作站管理试行办法》；2007 年，为了巩固体制改革成果，深圳市民政局出台了《关于进一步完善我市社区管理体制的意见》。

截至 2022 年，全市共设立 582 个社区工作站、782 个社区居民委员会。

（二）"居站分设"运作中的问题及改革

1. "事务繁多，压力过大"的问题

"居站分设"运作 10 多年，社区工作站主要事务性工作有十大项 88 小项，每年需要参加各类检查、考核、评比 64 项，需建立 98 项电子台账、90 项纸质台账，承担各类盖章证明工作 112 项，还有不少于 45 次临时机构在社区挂牌等事宜（吕冰冰、胡明，2015）。社区工作站事务众多，不堪重负。社区居委会日渐边缘化。同时，由于社区工作站职能不断增加，各类临聘人员也不断增多，财政供养压力大，队伍管理问题较多。

针对以上问题及部分街道管辖范围过大、行政管理层级多等问题，2015 年 1 月，深圳出台《深圳市基层管理体制改革指导意见》（以下简称《意见》）。《意见》提出要"着力构建以社区综合党委为核心，以居委会自治为基础，以社区工作站为政务管理服务平台，社区各类主体共同参与的新机制，形成党委领导、政府负责、社会协同、公众参与、法治保障的基层治理新格局"。《意见》主要包括图 5-1 所示的三个方面内容。

 深化街道行政体制改革，科学调整街道管辖范围；明晰街道与区、社区的职责定位，实现功能错位互补；优化街道机构设置，严格控制街道领导职数，切实提升管理效能

 完善基层治理体系，努力形成工作合力。充分发挥社会建设"风景林工程"作用，带动引领基层社会治理创新；强化社区党组织建设，探索推行社区综合党组织"第一书记"制度，巩固领导核心地位；明确社区工作站定位，减轻社区工作负担；加强居委会建设，强化社区自治功能；充分发挥市场和社会作用，构建社区共治格局

 积极推进"织网工程"建设，建立以信息资源共享为核心的政务协同工作机制，精简行政成本，提高基层工作效率，实现管理服务现代化

图 5-1　《深圳市基层管理体制改革指导意见》的三大方面内容

2. "小马拉大车" 的共性问题

在基层管理中，"小马拉大车" 是普遍存在的共性问题。针对这一问题，深圳采取了以下措施。

(1) 增设行政区，推进街道分设

根据《意见》，深圳全面深化基层体制改革，增设行政区，推进街道分设。通过街道合并分拆增加 14 个街道。2016 年 8 月，光明新区 6 个新设街道正式揭牌成立，原光明、公明街道拆分为光明、公明、新湖、凤凰、玉塘、马田 6 个街道。坪山新区原坪山、坑梓 2 个街道拆分成坪山、坑梓、碧岭、马峦、石井、龙田 6 个街道。2016 年 10 月，国务院批复同意设立深圳市龙华区和坪山区。2016 年 12 月，宝安区街道 "6 变 10"，在原有的新安、西乡、福永、沙井、松岗、石岩 6 个街道基础上，增设航城、福海、新桥、燕罗 4 个街道；龙岗区将布吉、横岗、龙岗、龙城 4 个街道设为布吉、吉华、横岗、圆山、龙岗、龙城、宝龙 7 个街道。2018 年 5 月，国务院批复广东省设立深圳市光明区。增设行政区、推进街道分设，有利于更好地集中精力和优势资源开展城市管理各项工作，实现扁平化管理和精细化服务，加快基层治理体系和治理能力现代化建设（陈家喜、林电锋，2015）。深圳市社区规模见表 5-1。

表 5-1　深圳市社区规模

	街道数量（个）	工作站数量（个）	居委会数量（个）	社区平均面积（平方千米）	社区平均人口（人）	社区工作人员（人）
罗湖区	10	83	115	1.02	16915	26
福田区	10	94	115	0.94	19817	25
南山区	8	101	105	1.92	17480	9
盐田区	4	22	25	4.76	14076	34
龙岗区	11	111	117	3.82	32769	72
龙华区	6	37	100	5.06	84617	57
宝安区	10	124	138	3.15	43259	65
坪山区	6	23	28	7.08	25068	56
光明区	6	31	31	5.60	40481	38
大鹏新区	3	25	25	10.87	5826	21

资料来源：深圳市民政局，截至 2010 年 9 月。

（2）不断强化基层政权组织建设，充分发挥其在社区治理中的主导作用

其一，厘清基层政府与基层各类组织的权责边界。

根据《意见》的有关精神，对街道办事处、社区党委、社区居委会、社区工作站的职责分工和相互关系做出明确定位。同时，实行政府职能部门职责下沉准入制度，确需街道承担的新增事项，须由区级党委政府严格审核把关，并做到权随事转、人随事转、费随事转，人财物同步下放，确保权责对等。

其二，编制权责清单，进一步"强区放权"。

完善行政权责清单管理体系，认真理顺市、区层级的行政审批、行政服务等事项。全市（包括区级）各职能部门的权责清单全部在网上公布，方便群众在线查阅和网上办理业务。推动政府职能转变，"放权放到位"，以取消、转移、购买服务等方式，支持和培育居民自治组织，实现各类社会主体更好进行自我约束、自我管理、自我服务，构建社区共治新格局。

二　基层社区党建改革创新

创新是深圳的根、深圳的魂，在这座创新之城，不仅追求科技创新、产业创新，也在进行党建创新。国家治理的基础在社区，社区治理的基础和保障又在社区党建。深圳在经济发展突飞猛进的同时，也在不断探索党建新路子、积累党建新经验，党的基层建设不停顿，打造城市基层党建的"深圳品牌"。基层社区党建改革创新表现在图 5-2 所示几个方面。

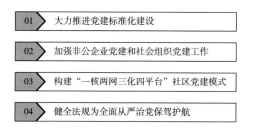

图 5-2　基层社区党建改革创新表现

（一）大力推进党建标准化建设

1. 党建标准化建设的政策

2015 年和 2017 年深圳市先后出台《关于推进社区党建标准化建设的意见》《关于推进城市基层党建"标准+"模式的意见》，以五个标准化建设推动党建工作，明确社区党委在社区各项事务中的主导地位，包括议事决策、资源配置、服务群众、监督管理一系列过程。根据《关于大抓基层大抓支部强化城市基层党建的若干措施》，加强社区服务型党组织建设，着力提升服务水平，并在园区、商务楼宇、商圈市场、行业协会商会、国有企业、机关、高校等领域推行党建标准化建设，确保所有领域党建工作规范化。

2. 党建标准化建设的成效

通过标准化建设，全面强化了社区党委领导核心作用，全市 645 个社区建立了社区党群服务中心，面积不小于 650 平方米，并统一设党委，统一悬挂党委、工作站、居委会 3 块牌子，对中心名称与服务的标识进行统一规范，对工作人员着装进行统一设计，更能显示出党组织的良好形象，明确党委与各方关系。党委需对社区工作全面负责，按照"四议两公开"程序赋予社区党委"四项权力"，即重要事项决策权、人事安排权、领导保障权和管理监督权。

另外，社区干部队伍能力建设持续加强，社区党委书记工资待遇参照事业单位职员七级标准落实，将 194 名连续任职满 6 年的社区党委书记纳入了事业编制。

深圳还通过社区党建标准化建设将人财物全面向基层社区倾斜，每个社区党组织活动经费以 10 万元为基数并按党员人数增加 1 人即增加 500 元的标准予以落实，每个社区党组织服务群众专项资金不低于 200 万元，社区服务经费进一步得到保障。

（二）加强非公企业党建和社会组织党建工作

深圳市一直重视超大型企业的党组织建设，并由深圳市工商联负责。2016 年，深圳市潮汕商会和投资商会党委在会员企业中建立了 5 个党组织。2017年以来，持续扩大党组织工作覆盖面，新组建党组织99个，包括商协会党委推进会员企业建立党组织，超大型和行业代表性企业建立其下属企业或控股企业党组织，其中党委5个、党总支4个、党支部9个。

党建创新还体现在凝聚非公企业流动党员上。市非公企业党委推动符合条件的会员企业普遍建立党组织。目前深圳登记企业超过200万家，规模较大的有9万多家，登记注册的社会组织有7731家。新兴领域党建成了新时期城市基层党建工作的新焦点、新难点。在非公企业党建上，借鉴社区区域化党建思路，深圳出台了《关于加强园区党建工作的指导意见》，依托全市各个产业园区统一设立党委和党群服务中心，按每个园区配备1~2名党建组织员标准，面向社会公开选聘1828名党建组织员专职从事党建工作（《南方论刊》，2017）。

（三）构建"一核两网三化四平台"社区党建模式

通过构建"一核两网三化四平台"社区党建模式，将政府、群团组织、社会组织、社区居委会、社区居民等多元共治力量的智慧汇集起来，实现资源在基层整合、问题在基层解决、服务在基层拓展、民心在基层聚集（王楠，2016）。

1. "一核"

"一核"，就是以社区党委为领导核心，以社区党群服务中心为平台，整合社区各类组织资源。

2. "两网"

"两网"，就是网格管理和网上联动。

社区党组织网格化管理。按照社区楼宇分布划分网格，在网格内设置党支部。

建立党建智慧平台，通过党建微信公众号，推送"微党课、微学习、微服务"。

3. "三化"

"三化"，是指党组织生活制度化、服务群众常态化、社区治理多元化。

4. "四平台"

"四平台",是指搭建联系平台、议事平台、综合服务平台、调解平台,如图5-3所示。

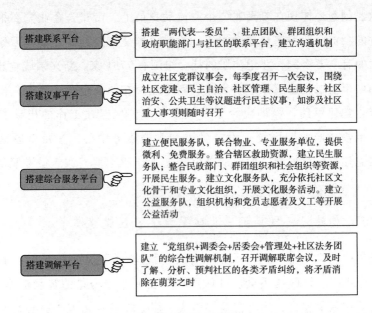

图5-3 四平台的搭建

(四)健全法规为全面从严治党保驾护航

2018年,深圳集中出台首批五部党内法规,包括:

①《中国共产党深圳市街道工作委员会工作规则(试行)》;

②《中国共产党深圳市社区委员会工作规则(试行)》;

③《深圳市社会组织党的建设工作规定(试行)》;

④《党支部书记履行党建工作职责考核办法(试行)》;

⑤《建立健全纠正"四风"长效机制规定(试行)》。

这五部党内法规覆盖了基层党建、作风建设领域,为党中央探索建立副省级城市和省会城市党委党内法规制定工作机制提供了深圳经验。

三　社区服务体系机制创新

社区服务是社区治理的重点内容。近年来，深圳市不断探索社区服务的社会化、专业化发展模式，完善社区服务体系。社区服务体系机制创新点如图 5-4 所示。

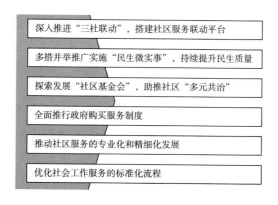

图 5-4　社区服务体系机制创新点

（一）深入推进"三社联动"，搭建社区服务联动平台

2002 年，盐田就启动了深圳第一批居站分设改革，建立了社区服务中心，承接一部分居委会职能，为居民提供便民利民服务。自 2011 年，深圳开始探索建立社区服务中心模式，以专业社会工作推进社区服务，出台了《深圳市社区服务中心设置运营标准（试行）》，社区服务中心的基础设施开始进入建设密集期，2015 年底社区服务中心已实现全市覆盖。2016 年开始，按照中共深圳市委基层治理领导小组《关于推进社区党群服务中心建设的实施意见》要求，深圳市社区服务中心进行统一更名，近 700 家社区服务中心挂上了"社区党群服务中心"的牌子。社区党群服务中心依照开放、集约、共享原则，全面整合各级各部门在社区设置的各类机构、牌子、平台、工作力量和阵地资源等，建立一站式、综合性、多功能的综合服务体，把社区党群服务中心建设成为党和政府在基层社区的执政阵地，

社区党群服务中心实现了新定位。深圳市建设了全市统一的党群服务中心信息系统，作为社区党群服务中心的一站式网上信息平台（陈姗，2016）。

为解决多部门投入社区治理影响运行效率的问题，深圳以社区党群服务中心为统一平台，在明确政府为资金、场地等资源供给主渠道的同时，支持多元社会力量进入社区服务运营领域，做好服务标准的建设和服务运营的监督评估工作，深入推进"三社联动"（社区建设、社会组织、专业社工），发挥社会组织和专业社工在社区治理中的专业引领、人才支持等作用。

（二）多措并举推广实施"民生微实事"，持续提升民生质量

深圳在 2015 年出台《全面推广实施民生微实事指导意见》，通过群众"点菜"、政府提供服务的方式，在社区群众关注度高、受益面广、热切希望解决的小事、急事、难事上快速反应，组织实施服务类、工程类等"民生微实事"惠民项目。每个社区每年最高可申请 200 万元民生微实事经费。截至 2021 年，深圳市级民生微实事项目数量为 133 个。这些项目能与居民的需求实现无缝对接，以"短、平、快"的方式关注并满足居民多样化的需求。

2017 年出台的《深圳市社区"民生微实事"实施工作规程》（深组通〔2017〕133 号）进一步规范了社区"民生微实事"实施工作，强化了社区党委领导核心作用，充分发挥居委会自治作用，引导社区多元主体积极参与社区治理。实施居民关心的工程类、货物类、服务类项目，不仅改善了社区软硬件环境，丰富了社区居民文化生活，增强了居民幸福感和获得感，而且其以居民需求为导向，以"居民点菜、政府买单"为运作模式，在加强党的领导，实现政府治理、社会调节、居民自治良性互动，落实依法开展基层民主自治建设等方面进行了新的探索，初步形成了深圳市在创新社区治理上的新亮点和新特色。

2019 年 11 月，深圳市民政局出台《深圳市民生微实事服务类项目库管理办法》，持续完善"民生微实事"服务类项目库的建设管理机制，充分发挥项目库集聚优质项目的作用。

相关链接

《深圳市民生微实事服务类项目库管理办法》解读

一、入库项目范围

（1）入库项目应有助于平安社区、和谐社区和幸福社区建设，在社区已经实施并证明有良好社会效益，有能力在若干个社区复制推广。具体包括教育、科技、文化、卫生、体育、环保、扶贫济困、助残以及其他促进社区发展和增加社区公共福利的服务类项目。

（2）项目原则上不含小区物业管理公司等其他社会主体应承担职责范围内的项目。

二、单项资金限额

入库服务类项目单项资金原则上不超过 20 万元。

三、项目入库程序

1. 项目申报

项目方可通过参加深圳市"民微好项目"大赛等渠道进行项目申报，具体流程请等待大赛组委会进一步通知。

2. 项目初审

市民政局组织专家，对公开征集的项目进行评审，确定答辩项目。对于初审不符合条件的项目，市民政局将委托专家组向项目申报方提出修改意见，项目申报方修改后可以参与下一期项目征集活动。

3. 专家评审

市民政局组织专家，按照现场演示、专家提问、论证评审等环节，对通过初审的项目进行复审，并根据项目方案的合理性、项目可行性、项目竞争力、项目社会影响力、项目可复制性、项目可持续性、资源合作情况、经费预算合理性、申报方项目执行能力等维度对参评项目进行综合评分，提出入库项目建议名单。

4. 项目公示

市民政局将通过"民政在线""社区家园网"等媒介向社会公示入库项目建议名单，并征求意见建议，公示期为 3 个工作日。

5. 入库发布

对公示期满无异议的项目，经市民政局审定确认入库，并及时向社会公布。对公示期间有异议的项目，由市民政局调查核实后做出入库或暂缓入库的决定。

四、项目推介及使用

（1）各区民政局将在本辖区统筹推广项目库项目。

（2）各街道办事处将项目库中的项目向本辖区社区推荐，或者统筹资源在街道层面展开，跨社区为居民提供服务。

（3）各社区将定期向居民发布项目库项目，根据本社区需求推荐并确定初选项目。

五、项目出库主要情形

（1）项目实施方自愿申请出库。

（2）经测评不合格。

（3）对社区居民造成不良影响并在各区民政局提出的退出项目库建议名单上。

（4）经专家评估为不良项目等其他情形。

（三）探索发展"社区基金会"，助推社区"多元共治"

美国在 1914 年成立的克利夫兰社区基金会是全球首家社区基金会，2000 年后，社区基金会在全球的数量增长迅速，且扩展到美国之外的很多地区和国家。深圳作为改革开放的先行者，在快速发展的社会主义市场经济环境下培育了一批社会组织，公益慈善事业发展势头良好，在此基础上，深圳充分借鉴美国和新加坡等运营社区基金会时间较长、经验较丰富国家的经验，在全国率先探索社区基金会的本土化运营模式。

深圳探索的社区基金会运营模式实际上是以非公募的方式，聚焦社区的扶贫济困事业，在社区内建立筹资及参与平台，吸引一批愿意积极投身社区公益事业的机构和组织，以项目化的形式，推动社区养老、助残、妇儿等公共服务发展。

2008 年，深圳诞生中国第一个社区基金会——桃源居公益事业发展基金会，由桃源居集团捐资 1 亿元。2014 年 3 月，深圳推动社区基金会发展的"一号项目"正式立项，注册资金 800 万元的深圳市光明社区基金会正式成立。截至 2017 年，深圳市已登记成立 49 家社区基金会或社区基金，其中，社区基金会 26 家，社区基金 13 家。

深圳探索的这一套社区基金会运行模式，凝聚了一批爱心企业，建立了社区服务项目有效的资金支持渠道，形成了深圳人自己的社区基金会品牌效应。

（四）全面推行政府购买服务制度

社区中的社会组织可以提供多样化的服务，有效满足居民需求。深圳依托政府购买社会服务的相关文件和配套政策，鼓励社会组织依托社区开展青少年关爱、助残、助老等各类服务。

2016 年，深圳市民政局出台的《深圳市社区党群服务中心政府购买项目服务标准》进一步明确了"5 项基础公共服务、1 项特色公共服务、2 项外部合作项目服务"的"5+1+2"模式，基本涵盖了特殊人群需求和普通居民需求，服务人群、内容覆盖范围不断扩大，大力培育和发展社会组织。

截至 2022 年 12 月 31 日，全市共登记社会组织 10504 家。其中，市级社会组织 4269 家（含社会团体 2111 家、民办非企业单位 1683 家、基金会 475 家），区级社会组织 6235 家（含社会团体 2756 家、民办非企业单位 3479 家）。[①]

（五）推动社区服务的专业化和精细化发展

深圳引入专业社会工作提供服务。据深圳市社会工作者协会统计，

---

① 资料来源：深圳市社会组织管理局。

2023 年 3 月，深圳持有社会工作者职业水平证书的人数达 36874 人，社会工作服务组织 294 家，社会工作行业从业人员为 9693 人，政府购买社会工作服务项目及社区党群服务中心项目 1300 余个，社会工作服务覆盖社会救助、社会福利、社区建设、禁毒戒毒、教育辅导、精神卫生、矫治帮教、卫生健康、纠纷调解等 16 个领域。深圳社工服务总量达 1.3 亿人次。[①]

（六）优化社会工作服务的标准化流程

为有效优化社会工作服务的标准化流程，《深圳市社会工作标准体系》于 2018 年由深圳市社会工作者协会编制发布，后又发布了《深圳市社会工作服务质量管理标准体系》，这是内地社会工作领域首个服务质量管理的标准化体系。同时，建立内外结合的评价机制，一方面，建立常态化内部评价机制，定期总结工作经验和教训；建立内部督导机制，开展检查与自我检查，加强行业自律，以评促建，加强服务能力建设。另一方面，委托第三方评价机构，对服务过程开展全流程的质量评测。以上两个方面的评价结果将直接作用于社区服务主体的考核，并依据考核结果实行优胜劣汰。

相关链接

《深圳市社会工作服务质量管理标准体系》解读

《深圳市社会工作服务质量管理标准体系》针对 7 个不同社会工作服务领域制定了服务质量管理标准，其内容涉及服务类型、服务模式、服务层次、服务特点、人员配备、服务量化指标及预算方式和解释等多个方面。标准从不同层面针对服务质量管理提出要求，虽在不同领域存在一定差异和侧重点，但七大服务领域服务质量管理标准均涉及以下模块。

（1）服务类型。按照服务人员的不同，将社会工作划分为不同的服务领域，例如吸毒人群、妇女儿童、残障人群、社区矫正对象及其对应的家

[①] 《深圳社工服务总量累计达 1.3 亿人次 高级社工师数量领跑全国》，深圳市民政局政府网站，http://mzj.sz.gov.cn/cn/xxgk_mz/mtgz/content/post_10503214.html，2023 年 3 月 24 日。

庭，对不同类型的社会工作服务质量管理，结合分领域社会工作服务的特点，制定具有侧重点和针对性的质量管理标准。

（2）主要内容。质量管理标准体系中针对分领域社会工作服务对应的服务内容、服务层次等方面制定明确的服务标准。

（3）人员配备。针对分领域服务类型，立足深圳市社会工作发展需要，借鉴国内外经验，针对不同的服务类型提出不同的社会工作人员配置标准，为分领域社会工作服务人员配备提供标准和依据。

（4）服务指标。按照分领域社会工作服务类型的特点及服务目标，科学合理设计服务项目及具体的量化指标，从个案工作、小组工作、社区工作和督导培训等层面提出具体的任务量指标。

（5）与指标相关内容。为确保指标的可量化和可计算，利用计算公式从工作时间、服务内容等方面进行科学合理的统计计算，并对服务指标体系做出详细的解释和说明。

深圳市社会工作服务指标体系的制定为各领域社会工作服务量的计算、确定及评估提供了标准依据和参考。通过制定服务指标体系进一步促进深圳市社会工作服务的规范化、标准化和专业化发展。

四　社区自治的探索实践

居民自治是城市基层社区管理中的重要环节。社区居民自治是指社区居民在社区内实行民主选举、民主决策、民主管理、民主监督，最终实现社区居民的自我管理、自我教育与自我服务。

从深圳市基层社区改革的历程来看，一条改革的主线就是围绕如何进一步做实社区自治展开的。然而各种改革在一定程度上导致了社区自治逐步边缘化，正是认识到这种倾向，深圳市从 2014 年开始一直在探索如何进一步加强社区自治（见图 5-5）。

（一）不断提升社区居委会自治能力

社区居委会是基层的群众性自治组织，对于社区事务管理工作有很重要的作用。深圳于 2015 年出台《深圳市基层管理体制改革指导意见》，提

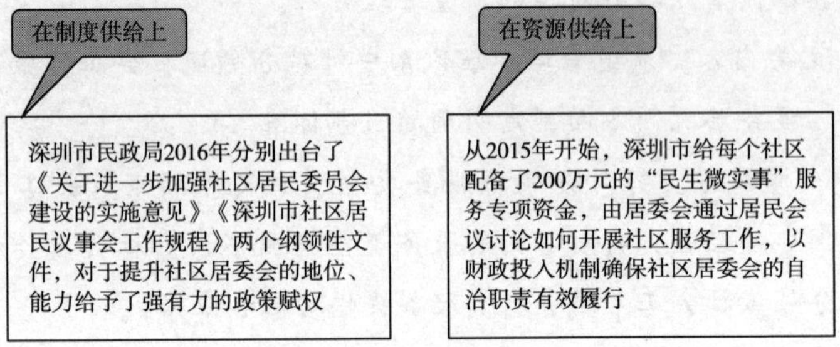

在制度供给上

深圳市民政局2016年分别出台了《关于进一步加强社区居民委员会建设的实施意见》《深圳市社区居民议事会工作规程》两个纲领性文件，对于提升社区居委会的地位、能力给予了强有力的政策赋权

在资源供给上

从2015年开始，深圳市给每个社区配备了200万元的"民生微实事"服务专项资金，由居委会通过居民会议讨论如何开展社区服务工作，以财政投入机制确保社区居委会的自治职责有效履行

图5-5 深圳市加强社区自治的探索

出要大力培育和提升居委会自治能力，完善居委会内部治理结构，进一步强化居委会"枢纽、议事、监督、服务"职能等。居委会换届基层民主参选率逐步提高，社区居民主动参与基层民主自治的热情进一步提高。推进政经分开，实行社区书记与董事长分设。同时，财政每年拨付200万元给社区，作为社区开展服务的有力资金支持，经费由社区党委统筹安排，使社区"两委"更好地回归社区治理、服务群众的职能。

（二）做实社区居民议事会

深圳在充分发挥基层党组织领导核心作用和居民委员会自治主体作用的同时，依据《深圳市社区居民议事会工作规程》着力做实社区居民议事会，让居民议事会真正成为居民参与社区协商的最主要平台。广泛从社区党组织、社区工作站、社区居委会、小区业委会、物业管理公司、驻社区单位、社区社会组织、居民或居民代表、社区民警、外来建设者、辖区企业等单位和群体中推选产生议事会成员，最大限度地涵盖社区各类人群。将居民关注度高的事项纳入议事会议事内容，如社区"民生微实事"项目的征集、确定、实施、监督等，提高社区居民参与的兴趣。罗湖区探索本土化社区治理的"罗伯特议事规则"——"罗湖十条"，包含从议题的提出、讨论、表决到参会代表发言顺序、发言时间限定、需注意事项等细致详尽内容，保证议事活动有效进行。

相关链接

罗伯特议事规则

要确保持有不同意见的主体充分享有发言的权利和机会；发言者的发言指向均为会议主持人而并非其他持有不同意见的主体。会议主持人要确保给予任何一方发言的机会，同时要确保意见不统一的发言者之间直接进行对话，确保会议的正常开展。

在会议期间坚持议题聚焦，即要聚焦所提出的议题，只有该议题被解决，或者参会者集体表决允许该议题被搁置之后，才能进入下一议题。在会议召开期间坚持以解决问题为核心目标，坚决反对出现任何辱骂、讥讽等人身攻击现象（罗伯特，2008）。

（三）整合资源，推动社会力量协同参与社区治理

以社区邻里节为依托，鼓励社区居民共同参与，促进社区邻里融合，培育社区文化。深圳通过加强政策、财政资金支持，积极推进社区平台建设，助力社区、社会组织、社会工作"三社联动"。畅通"四联"机制，发挥联动效用（见图5-6）。

五　培育发展社会组织

社会组织是参与城市社区治理的重要力量。深圳注重培育和发展社会组织，坚持以社会组织职业化、专业化、精细化、标准化的发展助推社会服务转型升级，积极推动社会组织高质量发展。

（一）优化发展环境，助力社会组织蓬勃发展

深圳采取以下措施优化发展环境，助力社会组织蓬勃发展。

改革社会组织名称管理。起草《深圳市民政局关于改革社会组织名称管理若干问题的意见（征求意见稿）》，放宽名称申报登记限制，分类制定社会组织名称申报指引。

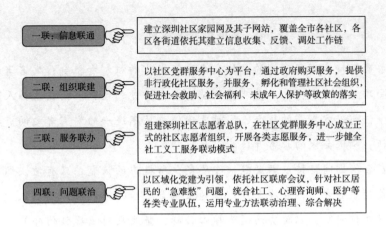

图 5-6   "四联"机制

创设社会组织首任法人代表见面谈话制度。

推行"多证合一、一证一码"工作。为简化程序、方便群众办事，市民政局、市国税局、市地税局、市公安局、市人力资源和社会保障局、市市场和质量监督管理委员会等部门在全市推行社会组织"多证合一、一证一码"改革，发布了《深圳市推行社会组织"多证合一、一证一码"改革的实施意见》。

（二）完善法规政策，促进社会组织规范发展

深圳起草了以下一系列法规政策性文件，为社会组织依法依规开展活动提供法治保障。

①《深圳市民政局关于改革社会组织名称管理若干问题的意见（征求意见稿）》；

②《深圳市社会组织信息公开指引（试行）》；

③《深圳市承接政府职能转移和购买服务社会组织推荐目录编制管理办法》；

④《深圳市社会组织发展专项奖励资金管理办法（征求意见稿）》；

⑤《深圳市社会组织承接政府转移职能监管办法（征求意见稿）》；

⑥《市社工委、市民政局关于构建社会组织综合监管体制的意见》；

⑦《关于加强异地商会党建工作的意见（试行）》。

（三）强化协同监管，提升社会组织发展质量

强化协同监管、提升社会组织发展质量的措施如图 5-7 所示。

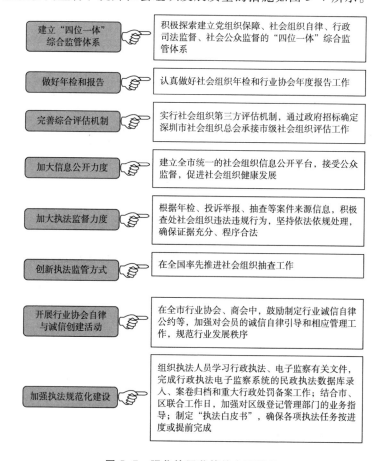

建立"四位一体"综合监管体系 → 积极探索建立党组织保障、社会组织自律、行政司法监督、社会公众监督的"四位一体"综合监管体系

做好年检和报告 → 认真做好社会组织年检和行业协会年度报告工作

完善综合评估机制 → 实行社会组织第三方评估机制，通过政府招标确定深圳市社会组织总会承接市级社会组织评估工作

加大信息公开力度 → 建立全市统一的社会组织信息公开平台，接受公众监督，促进社会组织健康发展

加大执法监督力度 → 根据年检、投诉举报、抽查等案件来源信息，积极查处社会组织违法违规行为，坚持依法依规处理，确保证据充分、程序合法

创新执法监管方式 → 在全国率先推进社会组织抽查工作

开展行业协会自律与诚信创建活动 → 在全市行业协会、商会中，鼓励制定行业诚信自律公约等，加强对会员的诚信自律引导和相应管理工作，规范行业发展秩序

加强执法规范化建设 → 组织执法人员学习行政执法、电子监察有关文件，完成行政执法电子监察系统的民政执法数据库录入、案卷归档和重大行政处罚备案工作；结合市、区联合工作日，加强对区级登记管理部门的业务指导；制定"执法白皮书"，确保各项执法任务按进度或提前完成

图 5-7　强化协同监管的主要措施

（四）搭建支撑平台，突破社会组织发展瓶颈

加强对社会组织发展的支撑，建立集社会组织孵化平台、政企融合交流平台、专业人才培养平台于一体的支撑体系，优化社会组织发展环境。

加强对社会组织的培育工作，建立多种购买服务的遴选方式，制定服务提供商名册，有效探索政府职能转移方式，拓宽社会组织参与途径。

（五）加强培育扶持，激发社会组织活力动力

编制《"十四五"社会组织发展规划》。科学规划"十四五"期间社会组织的发展目标、发展思路和重点工程。

探索建立社会组织清单，推动分类培育。推动出台相关扶持政策，培育发展社会组织。

构建社会组织孵化基地集群。建立市—区—街—社四级有效联动的分层级的社会组织孵化基地集群。

畅通政府与社会组织的沟通渠道。召开深圳市行业协会工作会议，建立市领导与行业协会定期交流座谈、政府职能部门与行业协会沟通协商、组织相关代表参加听证及论证的机制。

（六）强化党建引领，充分发挥党组织战斗堡垒作用

为适应社会组织快速发展现状、引领社会组织健康发展，深圳市成立了深圳市社会组织党委，统筹市级社会组织党建工作，指导各区开展辖区内社会组织党建工作。制订实施推进深圳市社会组织党建工作全覆盖的"燎原计划"，明确社会组织党建工作目标和重点。依托社会组织登记管理各业务环节推进党建工作。

《深圳社会组织蓝皮书：深圳社会组织发展报告（2019）》的数据显示，2008~2018年，深圳市社会组织的数量持续、稳定增长，社会组织类型和社会组织结构逐渐趋于合理化。从深圳市社会组织登记数量来看，2008~2018年，全市社会组织登记数量从3355家增长到10230家（见图5-8），年均增长率为11.79%；每万名常住人口拥有社会组织数量从3.52家增长到8.03家，居全国首位。从社会组织结构来看，2018年，教育类、社会服务类、文化类、体育类、工商服务类社会组织的比例分别为24.25%、20.27%、17.81%、13.07%和9.57%。从深圳市社会组织发展的总体情况来看，深圳市社会组织的快速发展进一步丰富了公共服务供给主体，对经济发展和社会发展起到关键性作用。

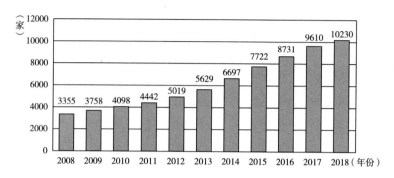

图 5-8　2008~2018 年深圳市社会组织数量

2017 年深圳市社会组织年度报告数据显示，2016 年和 2017 年全市社会组织收入分别为 213.31 亿元和 251.00 亿元。从支出来讲，2017 年全市社会组织合计支出 248.43 亿元，因此深圳市社会组织整体实现收支平衡，表明全市社会组织运营能力得到稳健提升。一方面，全市社会组织通过专业化服务能够获得可观的经济收益；另一方面，全市社会组织能够通过专业化运营提供相应的公共服务，服务能力和服务水平不断提升（深圳市社会组织管理局、深圳国际公益学院，2019）。

六　社区工作者队伍建设

（一）加强社区党委书记队伍建设

2016 年，深圳市委办公厅下发《关于推进社区党建标准化建设的意见》，指出应进一步巩固社区党委的领导核心地位和提升统筹指导作用。规定社区党委可以行使"四项权力"，即社区人事安排权、重要事项决定权、领导保障权和管理监督权。明确社区党委书记身份和待遇标准，要求社区党委书记具备大专以上学历。

同时，分级分类开展社区"两委"班子成员全员轮训。市—区—街三级联动，抓好社区"两委"班子成员全员轮训工作，有针对性地开展非户籍委员培训。加强对后备干部的培养，进一步保障、增强了社区"领头羊"的作用。

（二）加强社区专业社会工作人才队伍建设

1. 配强社区党群服务中心政府购买项目的专业力量

每个社区党群服务中心政府购买项目建立了以专业社会工作者为骨干的运营团队，原则上配置全职工作人员 5 名，其中注册社工原则上不少于3 名。通过政府购买服务，鼓励配置跨专业的复合型人才，探索形成以专业社工为骨干，社区工作者、志愿者、康复师、护理师、心理咨询师等多种力量并存的社区服务队伍。

2. 构建多层次、立体化的职业培训体系

深圳经济特区社会工作学院作为专业化的培养平台，搭建了社会工作领域多层级的人才培养架构，如图5-9所示。

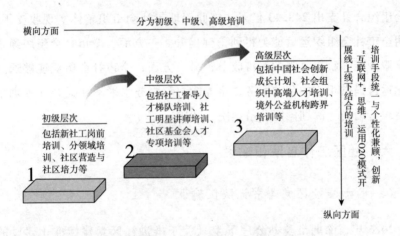

图5-9 多层次、立体化的职业培训体系

3. 培养本土社工人才，搭建社会工作督导人才"四级"梯队

深圳建立了有效的社会工作督导机制，以一定的配比搭建四级督导人才梯队，即"一线社工—督导助理—初级督导—中级督导"，提升社工服务质量，培养本土社工专业人才。

第二节　社区治理现代化的深圳探索

一　"盐田模式"：推动"政社分离"，建立"一会两站"

（一）概述

20世纪90年代中后期，以开展社区建设为标志，我国开始对原有的社区管理模式反思，并围绕社会主义市场经济下民主自治社区治理进行改革探索，形成了以"上海模式"为代表的政府主导型社区治理模式、以"沈阳模式"为代表的自治型社区治理模式、以"江汉模式"为代表的混合型社区治理模式，它们的共同特点是依然带有很强的管控性。作为改革开放先锋城市的深圳，也在不断大胆探索社区治理体制改革。

1999年，盐田区在社区治理探索中开始重视社区居委会的自治地位，于当年启动了第一届居委会民主选举工作，开启了社区治理体制和机制的创新探索，居委会主要负责行政和服务两个层面的工作。

2002~2005年这一阶段，盐田区通过出台相关意见建立新型社区组织体系。盐田区在该阶段基层治理改革中，出台了《中共盐田区委、区政府关于在全区推进城市社区建设的意见》（深盐发〔2002〕2号），文件要求在盐田区推动基层区划和社区调整、改革居委会选举，进一步细化居委会工作并对功能进行初步分化，使居委会成员队伍年轻化、知识化，构建以"议行分设"理念为基础的新型"一会（合）两站"模式。

2006~2008年，盐田区改革社区组织体系，调整居委会选举规程，由选民直选，上级不再干涉。同时，把社区工作站从社区居委会剥离出来，按照"会站分离"的基本原则，在社区基层改革中构建了"一会（分）两站"模式。

盐田区社区管理模式改革是社区管理体制的一次重要创新，盐田模式在社会主义市场经济背景下，转变"议行合一"的管理体制，通过管理体制的创新破解了行政权和自治权交叉的困境，构建了"一会两站"的治理结构，形成了行政、自治和服务分离的社区治理模式，从根本上解决了政社不分的问题,实现"政社分家",在国内产生了较大的社会影响,被学界称为"盐田模式"(孙彩红,2015)。

(二)主要做法及特色

盐田区推动"政社分离",建立"一会两站"的社区治理模式的主要做法及特色如图 5-10 所示。

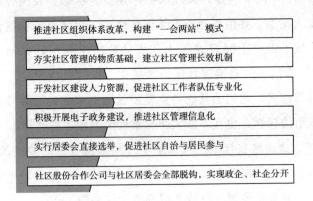

推进社区组织体系改革,构建"一会两站"模式

夯实社区管理的物质基础,建立社区管理长效机制

开发社区建设人力资源,促进社区工作者队伍专业化

积极开展电子政务建设,推进社区管理信息化

实行居委会直接选举,促进社区自治与居民参与

社区股份合作公司与社区居委会全部脱钩,实现政企、社企分开

图 5-10 "盐田模式"主要做法及特色

1. 推进社区组织体系改革,构建"一会两站"模式

盐田区按照"议行分设"理念,创新社区组织结构。

(1)何谓"议行分设"

"议行分设"是通过创建社区工作站和社区服务站,使社区居委会的职能得到明确,将社区居委会长期承担的行政职能和服务职能剥离,分别由社区工作站和社区服务站承担,进而充分发挥社区居委会的自治功能,通过"议行分设"的方式实现社区治理制度的优化。

(2)"议行分设"理念下的社区治理模式——"一会两站"

"一会(合)两站"是指由民主选举产生社区居委会,社区居委会负责开展民主自治建设,下设社区工作站和社区服务站(见图 5-11)。

随后,盐田区又将社区工作站从社区居委会中剥离出来,构建"一会(分)两站"模式,积极推动政府管理重心下移,建立"区社区建设委员

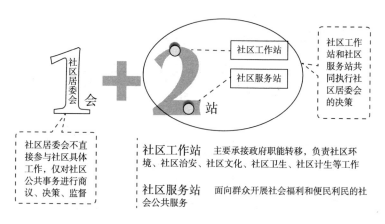

图 5-11　"一会两站"形式

会办公室—街道社区建设委员会办公室—社区工作站"的垂直三级管理体制，使政府的职责、任务、资金、人员等统一整合至社区工作站。这一制度设计的意义在于还职能于社区，有效地协调了市、区二级政府与社区的纵向关系，初步建立了合理分权的政府与社区间管理体制，使各个主体各司其职、各有其权、各负其责。同时，促使地方政府在社会事务的管理模式上，在"简政放权、重心下移、费随事转"的原则指导下，逐步下放社区建设相关职能和权力到街道和社区，进一步使社区组织对各项工作负起全责，进而推动形成"条块结合，以块为主"的治理模式。

该管理模式的确立，初步界定了政府工作和社区服务工作，社区工作站人员专业化和职业化发展方向更加清晰，社区居委会在地区性、社会性、群众性工作上自治能力提升。

2. 夯实社区管理的物质基础，建立社区管理长效机制

盐田区依据本地社区的实际情况，因地制宜确立了一系列社区的长效管理机制。

积极谋划顶层设计，协调资源促进社区建设，如图 5-12 所示。

这种模式探索了社区治理共建共享的实现形式，即政府资源、公共资源和市场资源有效融合。

在社区资金筹集方面，建立了资金保障机制，即政府向社区拨款由零

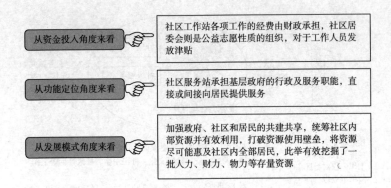

图 5-12　顶层设计协调资源的三个角度

散型向预算制转变。

在社区公共事务管理方面，充分发挥居民自治的作用。社区居民通过直选产生居委会自治组织，实行社区居民的自我管理、自我教育、自我服务和自我监督，强化了居委会的自治功能。当选的居委会成员不再领取工资，不再直接做政府工作，而是把主要精力放在居民权益的维护和作为政府与居民沟通的桥梁上。这对于进一步完善和发展城市基层民主有着重要意义。

这些长效管理机制的确立，提升了城市社区自治能力和自治水平，从而实现了政府与社区从内容到形式的良性循环，并使地方政府从民主授权机制中获得公众的认可，有利于实现高效、开放、负责的公共管理。

3. 开发社区建设人力资源，促进社区工作者队伍专业化

在盐田区政府的实践中，改造后的社区居委会作为全体社区居民的代表，发挥议事决策、管理教育、监督服务等功能。在制度上确保优秀社区从业者的遴选，增强了居民对社区的认同感。

盐田区积极开展对社区从业者的素质培训。社区内外的工作人员按自己的意愿和特长，经过定向培训拿到《岗位培训证书》，从事某一项社区建设工作。

对于社区居委会所需人员面向社会公开招聘，主要聘用热心社区事务、懂经营、会管理、业务能力较强的人员，经培训合格后持证上岗。

以上这些做法保证了社区工作人员的专业化、职业化，推动社区人才队伍建设，有效提高了社区工作人员的知识素养、能力技能等综合素质，初步实现了"人与制度"的综合运作，争取最大限度地发挥社区管理创新的作用。

4. 积极开展电子政务建设，推进社区管理信息化

盐田区在创新社区管理的过程中，以信息化手段促进公共服务水平的提升，借助科技手段，打造了信息服务平台，让政策的发布渠道更加多元，以"线上+线下"形式提高政策知晓度，并广泛收集居民服务需求，及时获知公共服务质量满意度。盐田区开发的信息化管理系统功能包括线上办公、服务咨询、信息披露、监督管理等，提升了政府信息资源向公众开放的水平，有效保障了公民的知情权。

5. 实行居委会直接选举，促进社区自治与居民参与

把提名权交给居民，切实实现社区居民委员会直接选举。此次针对选举的改革最大的特点是居民直接提名初步候选人，不再由街道办事处提名初步候选人。目的是通过选举，真正解决社区居委会的权力来源非行政化的问题，使其回到法律规定的位置上去。社区居委会的选举将符合条件的辖区非户籍人口纳入，此举深化了"来了就是深圳人"这句口号的内涵，增强了外来务工人员对深圳的心理认同感，促进和谐社会建设，让他们从居住意义上的深圳人变为文化意义上的深圳人，为移民城市的新市民群体管理提供有益探索经验。

6. 社区股份合作公司与社区居委会全部脱钩，实现政企、社企分开

通过确立社区股份合作公司不办社区居委会这一宗旨，较好地解决了社区政企不分、社企不分的问题。股份合作公司将不再负担居委会成员的工资福利，居委会成员及社区工作站人员的经费开支由财政负担。推动股份合作公司专注于开展经济活动，不断繁荣社区经济。

（三）主要成效

盐田区位于深圳市东部地区，于1998年正式设立行政区，总面积为72.36平方千米，辖区内常住人口为20多万人，其中户籍人口约3万人。全区下辖4个街道办事处，分设17个居民委员会，在这个基础上，盐田区

以社区管理体制和运行机制创新为突破口，基于"议行分设"的理念积极探索社区组织体系的完善，不断健全社区的功能，对我国城市社区管理体制机制创新实践具有重要的示范意义。2006 年，盐田区社区管理体制的改革与创新经验荣获第三届"中国地方政府创新奖"。

1. "盐田模式"的主要成效

"盐田模式"的成效主要体现在政府行政、社区治理、居民生活等各个方面。大致可以概括为六个方面，如图 5-13 所示。

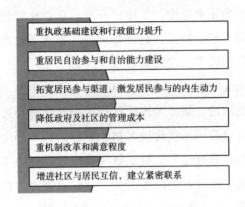

重执政基础建设和行政能力提升

重居民自治参与和自治能力建设

拓宽居民参与渠道，激发居民参与的内生动力

降低政府及社区的管理成本

重机制改革和满意程度

增进社区与居民互信，建立紧密联系

图 5-13 "盐田模式"的成效

2. "盐田模式"的创新价值

（1）社区治理理念创新

"盐田模式"创新了社区治理理念，更加注重自治组织的功能价值，而非浓厚的行政管理色彩。盐田区推动社区自治的改革实践过程，是将政府主导转换为社会主导的过程，体现了对参与、服务、合作、互动等创新理念的追求。实现这样一种跨越，关键是要推动居民和社区组织转变意识，由依赖政府的思维方式向主导推动的思维方式转变。对于社区"议"与"行"的关系，"盐田模式"进行了有效探索。社区居委会具有议事权、决事权、监事权，社区工作站和社区服务站具有执行权。这一分配进一步优化了"行政权"和"自治权"的关系处理，社区工作站、社区居委会和社区服务站分别承担行政、自治和服务职能，这种范式的创立对于示范建

设具有重要意义，丰富了治理理念内涵。

（2）社区治理体系创新

在"盐田模式"下，政府部门、居民、专业服务机构多元参与社区治理工作。这一社区治理体系创新的意义体现在图5-14所示几点上。

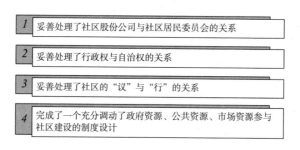

1 妥善处理了社区股份公司与社区居民委员会的关系

2 妥善处理了行政权与自治权的关系

3 妥善处理了社区的"议"与"行"的关系

4 完成了一个充分调动了政府资源、公共资源、市场资源参与社区建设的制度设计

图5-14 社区治理体系创新的意义体现

（3）社区服务机制创新

社区服务的专业化是摆脱追求政绩导致的社区服务困境的主要路径，通过专业化改革使社区服务摆脱长期存在的泛政治化困境，进而有效提升社区服务的效率和质量。

盐田区社区管理改革中很重要的一个经验就是政府设立社区服务专项资金，让社区服务成为推动社区建设工作的"领头羊"。对社区服务站开展的无偿服务以政府购买服务方式进行第三方评估，并结合政策给予补贴。这一举措有效培育了社区服务机构，且对社区治理中的"管理"和"执行"工作进行了明确划分，为打造高效精简的政府提供了支撑，并结合一定的制度设计，避免社区居委会空心化和边缘化。

（4）社区居民委员会选举制度创新

盐田区所有社区居委会成员都由选民通过无记名投票的方式直接选举产生，候选人公开、公平竞争；选派专家、人大代表和政协委员作为观察员，通过对选举全过程进行监督，保证选举过程理性、积极、合法、公正。

正因为如此，盐田社区体制改革具有时代意义。基于这些制度创新，"盐田模式"荣获了"中国地方政府创新奖"，并已经成为深圳社区建设的一面旗帜。

二 "南山模式"：凝聚合力，搭建"1+3+N"治理体系

（一）概述

党的十八届三中全会提出，推进国家治理体系和治理能力现代化，是完善中国特色社会主义制度及全面深化改革的总目标。创新基层社区治理是推动国家治理体系和治理能力现代化的主要路径。

1. 社区所面临的问题

社区是治理体系建设的落脚点。目前，社区治理在我国还面临一些难以解决的问题，如被边缘化的居委会何去何从，社区工作站的行政化倾向日趋严重，居民对政府提供的公共服务产品的满意率不高，社区各类社会组织的活力还未被激发出来等。

2006 年，深圳 600 余个社区工作站实行"居站分设"。运营至今十几年的时间里，除了前述提到的一些问题，还暴露出与现代社会不相适应的"症结"，如图 5-15 所示。

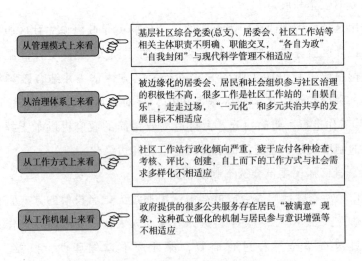

图 5-15　不同视角看"症结"

社区治理究竟该往何处走？各地都在积极探索。2014 年，深圳市南山

区全区常住人口为 110.85 万人，实际管理人口超过 200 万人。人口结构复杂、流动性大以及社区居民服务需求的多元化趋势对南山区社区治理提出了巨大的挑战。

2. 南山区采取的对策

针对这些情况，南山区印发《深化"一核多元"社区治理模式的实施方案》（深南改发〔2014〕1 号），在"一核多元"模式的基础上，总结经验和不足，创新提出了"1+3+N"的社区治理架构，从六大方面为南山区社区治理勾画出三年蓝图，指明实现路径，为新时期构建社区治理能力现代化体系指明了方向，破解了社区治理中如何处理党委、政府、社会、市场关系的难题。

（二）主要做法

南山区创新社会治理的主要做法如图 5-16 所示。

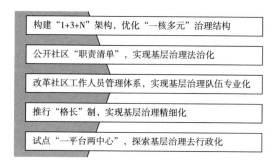

构建"1+3+N"架构，优化"一核多元"治理结构

公开社区"职责清单"，实现基层治理法治化

改革社区工作人员管理体系，实现基层治理队伍专业化

推行"格长"制，实现基层治理精细化

试点"一平台两中心"，探索基层治理去行政化

图 5-16　南山区创新社会治理的主要做法

1. 构建"1+3+N"架构，优化"一核多元"治理结构

南山区在社区治理创新探索中构建了如图 5-17 所示的"1+3+N"的社区治理架构。

南山区"1+3+N"的社区治理架构可形象地比喻为"车夫驱动、三马拉动、伙伴推动"的"三驾马车"模式，其中社区综合党委（总支）是核心组织，其承担着社区治理的领导职责，在社区治理中类似于"车夫"，对社区治理起到统筹作用，指引方向、监控过程；社区工作站、社区居委

图 5-17 "1+3+N" 的社区治理架构

会和社区服务中心分别承担行政管理、民主自治、社区服务三大职能，像并驾齐驱的三匹马，通过合力作用推进各项工作；通过加强培育社会组织，在合力之外拓宽了社区治理力量加入社区治理的渠道，形成多元治理主体共建共治共享的社区治理格局。

2. 公开社区"职责清单"，实现基层治理法治化

南山区在全国范围内率先推出"1+3+N"社区治理主体社区建设职责清单，明确 9 类社区治理主体的职责，涉及 75 大项和 277 小项，为不同类型社区治理主体履行社区治理职责提供依据。

社区综合党委（总支）是社区治理的核心领导力量，清单将其职责明确为组织领导、统筹协调、团结凝聚、思想宣传、基础保障等五大项，并将其细化为 34 项。社区综合党委（总支）不仅仅承担党务工作，同时其职责包含社区内部涉及人、财、物等的重大事务的讨论和决定。

区民政局制定了 4 张"清单"，涉及 22 大项和 199 小项，将社区各类事项列入具体的清单中。在社区治理中，社区居委会承担多元化的职能，涉及枢纽、议事、监督、服务等方面；社区工作站承担基层政府行政管理的职责，其事项包含 7 项；社区服务中心作为清单的主要职责主体，承担 80% 的清单任务，具体事项为 157 项。除以上治理主体外，业主委员会、物业管理公司等治理主体的职责均通过"清单"得以明确。

南山区在社区治理的创新中，通过制定"职责清单"的方式厘清各治理主体的角色和职责定位，充分发挥了各主体在社区治理中的优势，有效提升了社区治理的水平和能力。

3. 改革社区工作人员管理体系，实现基层治理队伍专业化

为推动社区治理的专业化发展，大幅度进行社区工作人员管理改革，构建了新型社区工作人员管理体系，将 800 多名社区工作站工作人员的身份界定为"社区工作者"，建立健全对社区工作者的管理体系，畅通晋升渠道，为社区工作者提供了与公务员和事业单位员工不同的"第三条"发展路径。

南山区发布的《南山区社区工作者管理体系改革实施意见（试行）》中从定位、管理体系、薪酬、社保、招聘培训、考核、退出机制等方面明确了社区工作者管理体系改革的重要事项，提出由街道办事处按照需要聘请社区工作者，由财政提供资金支持；由机构编制部门根据全区社区治理的要求确定社区工作者录用名额；区民政部门负责登记备案；各街道和社区工作站与所聘用的社区工作者签订聘用合同，由区人力资源部门对社区工作者档案进行统一管理。

为进一步规范社区工作站岗位，南山区出台《南山区社区工作者管理暂行办法》等相关的配套文件，明确每个社区有社区工作站站长、副站长和社区助理员三个管理层级，其中站长和副站长分别为 1 名、1~2 名，每个社区工作者配备数量为 5~10 名，在社区工作者招聘录用方面一律采用公开招聘的方式，原则上以 3 年为周期签订聘用合同；对于服务期限超过 6 年的社区工作站站长，在本街道范围内按照一定标准在社区中进行轮岗。

《南山区社区工作站员工工资待遇管理实施细则（试行）》中按照不同岗位性质确定了薪酬标准，按照三个岗位和十二个档次制定了社区工作者的薪酬标准，通过制定明确的薪酬标准来激发社区工作者队伍的工作活力。

4. 推行"格长"制，实现基层治理精细化

南山区借鉴我国台湾基层治理中形成的"里长"经验，在全区范围内推广实施"格长"制，出台《社区网格划分整合实施方案》，并且根据社区性质的不同，将社区划分为住宅型、商业型、企业型、工地型、混合型和单位型六个类型，根据每个类型社区的特点对社区进行划分，将每个社区划分为若干个网格，通过"网格+格长"的方式解决基层社区治理力量不足的问题，在一定程度上实现了社区治理的精细化。

（1）"格长"职责

"格长"职责清单主要包括：督导社区网格员在本社区内积极履行治理职责；定期对网格进行检查，指导网格员信息采集等相关的工作；建立"格长"工作例会制，通过工作会议制度定期分析网格治理中的困境，提出解决对策；配合行政部门履行行政管理及社会管理的职责。

（2）"格长"的考核

"格长"是社区网格化治理的主要责任人，是基层社区治理的主要承担者，其工作成效直接影响基层社区治理的成效。南山区为进一步提升"格长"的积极性，出台了专门的管理考核办法。例如，每月对其进行考核；分级分类开展学习培训；等等。南山区按照图5-18所示的考核机制对"格长"工作进行考核评价。

实行三级考核机制	实行责任捆绑制度	实行绩效考核
区对街道每月一抽查、每季度一考核；街道对社区每月一考核；社区对"格长"每月一考核。各街道抽查情况排名纳入全区年度综治考核内容	"格长"与网格员捆绑，奖罚轻重有别	实行"季度考核+年终考核"相结合方式，对优秀"格长"给予绩效工资奖励

图 5-18　"格长"的考核机制

南山区在创新社区治理的过程中，在部分社区还实行了社区专员制度，由社区居民结合社区的实际需求推选社区专员，社区专员主要针对社区内部纠纷调解、内部环境优化等各方面开展治理工作。在党委统筹领导下，社区专员制度的实行有效弥补了"格长"制度的不足，南山区构建了"纵向到底、横向到边、斜线到角"的治理格局。

5. 试点"一平台两中心"，探索基层治理去行政化

蛇口街道深圳湾社区在探索基层治理的实践中，率先打破传统的管理模式，在基层治理组织的优化中撤销原有的社区工作站，在社区内部构建由社区综合信息平台、行政管理中心和社区服务中心组成的"一平台两中心"治理组织架构（见图5-19）。

南山区遵循"大社会、小政府"改革的基本要求，在改革过程中直面

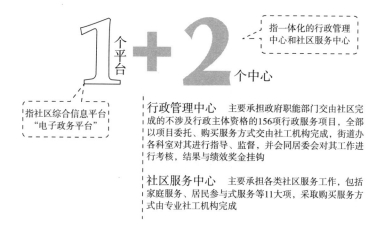

图 5-19　深圳湾社区的"一平台两中心"

复杂的社区治理，坚定做好"加减法"：大力实施"简政放权"，引入市场和社会组织力量，针对食品安全等重大民生事项坚决强化监督管理，通过"放""收"改革实现资源的优化配置，提升服务效能。

南山区在社区服务中心运营中引入专业社工力量，部分街道为强化居委会功能，撤销了社区工作站，通过专业力量的培育和引入实现了去行政化改革，构建了高效的社区综合服务体系，提升了社区服务效能和社区治理效果。

（三）主要成效

南山区"一核多元"的基层治理模式充分发挥了基层党组织在基层社区治理中的领导作用，为基层社区治理提供了有效的制度保障，同时通过多元治理主体的构建推动了各类社会组织快速发展，在化解社区矛盾及满足社区居民需求中取得了显著的成效。其主要成效包括图 5-20 所示三个方面。

1. 构建了多元互动、共建共治共享的社区治理新格局

南山区经过多年的探索实践，以党建带动，有效融合社区多元主体，提升资源使用效率，充分发挥各类治理主体的作用，推动居民自治，逐步形成了党委领导的多元治理格局。

"一核多元"社区治理机制明确了治理过程的主导权，厘清了治理结构，构建了现代化基层治理体系，有效破解了基层治理的难题，同时打通

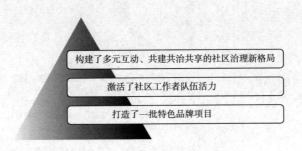

图 5-20 "南山模式"的主要成效

了社区服务"最后一公里",构建了纵横交错的网络化治理体系,从根本上解决了社区服务无法实现精细化的难题,探索出了一个符合我国国情的基层社区治理模式。

2. 激活了社区工作者队伍活力

从 2014 年开始,南山区在社区工作者队伍的建设中,逐渐探索推出社区专职人员管理制度,各个相关部门针对社区工作者队伍的管理出台了一系列的办法和措施,形成了"1+2+N"文件体系;在社区工作者队伍的建设管理中,从职能定位、管理体系、薪酬体系、社会保险、招聘录用、合同签订等各个方面进行了规范。在此次改革中,南山区与 798 名社区工作者签订了聘用合同,明确了对社区专职人员的身份定位,进一步提升了社区工作者队伍建设和管理的规范性。

南山区在社区工作者队伍建设的改革过程中,以解决历史遗留问题为出发点,通过一系列措施优化了社区工作者队伍的结构,进一步激发了社区工作者队伍在基层社区治理中的活力,通过队伍的建设有效推动了"一核多元"社区治理机制的落实。在社区专职人员管理体系的构建中,充分考虑到社区专职人员的职业发展问题,进一步拓宽了社区专职人员的晋升和发展渠道,在全市范围内建立健全了激励机制。2015 年,南山区通过两次公开招聘录用,共招录 33 名社区工作者。通过社会公开招聘的方式,进一步优化了社区工作者队伍的年龄结构,提升了队伍的学历水平,实现了对社区工作人才队伍的总体优化。

3. 打造了一批特色品牌项目

南山区通过构建"一核多元"社区治理机制，形成了社区治理的新局面，打造了多个特色品牌项目，起到了示范带动作用（见表5-2）。

表5-2　起示范带动作用的特色品牌项目

序号	所在街道	特色品牌项目说明
1	南头街道	在社区内部开通社区微信平台，借助微信平台开通"一窗通"等板块，实现社区服务的信息化，在很大程度上解决了打通服务群众"最后一公里"的问题
2	南山街道	通过实行社区专员制度，积极调动社区居民参与，实现了社区管理向社区治理的转变
3	西丽街道	将党群服务中心、社区服务中心、社区管理中心设立在西丽366大街，统筹全街道社区服务及社区治理
4	桃源街道	建立了"民声听吧""民声微线""三庭联动"工作机制，实现了社区环境的持续优化
5	沙河街道	利用"宜居出租屋"年审工作机制，不断提升流动人员信息管理的能力和效果，实现了对流动人员的常态化管理。同时探索提出了"律师驻队"的服务模式，有效解决了城市执法的相关问题
6	蛇口街道	通过对服务平台的改革，形成"一平台两中心"的基层治理组织体系，实现了基层社区治理的精细化发展，明确了各主体治理职能，提升了治理规范性和科学性，构建了科学合理的考核机制
7	招商街道	根据街道内部人口构成以及街道内部发展的需要，设置外国人服务站，通过购买服务引入专业化机构，向外国人提供各类咨询、调解等服务
8	粤海街道	深圳湾大街商圈是全市范围内园区（楼宇）党建的代表。粤海街道在辖区范围内大力推动开展商圈党建工作，形成了党建带动经济发展的良性循环格局

三　"罗湖模式"：善治、自治、共治、法治探索现代化路径

（一）概述

罗湖区是深圳的中心城区之一，是深圳经济特区最早开发的城区，从某种意义上讲，它是中国改革开放的缩影。罗湖区下辖10个街道办事处、115个社区居委会、83个社区工作站。随着城镇化的不断推进，人口、资

源和环境之间的矛盾越来越突出，严重制约城市的发展，导致深圳市在城市现代化发展中困难重重（郑重，2014）。

党的十八届三中全会提出了"完善和发展中国特色社会主义制度，推进国家治理体系和治理能力现代化"的总目标，治理体系和治理能力现代化已经成为未来我国改革及社会治理的主要方向。在现代化治理体系中，不但需要做好制度构建的顶层设计，还要不断推进基层在这方面的创新实践。深圳推行"居站分设"社区治理体制以来，社区各项管理服务工作取得了明显的成效，但"两级政府、三级管理、四级网络"的基层治理模式遇到了多方面的困境，暴露出一系列的问题：社区工作站在运行中不堪重负；社区居委会未能充分发挥自治功能；社区各类型组织无法有效参与其中；社区服务成效较低；社会组织发展缓慢；等等。在社区治理中，社区党组织、社区居委会、社区工作站、社区服务中心、业委会和社会组织等权责不清，相互关系难以协调。如何理顺各治理主体之间的关系，推进基层治理现代化，建设更繁荣、更文明、更幸福的罗湖，这是摆在罗湖区面前的一个重要时代课题。

针对这种状况，罗湖区以创建"全国社区治理和服务创新实验区"为契机，以"党政依法善治、居民有序自治、多元协同共治、社会整体法治"为方向，大胆实践、勇于创新，成功探索出"社区多元融合新机制"，从体制机制上实现了从"政府包办"向"多元协同共治"的转变，同时深化社区体制改革，推进"活化赋权"社区治理法治化建设，成功打造出引领基层社区治理变革潮流的"罗湖模式"。①

（二）主要做法

罗湖区探索社区善治、自治、共治、法治现代化路径的主要做法如图5-21所示。

1. 实施"三项改革"，促进"多元共治"

从区、街道和社区三个层面推进基层社区治理改革，即区级层面改革政府民生投资决策机制、街道层面探索党政社群共治、社区层面深化社区体制

---

① 《基层治理现代化的罗湖、龙岗模式》，《领导决策信息》2015 年第 24 期。

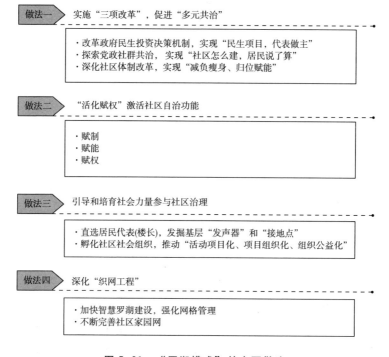

图 5-21　"罗湖模式"的主要做法

改革，在制度上推动"政府包办"向"多元共治"转变（董全琼，2014）。

（1）改革政府民生投资决策机制，实现"民生项目，代表做主"

2013 年，罗湖区对民生投资决策机制进行改革，在"两会"召开前一个月，政府各部门便将来年开展的民生项目提交区人大常委会，在人大代表对项目充分了解后，区人大常委会组织召开民生项目评估论证会，由人大代表、市民代表和专家对项目的必要性、可行性和社会效益进行综合研判，论证通过的项目才能提请区"两会"审议。同时，探索建立财政预算人大预审机制、人大与审计联动质询机制、政府投资民生项目人大代表议决机制，把宪法赋予人大的权力激活、做实。

（2）探索党政社群共治，实现"社区怎么建，居民说了算"

发动社区居民自主申报、自主协商、自主决定并监督执行社区民生项目，实现"社区怎么建，居民说了算"。从 2013 年开始，罗湖区以黄贝、桂园、南湖、清水河 4 个街道为试点，给每个街道安排 100 万元专项资金，由社区居民决定资金投放的项目。具体操作如图 5-22 所示。

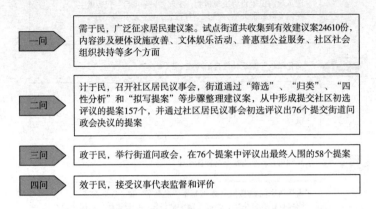

图 5-22　社区民生项目资金投放的"四问"

（3）深化社区体制改革，实现"减负瘦身、归位赋能"

2014 年 10 月，罗湖区印发《深圳市罗湖区深化社区体制改革推进社区治理体系法治化实施方案》，强调社区治理的法治化改革，要求社区治理要树立法治观念，依法明确各治理主体的职责，创新社区治理法治化工作机制。具体改革措施如图 5-23 所示。

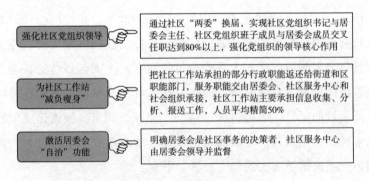

图 5-23　社区体制改革措施

2. "活化赋权"激活社区自治功能

在依法归位的基础上，活化赋权，确保居民"形式上有权，实际上也有权"，优化完善基层民主体制机制，进而实现社区公共精神和公共价值的重塑。

（1）"赋制"

罗湖区以社区居民议事会机制为突破口，积极组织社区居民、社区组织参与议事会，号召社区居民通过投票的方式选举产生社区居民议事会成员。从人员构成来讲，社区居民议事会由社区不同代表构成，即社区党组织、居委会分别派出 1 名代表，社区居民推选 19 名代表，总计 21 人，由社区居民议事会代表社区居民参与社区事务的决策和管理。

（2）"赋能"

罗湖区针对社区居民议事会成员能力建设，通过项目设计、项目实施等多种能力的培训有效提升了社区居民议事会成员的综合能力。为进一步规范社区居民议事会，实现社区居民议事会的有序运行，罗湖区以《城市居民委员会组织法》的立法精神为基本依据，在实践中形成了"罗湖十条"议事规则，确保了社区居民议事会的有序运行。

（3）"赋权"

编制出台《社区居民议事会权力清单》，赋予社区居民会议和居民代表会议相关权力，要求对社区重点事务进行评议，包含社区基金使用、公益项目设置、公共服务场所选择等问题，由社区居民议事会通过协商的方式对"民生微实事"项目资金的使用等重大事项进行决议。

罗湖区结合社区发展的需要，制定了《社区居民议事会权力清单》，明确了社区居民议事会在社区事务决策和管理中的具体权力，使社区居民议事会真正成为解决社区问题、实现社区自治的有效推动力量。

3. 引导和培育社会力量参与社区治理

在深化社区体制改革、引导社区社会组织参与社区多元共治过程中，罗湖区针对共治链条中群众参与度不高、社会组织力量薄弱这两个突出问题，通过直选居民代表（楼长）和孵化社区社会组织两项重点工作来引导居民代表（楼长）和社区社会组织"两大主体"参与"发力"，补齐共治短板。

（1）直选居民代表（楼长），发掘基层"发声器"和"接地点"

社区治理必须发动群众参与，政府工作要"接地气"，也必须找到"接地点"，通过社区居民代表（楼长）直选，这一难题得到了破解。在社区居民代表（楼长）直选过程中，罗湖区坚持"自愿报名参选、公开唱票"的原则，采取"一户一票"方式。选出的"楼长"向本楼居民负责，并代表居民与社区其他利益主体等沟通对话，反映诉求、解决问题。实践表明，社区居民对以这种方式选择自己的代言人比较"买账"。目前全区1.3万栋楼宇基本实现"楼长"全覆盖，这批"楼长"已成为一支推动社区自治、促进社区和谐的重要力量。

（2）孵化社区社会组织，推动"活动项目化、项目组织化、组织公益化"

社会组织是社会治理的一支重要力量，只有社会组织承接得好，政府职能才能转变到位。罗湖区每个社区都有群众自发成立的文体队伍。一些社区在综合党委、社区居委会的引导下，整合各支分散的文体队伍，逐渐发展成了社区社团，如莲塘街道鹏兴社区的"幸福俱乐部"，拥有社区各类队伍29支，会员超过800人，俱乐部有具体的负责人、成员名册、活动地点、规章制度和宗旨等，初步具备了社区社会组织的雏形。从其发展历程中，可以探索出通过"活动项目化、项目组织化、组织公益化"培育社区社会组织的路径。为了推动社区社会组织发展，2014年，罗湖区出资邀约成立了一家本土社会组织孵化机构——"光合春田"，专门孵化、培育、支持社会组织发展。

4. 深化"织网工程"

（1）加快智慧罗湖建设，强化网格管理

罗湖区全区共划分了1135个网格，按照"公共信息资源库、网格信息员队伍、社区管理工作网、社区家园网、社区综合信息采集系统、决策分析支持系统"（一库一队伍两网两系统）的基本构架，建立起覆盖全区10个街道、83个社区的"织网工程"，依托社区综合信息采集系统，实现信息资源的跨区域、跨层级、跨部门的互联互通、融合共享。

（2）不断完善社区家园网

罗湖区为全区83个社区量身打造了700多个小区网络服务台，在网上实现居民诉求的受理、分流、处置、反馈的全流程管理和督办，切实发挥社区家园网在社区治理中的功效，有效畅通居民表达渠道，切实解决社区服务"最后一公里"问题。同时社区家园网充分发挥网络舆论引导的作用，切实提升政府对网络文化空间的治理水平，有效引导社会舆论走向，传递正确的价值观，形成积极、健康、向上的舆论生态。

（三）主要成效

近年来，罗湖区以创建"全国社区治理和服务创新实验区"为契机，积极创新社区治理，深化社区居民自治，强化社区治理法治化建设，在推进基层治理体系和治理能力现代化方面进行了比较深入的探索实践，社区治理创新实践成效显著，其"社区多元融合新机制"和"活化赋权，社区治理法治化建设"于 2014 年和 2015 年连续两年蝉联"中国社区治理十大创新成果"。罗湖区创新社区治理的主要成效如图 5-24 所示。

图 5-24　罗湖区创新社区治理的主要成效

1. "党政社群多元协同共治"治理模式基本形成

经过近几年的基层社区治理创新实践，罗湖区逐步形成具有当地特色的社区治理模式，即"罗湖模式"，其核心是党政社群多元协同共治，主要特点如图 5-25 所示。

2. 党委领导作用得到巩固

借助社区"两委"换届配齐配强基层党组织的领导班子，使基层党组织统揽全局、协调各方、整合资源的作用进一步凸显。如鸿翔花园探索的"四位一体"党建模式，把小区内物业管理公司、业委会、居委会以及居民中的党员组织起来，建立小区联合党支部，党支部发挥领导、统筹、协调和服务监督作用，把各类组织之间的外部关系协调转变为党支部的内部沟通，促进了小区的共治善治。

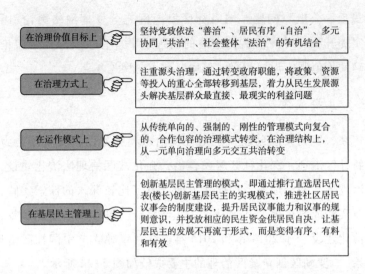

在治理价值目标上 ☞ 坚持党政依法"善治"、居民有序"自治"、多元协同"共治"、社会整体"法治"的有机结合

在治理方式上 ☞ 注重源头治理，通过转变政府职能，将政策、资源等投入的重心全部转移到基层，着力从民生发展源头解决基层群众最直接、最现实的利益问题

在运作模式上 ☞ 从传统单向的、强制的、刚性的管理模式向复合的、合作包容的治理模式转变，在治理结构上，从一元单向治理向多元交互共治转变

在基层民主管理上 ☞ 创新基层民主管理的模式，即通过推行直选居民代表(楼长)创新基层民主的实现模式，推进社区居民议事会的制度建设，提升居民议事能力和议事的规则意识，并投放相应的民生资金供居民自决，让基层民主的发展不再流于形式，而是变得有序、有料和有效

图 5-25 "罗湖模式"的主要特点

3. 政府"放权"激发了社会活力

罗湖区坚持"小政府、大社会"的改革方向，政府不再以"为民做主"为由"大包大揽"，而是大胆探索基层公共事务"受众为大、由民做主"，把社会能做好的事交给社会去做。无论是改革政府民生投资决策机制，还是党政社群共治探索，都证明群众是社会治理的主体，群众中蕴藏着无穷的智慧和力量，群众有能力管理好自己社区的事务。党委、政府只有充分发动群众积极参与社区治理，基层治理工作才能获得最广泛的支持。

4. 社区自治形式进一步丰富

居民代表（楼长）直选是推进社区自治的一项重要探索。居民代表（楼长）产生后，充分发挥桥梁纽带作用，组织开展平等对话、相互协商，使基层民主协商的渠道不断拓宽。不少居民代表（楼长）主动组织本楼居民开展爬山、打太极等社区活动，促进了"熟人社会"回归；在党政社群共治中，居民代表（楼长）积极为社区代言，争取民生项目，使社区居民对居民代表（楼长）的信任感越来越强。此外，居民代表（楼长）还通过对话会等形式，开展不同利益主体之间的平等协商、理性对话，各方充分表达诉求，成功化解了不少社区矛盾纠纷。

5. 社区治理体制逐步理顺

在基层社区治理中，治理主体呈现多元化特点，看似繁多，实际上除了社区工作站任务越来越繁重外，其他各类组织都处于弱化的地位。理顺社区各类组织的关系，让各类组织都能充分发挥作用，是罗湖区改革社区治理体制的目的。社区治理体制改革完成后，党在社区的领导核心作用得到强化，社区工作站转变职能"减负瘦身"，居委会的自治功能则得到强化，社区服务中心作为居委会决策的执行者，有力保障了居委会自治功能的完善。

四　"坪山模式"：以精细化服务驱动社区治理暖人心

（一）概述

2009 年 6 月，坪山区正式成立，最初称为坪山新区[①]，是深圳市成立的第二个功能新区。总面积约 166 平方千米，下辖 2 个街道办事处，共 23 个社区，人口约 65 万人，其中户籍人口仅 6.7 万人，户籍与非户籍人口严重倒挂。社区治理如何更好融入快速的工业化、城镇化转型的进程中，如社区服务供给更充足、削弱行政色彩，促进外来人口融合等，成为摆在坪山区党工委、管委会面前的重要课题。

坪山区建立之初，经济发展的速度与居民对城市建设的期望还不够匹配，且居民的生活方式和意识还处于较为守旧、排外的阶段，"城镇化"不够彻底，外来人员在这里找不到归属感，因此，加强社会经济建设、提高基层管理水平和服务能力尤为迫切。为有效破解上述问题在社区治理建设过程中带来的矛盾和挑战，坪山区 2011 年在全市率先实现社区党群服务中心全覆盖，让专业社会力量参与社区服务，探索建立了一整套专业服务规范化体系。2014 年，坪山区获批"全国社区治理和服务创新实验区"和"全国社会工作服务示范地区"。坪山区还出台了国内首个社工人才扶持政策，并配套了资源整合、公益创投和监管评估等相关制度，走出了一条社

---

① 为叙述方便，统称为"坪山区"。

区服务新路径，以"专业引领、社会参与"的形式创新基层治理体制机制，推动社区服务不断弱化行政倾向，向多元化、专业化转变。打造出具有坪山地方特色的"服务型治理"模式，为全国基层治理现代化探索出了一条新路径（向玉琼、汪业强，2019）。

（二）主要做法

坪山区以精细化服务驱动社区治理的举措如图 5-26 所示。

创设枢纽型平台，构建社区服务体系	创新服务机制，优化社区服务品质	加强多方联动，优化社区治理结构	整合多元力量，提升社区治理能力
·明确社区服务功能，划清服务主体界限 ·打造枢纽型服务平台，夯实社区服务基础	·实施"织网工程" ·大力推行政府购买 ·开展公益创投 ·开展民生微实事项目	·构建"一核引领、多元协同"的治理体系 ·构建"四社联动"体系 ·促进"社居"良性互动	·加强社工人才队伍建设 ·推动社区服务资源的复合链接 ·提高居民参与能力

图 5-26 坪山区社区治理的举措

1. 创设枢纽型平台，构建社区服务体系

（1）明确社区服务功能，划清服务主体界限

为巩固社区党组织领导核心地位，进一步理顺社区各治理主体之间的关系，坪山区出台了《关于加强社区综合党组织规范化建设引领社区治理的意见》，厘清了不同治理主体的职能定位，在基层社区治理中逐步形成协商共治的治理格局。

（2）打造枢纽型服务平台，夯实社区服务基础

2014 年，坪山区出台了《推进全国社区治理和服务创新实验区建设方案》，提出在社区治理和社区服务中，要结合社区实际需求，构建由党群服务、公共服务、专业服务、志愿互助服务、便民利民服务构成的社区服务体系，形成以"为民""惠民""利民""助民""便民"为核心的社区服务体系。

坪山区把社区党群服务中心作为社区服务枢纽型平台，完善服务设

施，加强社区服务人员队伍建设，出台国内首个社工人才专项扶持政策，优化服务队伍配置，发挥社工专业引领优势，最大限度激发基层活力，增强居民幸福感。

经过几年的努力，坪山区以社区党群服务中心为枢纽型平台，坚持需求导向，以多元化社区服务为核心内容，通过改革探索构建了分工明确、各司其职和紧密联动的社区服务体系。

2. 创新服务机制，优化社区服务品质

（1）实施"织网工程"

将智慧城市建设与"织网工程"相结合，大力开展"织网工程"建设，以网格化为基础，以信息化为手段，搭建政务办理协同平台，创建政务信息互动共享新机制，纵向实现市、区、街道、社区四级数据联通，横向获得30多家市直单位和市内各部门数据，各部门通过"织网工程"平台共享数据，从而创建智慧化社会服务新机制，创新社会治理机制，推进基层治理能力现代化。

（2）大力推行政府购买服务

2011年，坪山区采用"政府购买，社会运作"的方式，通过招投标将23家社区党群服务中心委托给6家专业社会服务机构运营，坪山区由此成为全市率先实现社区服务中心全覆盖的区。坪山区出台了《坪山新区培育和扶持社会组织发展的实施办法》《坪山新区政府服务外包暂行管理办法》等一系列政策文件，政策文件的颁发为通过政府购买服务引导社区社会组织积极承担政府服务职能提供了政策依据和保障。坪山区充分利用专业社会服务机构等资源，开展公共服务的购买、实施和评估，有效整合了政府、市场、社会、社区等多方力量，推动了服务型政府建设，提升了社区治理水平。

（3）开展公益创投

坪山区政府突破传统治理模式的困境，结合基层社区治理要求，整合爱心企业、慈善组织和社区居民，在社区治理中，以需求为导向，建立健全公益创投机制，通过公益创投大赛遴选了一批优质项目。坪山区通过公益创投巩固了居民的主体性地位，为社区居民提供了高质量的社区公益服务项目，同时公益创投大赛的举办及公益创投项目的实施有效提升了社会组织参与社区治理的能力和水平，实现了社会资源的高效整合，形成了多方联动的社区治理格局。

（4）开展民生微实事项目

2015 年，为探索社区治理模式、创新民生服务模式、持续提升民生服务质量、有效增进民生福祉，坪山区试点实施了以"群众点菜，政府买单"为主题的民生微实事项目，两批共 191 个工程类、服务类项目被纳入清单。2016 年，坪山区在总结项目经验的基础上，全面实施民生微实事项目，民生微实事项目作为提高民生服务质量的新平台，进一步突破了传统式"政府帮办"的民生服务模式，创新了社会治理格局，以居民为主体、需求为导向，有效链接了政府、社区、社会和市场等各方力量，以社区、社会组织为载体，为社区居民提供高质量民生服务。

3. 加强多方联动，优化社区治理结构

（1）构建"一核引领、多元协同"的治理体系

2015 年 1 月，坪山区印发《关于加强社区综合党组织规范化建设引领社区治理的指导意见》，确定了不同治理主体的职责和不同治理主体之间的关系，进一步厘清了政社关系；通过实施政府购买服务，改变了政府职能的履行方式，引导社会组织参与提供社区服务；利用社区"两委"换届的契机，在全区范围内推动实施政企分离、社企分离改革，通过有效的改革实现了股份合作公司社会管理职能的剥离；进一步明确社区治理主体的职责，实现不同主体职能的归位。由此，逐渐形成了"一核引领、多元协同"的基层治理新格局，居委会自治功能增强，社会组织专业性和服务水平不断提高，社区工作站行政效能得到有效优化，社区股份合作公司实现了市场化运作，激发了社会活力，促进了基层治理的良性运行。

（2）构建"四社联动"体系

坪山区通过搭建枢纽型服务平台，优化社区资源配置，凝聚社区建设的推进合力，加快政府职能转变，丰富社区治理主体，建立以社区为综合平台、社工为专业支撑、社会组织为载体、社区志愿者为补充力量的"四社联动"机制，使"四社"成为一个有机整体，构建基层社会治理多元参与、合作共治的"四社联动"体系，有力提升了基层社会服务管理的综合效能，丰富了社区服务内涵。

（3）促进"社居"良性互动

坪山区以服务型治理理念为导向，通过加强社区建设，引进专业化的社工机构和社工人才，实施政府购买服务与公益创投，培育社会组织和发展社区志愿者，开辟了社区治理与服务创新的"四社联动"模式。政府购买、机构运营、社工服务、居民参与的社区治理与服务模式加强了社区与居民、社会组织与居民、社工与居民、社区志愿者与居民之间的联系，促进"社居"良性互动。

4. 整合多元力量，提升社区治理能力

（1）加强社工人才队伍建设

坪山区高度重视社会工作人才，2013年初，出台了国内首个社工人才专项扶持政策——《坪山新区社会工作人才扶持办法（暂行）》，每年投入130余万元，推出16项扶持措施，包括给予未能享受安居房的持证社工住房补贴，对优秀社工人才视职称级别给予每月补贴等政策。同时，坪山区将社工纳入人才体系和人才安居政策范围，符合条件的社工可以申请经济适用房和公租房。自2013年以来，坪山区已累计向社工发放300余万元的直接补贴，约200名社工从中受益，有效吸引了优秀社工人才，稳定了坪山区社工队伍。

为了适应经济社会发展新形势，2016年12月，坪山区印发了《坪山新区社会工作人才扶持办法》，进一步提高了社工人才扶持标准，包括住房补贴直接翻倍，将所有持证社工纳入星级评定范畴，相同星级的社工补贴金额一致，将考取资格证的一次性奖励范围从户籍居民扩大到社区工作者及广大社会工作者等。通过构建机制优化的社会工作服务格局，建立健全社会工作政策体系，打造灵活协调的社会工作运行机制，整合社工人才队伍建设资源，着力打造社工人才发展高地。同时，坪山区着眼居委会成员、专业社工和社区志愿者三支队伍，实施"领头雁""大黄蜂""金工蚁"三大工程，三位一体共建社区工作人才队伍，成效显著。

（2）推动社区服务资源的复合链接

为了提高社区资源链接能力，坪山区建立了资源整合机制，各社区依托社工人才队伍，致力于将社区党群服务中心建设成开放性、非行政、综合性的枢纽型服务平台和资源集聚平台，通过专业社工主动链接整合社会多种资源开展服务；同时制定了资源准入制度，政府公共服务事项须经社工筛选才可进入中心，形成公益资源和商业资源相结合的社区服务体系，建立了"开发资源来源主体—对接资源—资源整合利用"这一成熟的资源链接流程，实现资源的高效整合和优化配置。

（3）提高居民参与能力

坪山区实施了"群众点菜，政府买单"服务项目（民生微实事项目），通过项目遴选机制引导社区居民表达民生需求并激发其参与社区治理活动的意识，畅通参与渠道。同时，在专业引领机制的作用下，社区党群服务中心的专业社工以"社工+义工"的方式将社区居民招募到社区志愿服务队伍中来，提高了社区居民参与社区志愿服务的兴趣，互帮互助的志愿活动带动了更多的居民参与社区治理。

（三）主要成效

近年来，深圳坪山区以服务为重点，通过对治理体系、治理结构的优化完善以及社会组织的培育，引导和支持社会参与，培育专业服务队伍，创新社区治理方法，提升社区治理与服务水平，打造"服务型治理"模式，为我国社区治理与服务创新实验工作的全面推进提供了经验借鉴。坪山区社区治理模式的主要成效如图5-27所示。

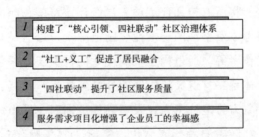

1　构建了"核心引领、四社联动"社区治理体系

2　"社工+义工"促进了居民融合

3　"四社联动"提升了社区服务质量

4　服务需求项目化增强了企业员工的幸福感

图5-27　坪山区社区治理模式的主要成效

1. 构建了"核心引领、四社联动"社区治理体系

坪山区通过党建引领，推动社区治理结构优化，为基层治理厘清各项职责，加强了党在社区的领导核心作用。同时，坪山区坚持系统治理、依

法治理、综合治理、源头治理，按照"党委领导、政府推动、社会运作、群众参与、共建共享"的治理思路，以改善民生为出发点，以深化改革和创新服务为引领，依托社区党群服务中心，有效整合社区、社工、社会组织和社区志愿者在社区治理中的作用和职能，通过"四社联动"实现社区服务的专业化和体系化运作，最终构建了"核心引领、四社联动"社区治理体系。

2. "社工+义工"促进了居民融合

沙湖社区党群服务中心建于 2011 年 7 月。2011 年，坪山区在进行社区治理探索中，由政府出资，通过社会化的方式进行公开招投标，率先在全市实现了社区服务中心全覆盖。

沙湖社区党群服务中心整合了社区原有的资源，其中包括社区图书馆、老年人活动中心等场地资源，以及这些平台上的一些服务项目，如关工委的家长学校、星光老人之家等。

沙湖社区有 2 万余名居民，其中户籍居民 1520 人，来深建设者 1.8 万余人。以来深建设者为主要群体开展社区服务是社区党群服务中心设置的初衷。

为了让更多的来深建设者融入社区，社区党群服务中心设置了睦邻运动项目，通过睦邻舞会、睦邻茶座、睦邻俱乐部等项目逐步将服务惠及更多居民，调动更多居民参与社区公共事务。社区党群服务中心也成了社会组织孵化机构，目前中心已经成功孵化了睦邻舞会、厨艺爱好者协会、登山游园队、乐龄太极协会、愈加美丽瑜伽室、睦邻骑行队、乒乓球协会、乐民歌友会、家长互助联合会、沙湖社区义工服务队 10 个社区社会组织。

带动义工参与社区公共事务，当前，沙湖社区党群服务中心还开展了社区志愿者项目，义工队伍有注册义工 140 多人，其中来深建设者占80%，外来志愿者的参与促进了本地、外地居民的融合。

3. "四社联动"提升了社区服务质量

在坪山区的老坑社区，6 个居民小组户籍居民只有 1040 人，外来人口达 16000 多人。经过几年的服务实践，结合老坑社区自身特点，社区党群服务中心探索出"四社联动"的服务模式。

"四社联动"即以社区为综合服务平台，以社区社会组织为载体依托，以社工为专业支撑，以社区志愿者为协作力量，"四社"合力促进社区服务水平全面提升。

2014年，坪山区为了厘清社区党委和股份合作公司各自的职能定位，率先在深圳推行了社区党委和股份合作公司"政企分离"，推动社区党委回归"党建主业"，明确了社区党委书记兼任股份合作公司监事会主席，同时股份合作公司董事长兼任社区党委副书记，赋予社区党委书记在社区事务上"三项关键权力"，即决策行使权、人事话语权、经费资源支配权。发挥党委集体领导作用，依法加强对股份合作公司监督。

在坪山基层治理改革的背景下，老坑社区实现了政企分离，厘清了社区党委、社区工作站、社区居委会、社区股份合作公司等各治理主体的职能。此外，社区还无偿提供400平方米场地，建立了老坑社区党群服务中心，打造综合性、枢纽型的社区服务平台。

按照"四社联动"的服务模式，老坑社区服务中心借助社会工作的专业性为社区提供高质量的服务。不仅如此，社工还孵化培育了众多社区社会组织，并壮大了社区志愿者的力量。

目前，老坑社区共有志愿者500余名，其中来深建设者占80%，开展的活动有青少年课业辅导、关爱慰问、社区环保、居家探访等，弥补了社工的不足。据统计，志愿服务总时长达6000余小时，共服务社区居民19000余人次，志愿者在社区文化、卫生、治安等方面为居民做了大量好事、实事，成为居民与社区、政府沟通的桥梁和纽带。

4. 服务需求项目化增强了企业员工的幸福感

家德工业园是坪山区马峦街道办事处马峦社区下面的一个工业园区，占地面积12万平方米，现有企业45家，企业规模偏小，主要是电子、玩具、五金等类型的劳动密集型企业，科技含量不高。园区现有员工4000余人，员工文化水平偏低，大多来自外地，流动率高，一般春节前后有接近一半的员工离开，社会管理和社会服务压力较大。

坪山区先后投入了200万元，建设了占地1300平方米的共两层家德党群服务中心，同时加强园区党群组织建设，成立党群组织并开展相关服务工作。

家德工业园经过了"党群共建"和"党群+社工"两个发展阶段。

2011 年，坪山区在原有党群组织的基础上，引入社工团队进驻工业园，发挥党群组织的政治优势和社工的专业优势，按照"阵地一体化运营、服务一体化设计、资源一体化运用"的"三位一体"方法开展服务工作，做到了园区服务专业化、常态化，形成了现在的"党群+社工"工业园区治理"家德模式"。

发挥社工专业优势，结合员工需要，按照"服务需求项目化"的方法，家德党群服务中心构建了员工综合服务体系。

以和谐劳资项目为例，园区针对企业员工劳动法律知识欠缺、自我权益维护能力较低、和企业之间发生劳资纠纷不知道如何处理的情况，让社工发挥就近优势，建立了"党政领导，社会参与，社工服务"的工作方法，遇到劳资纠纷的时候，社工积极介入，做好员工的情绪安抚工作，站在第三方的立场开展调解。2011~2015 年，家德工业园共调解了 168 宗劳资纠纷，其中 85%左右成功解决，而调解不成功的，社工也引导员工到劳动行政部门求助并跟进求助情况。

针对员工就业、工作适应、生涯规划等方面的需要，社工还搭建了员工就业信息服务平台，定期集中发布园区招聘信息，每年在春节和 8 月举办招聘会，举办员工工作生活适应沙龙，让员工在这里可以找到工作并适应工作，降低企业员工流失率，同时链接"农民工上大学、电工、叉车"公益培训资源，实现员工自我成长与能力提升。

通过这种模式的运作，2011~2015 年，工业园的党员志愿服务时间达到 2000 余小时，联系群众 480 余次，累计解决劳资纠纷 168 宗，帮助员工挽回损失 22 万余元。在园区，员不工管遇到什么问题，都能寻求党群服务中心和社工帮助，幸福感得到增强。

五　"龙岗模式"：关注民生微实事，共享社区民生大盆菜

（一）概述

多年来，龙岗区在社区治理中开展了大量创新探索，进一步提升了基层社区公共服务的供给质量。但是龙岗区在关于民生实事的项目实施方面还存在一系列的问题，无法有效回应社区居民的诉求，导致社区居民的认

同度和参与度无法得到有效的提升。

究其原因，是民生工作模式与居民需求在一定程度上"错搭"。过去的民生工作模式是一种传统的"自上而下"的模式，政府推行的民生项目看上去很丰富，有些却不是居民想要的，导致居民对民生服务不知情，政府花费大量资金，但无法获得居民的好评。为摸清居民的实际需求，2014年底，龙岗区通过民生实事问卷调查，抽取了2050个调查样本，发现照明、排水、消防以及环境脏乱差等居民身边的急事、难事问题占居民反映问题的56%（刘波等，2019）。

为了改变这种状况，增强群众的获得感，龙岗区在2015年推出了"社区民生大盆菜"项目。项目的实施以社区居民的需求为出发点，由社区居民自主决定具体实施的项目。区政府给予每个社区200万元经费，包括工程类、服务类、货物类三种"菜"，建立起"居民点菜做菜、政府买单"的工作机制，探索形成了社区居民"我的实事我做主"的社区治理模式。项目在"以问题和需求为导向、民主自治、精准施策"基层治理体系的构建方面进行了有益的探索和尝试。2015年，龙岗区共开展902个民生项目，正式进入了"社区民生大盆菜"的"烹制"阶段，其中工程类项目308个、服务类项目447个、货物类项目147个，项目经费总额为11383.2万元。为更好地推进"社区民生大盆菜"改革，龙岗区出台了《龙岗区"社区民生大盆菜"项目管理暂行办法》和《龙岗区"社区民生大盆菜"项目准入负面清单》，项目遴选流程更加精简，服务类项目也因为贴近社区需要而更接地气，有效保证了"菜品"的质量。

2020年，龙岗区为进一步优化社区民生服务项目，对《龙岗区社区"民生微实事·大盆菜"项目实施办法（修订草案送审稿）》及《龙岗区社区"民生微实事·大盆菜"项目准入负面清单（修订草案送审稿）》、《龙岗区社区"民生微实事·大盆菜"项目专项经费实施细则（修订草案送审稿）》等文件进行了修订，进一步扩大了资金适用范围。

（二）主要做法

龙岗区在基层社区治理及基层社区服务供给的探索中，采用"居民点菜做菜、政府买单"的方式探索推出了"社区民生大盆菜"项目，通过该项目对区、街道、社区三级民生实事进行系统化、规范化和常态化的办理，构建形成了居民"我的实事我做主"的社区治理新格局。作为客家人主要聚居地的龙岗区，在基层社区治理的过程中，以客家文化和客家习俗为出发点，将基层民生实事命名为"大盆菜"，"大盆菜"囊括了客家饮食文化中的各个方面，最大限度地满足不同社区居民的需求。"菜怎么点""菜怎么定""菜怎么做""菜怎么吃"完全由社区居民决定，通过自主选择和自主实施的方式使"大盆菜""色香味俱全"。龙岗区在改革的过程中主要以四个方面的措施调动社区居民的参与热情（见图5-28）（董琳、刘素岑，2022）。

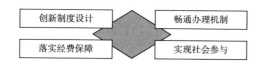

图5-28　龙岗区创新基层社区治理的四大举措

1. 创新制度设计

长期以来，政府主导是民生项目实施的主要模式，在该模式下，民生项目需经历调研、论证、申报、审批、审计等复杂的环节，导致民生项目无法及时回应社区居民的需求和社区民生问题。"社区民生大盆菜"项目的推出从制度层面上实现了从"政府配菜"向"居民点菜做菜、政府买单"转变，对各环节和流程进行不断的优化设计。为确保民生实事的时效性，龙岗区出台了《龙岗区"社区民生大盆菜"项目管理暂行办法》。在项目的实施中，在社区居委会的主导下，发动社区居民，由社区居民共同参与讨论和决定，在提升居委会治理能力的同时，从制度层面确定了社区居民的"话语权"，有效发挥了居民自治在社区治理中的作用。

2. 落实经费保障

为确保"社区民生大盆菜"项目的顺利实施，区财政以年度预算的方式提供资金，坚持遵循"专项核算"和"于法有据"的资金管理原则。结合基层社区治理及服务供给的需求，龙岗区为全区每个社区提供200万元的项目资金，主要用于社区基础设施的建设和社区环境的优化，同时为居民提供相应的社区服务。龙岗区针对"社区民生大盆菜"项目专项资金开通绿色审核通道，确保项目资金到位的时效性。

3. 畅通办理机制

在"社区民生大盆菜"项目的实施中，首先由社区居委会广泛听取社区居民的意见和建议，确定"社区民生大盆菜"项目的具体内容，然后由社区和谐共建促进会通过民主协商的方式进行筛选，街道负责召集相关领域的专家对项目进行评审和论证，由街道办事处确定项目实施主体。"社区民生大盆菜"项目在整个实施过程中按照"四公开"的基本原则，即项目确定、过程、结果和评价向社区公开，接受社区居民的全程监督，全方位提升项目实施质量。龙岗区提出，在相关法律和政策的基础上，鼓励各街道结合实际情况进行工作方式和工作手段的创新，积极调动社区居民参与，拓宽社区居民的参与渠道，确保社区居民有效行使"话语权"。

4. 实现社会参与

龙岗区"社区民生大盆菜"项目在各个环节均要求由多主体共同参与。在项目实施的各个环节，积极鼓励和倡导社区居民参与，同时鼓励驻社区企业以及各类社会组织积极参与项目的决策和实施。借助各种渠道，采用多元化的方式，通过大力宣传吸引了大量企业和社会组织参与，实现了社区资源的优化配置。同时龙岗区在项目实施的过程中，采用以奖代补的方式，充分发挥财政资金的杠杆作用，有效带动了社会力量的参与，形成"以项目带项目，以资金助资金"的"蝴蝶效应"。

（三）主要成效

龙岗区在2015年推出"社区民生大盆菜"改革项目，通过该项目的实施有效解决了社区居民急难愁盼问题，同时通过该项目的实施有效激发了社区居民参与社区治理的积极性和主动性，充分巩固了社区居民的主体性地位，实现了基层治理方式的转型升级，该项目的实施引起了良好的社会反响，成效显著。在由民政部组织的"2015年度中国社区治理十大创新成果"遴选活动中，龙岗区"民生大盆菜"项目获"2015年度中国社区治理十大创新成果"，项目的实施为我国社区治理提供了宝贵的经验。

2015年，龙岗区通过制度设计、流程优化，推出"社区民生大盆菜"

项目，通过项目的实施有效解决了社区居民的问题，获得了居民的认可。同时通过"社区民生大盆菜"项目的推广，有效激发了社区居民参与社区治理的活力，在基层社区治理中取得了显著成效。

　　自"社区民生大盆菜"项目实施以来，龙岗区通过大范围的宣传和带动，激发了社区不同主体参与社区治理的积极性和主动性，建立了社区服务供给的多元化发展机制。当前龙岗区已推出多批次的"社区民生大盆菜"项目，通过大范围的项目实施激发了基层社区治理主体的活力，建立了全民参与的常态化机制。"社区民生大盆菜"项目的实施对构建现代社会治理体系具有重大的创新价值，具体如图5-29所示。

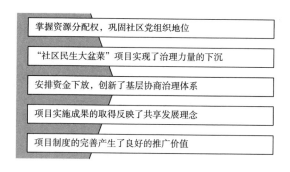

图5-29　实施"社区民生大盆菜"项目的意义

　　1. 掌握资源分配权，巩固社区党组织地位

　　龙岗区推出的"社区民生大盆菜"项目采用党组织引领下的基层协商治理模式，实现了由"政府配菜"向"居民点菜做菜、政府买单"的华丽转变。

　　社区居委会主动向社区居民征集需求，征集具体的项目，由社区和谐共建促进会针对所申报的项目进行协商评审，确定最终的申报项目。社区居民参与"社区民生大盆菜"项目的实施和验收工作，并且全程对项目进行监督。"社区民生大盆菜"项目的实施使社区居委会充分发挥了其"枢纽、议事、监督、服务"等方面的功能，同时强化了社区工作站、社区和谐共建促进会的职能，拓宽了参与途径，为实现"我的实事我做主"的社区自治目标奠定了基础。

2. "社区民生大盆菜"项目实现了治理力量的下沉

"社区民生大盆菜"项目的实施采用社区居民"点菜做菜"的方式，急居民所急，想居民所想，实现社区居民事务系统化、规范化和常态化办理，项目的实施真正体现了以人为本的理念，实现了居民自主管理、自主服务的目标。通过"社区民生大盆菜"项目在实施过程中不断优化升级，实现了从"我的实事我做主"向"我的社区我做主"的转变。

从"社区民生大盆菜"项目的具体实施来讲，由居委会结合社区的实际情况向居民征集，由社区和谐共建促进会对项目进行表决，由街道召集相关领域的专家对项目进行评审，并且负责项目的落地。"社区民生大盆菜"项目在整个实施流程中按照"四公开"的基本原则，即项目确定、过程、结果和评价向社区公开，接受社区居民的全程监督。各街道在全区统一安排的基础上，结合街道实际积极进行创新探索，鼓励部分条件成熟的社区按照社区实际自主实施"社区民生大盆菜"项目，通过项目的实施真正实现了社区居民"自我管理、自我服务、自我教育、自我监督"。

3. 安排资金下放，创新了基层协商治理体系

"社区民生大盆菜"项目是龙岗区社区治理的重要创新探索，该项目的实施充分体现出社区治理中"法治""自治""共治"的特点，实现了"政府为民做主"向"政府与民共建"的重大转变。

为确保"社区民生大盆菜"项目的实施，龙岗区在该项目实施中遵循"专项核算"和"于法有据"的基本原则，每年由区财政为每个社区提供200万元的专项资金，并建立绿色审核机制，确保资金及时到位。

4. 项目实施成果的取得反映了共享发展理念

党的十八届五中全会确定了"创新、协调、绿色、开放、共享"的发展理念，提出在五大理念的引导下实现我国社会发展模式的转变。龙岗区"社区民生大盆菜"项目的实施充分体现出以人为本、人民至上的理念，是龙岗区贯彻落实共享发展理念的重要举措，该项目的实施有效提升了社区服务质量。

龙岗区"社区民生大盆菜"项目以居民需求为导向，整合各类资源，凝聚各方力量解决社区居民急难愁盼问题。"社区民生大盆菜"项目以解决社区居民日常小事、急事、难事为重点。例如，修缮社区道路、修建广场、绿化种植、教育讲座、文化活动等。龙岗区通过"社区民生大盆菜"项目的

实施，修缮道路 41263.6 平方米、铺设草皮 10077 平方米；举办教育讲座 2409 场、文化活动 1748 场，参与人数分别为 53994 人次和 117747 人次；为社区采购文化用品 28210 件（个）和便民设施设备 4578 件（个）。

5. 项目制度的完善产生了良好的推广价值

（1）形成了一系列行之有效的规章制度

龙岗区为进一步推动"社区民生大盆菜"项目的有效落地，制定出台了《龙岗区"社区民生大盆菜"改革项目管理暂行办法》和《龙岗区"社区民生大盆菜"改革项目专项经费实施细则》，从制度层面明确了"社区民生大盆菜"项目的实施机制，同时下发了《龙岗区社区民生实事大盆菜改革方案》，进一步明确了"社区民生大盆菜"项目的实施办法及流程，确保"社区民生大盆菜"项目能够得到落实。

（2）形成了高效的资金拨付流程

"社区民生大盆菜"项目由街道根据实际情况向区民政局提交资金拨付申请，区民政局在收到申请 5 个工作日内完成审核，召开专门的工作会议进行审定，对于审定通过的资金申请，由区财政局在 15 个工作日内按照资金申请情况进行资金拨付。

（3）形成了坚实的社区群众参与基础和居民自治局面

"社区民生大盆菜"项目的实施以居民需求为出发点，由社区居委会等社区组织负责实施，该项目的实施进一步强化了社区居委会、社区和谐共建促进会等社区基层组织在社区治理中的功能和价值。

六　"宝安模式"：党委核心带动的"一核六体系"治理模式

（一）概述

党的十九大报告明确提出推动社会治理重心下移，充分发挥社区组织功能，构建新型社区治理体系，在基层社区治理中实现政府、社会、居民的协商治理和良性互动。

深圳市宝安区共有 124 个社区，社区人均人口为 2.4 万人，其中大部分为非户籍人口，非户籍人口数量占比高达 90%，非户籍人口规模庞大对宝安区城市社区治理提出了巨大的挑战。

　　宝安区在城市社区治理的实践探索中，以党的十九大精神为指导，结合基层治理难点、痛点、堵点，以问题为导向，探索强化社区党建引领社区治理的有效路径，全面推进以社区党委为龙头的现代化社区治理体系建设，持续推进基层治理体制机制创新。

　　2018 年，宝安区下发《关于进一步加强现代化社区治理体系建设的实施方案》，在社区治理体系的建设中提出定位、定责、定员、定岗、定费、定薪的"六定"目标，积极整合社区资源，全力打造"一核六体系"（见图 5-30），即以社区党委为领导核心，打造职能架构体系、网格管理体系、力量下沉体系、社会责任体系、人才支撑体系和经费保障体系，构建社区现代化治理的宝安模式（杨浩勃，2016）。

一核：强化社区党委领导核心

规范的职能架构体系	1	4	多元的社会责任体系
精细的网格管理体系	2	5	职业的人才支撑体系
扎实的力量下沉体系	3	6	科学的经费保障体系

六体系

图 5-30　"一核六体系"

　　1. "一核"

　　强化社区党委在社区治理中的领导核心地位，要求进一步明确社区党委在社区治理中的定位，强化社区基层党组织的运行机制以及社区党组织的功能和职能。

　　2. "六体系"

　　构建规范的职能架构体系："定位、定责、定员、定岗、定费、定薪"，把社区党委做实、做硬、做强，打造成"准街道办"。

　　构建精细的网格管理体系：推动"1+1+6"队伍力量下沉，下沉队伍包含综合巡查、综合整治、安监、交通、治安、消防、市场监督，优化网格化智慧管理，微小事件即巡即办，集中力量排查整治重点隐患。

构建扎实的力量下沉体系：包括推动区直机关、街道力量下沉，开展"五员"进社区活动，理顺下沉人员管理体制，完善下沉人员考核激励机制，提升下沉人员工作效能。

构建多元的社会责任体系：包括明确社区股份合作公司角色定位，落实工厂企业、物业管理公司等社会主体的责任，加强楼栋长队伍建设，搭建履责平台，对不履责的社会主体严格依法查处，搭建社区党校等平台宣传社会主体责任。

构建职业的人才支撑体系：包括制定《宝安区社区专职工作者管理办法（试行）》，从岗位设置、岗位职能、薪酬体系等方面做出明确的规定，同时要求加强社区专职工作者业务培训。

构建科学的经费保障体系：包括完善社区经费管理运作机制，提高社区经费保障水平，加强社区"民生微实事"经费保障。

建设以社区党委为龙头的现代化社区治理体系，是落实习近平新时代中国特色社会主义思想和党的十九大精神的宝安实践，是宝安各社区在政企分离大背景下做实基层治理的必要举措。宝安以社区党委为龙头的现代化社区治理体系基本成熟，基层治理实现"实时、泛在、善治"，共建共治共享的社会治理格局基本成型。

（二）主要做法

宝安区创新社区治理的举措如图 5-31 所示。

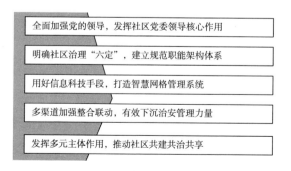

全面加强党的领导，发挥社区党委领导核心作用

明确社区治理"六定"，建立规范职能架构体系

用好信息科技手段，打造智慧网格管理系统

多渠道加强整合联动，有效下沉治安管理力量

发挥多元主体作用，推动社区共建共治共享

图 5-31　宝安区创新社区治理的举措

1. 全面加强党的领导，发挥社区党委领导核心作用

为彻底扭转社区党委"偏虚偏软偏弱"的局面，2018年，宝安区出台《宝安区关于落实社区党委"四项权力"强化工作保障机制的办法（试行）》，为巩固基层党委的领导核心地位，提出29条具体措施；制定社区党委、工作站"89+1"工作清单，除清单之外的事项，在下放社区之前需报送区党委进行集体研判，实行"费随事转"；落实人、权、财、物等重心下沉社区，为社区党委发挥核心作用提供雄厚的资源保障；建立社区队伍管理"三会"制度，即每日小结会、每周碰头会、重大事件研究会，强化社区各支队伍联动，及时研究解决社区治理的突出问题隐患。

2018年5月，宝安区委组织部与宝安区住建局联合印发《宝安区关于开展住宅物业小区党建试点的工作方案》，结合新时代基层治理创新工作，在每个街道选取试点，建立以社区党委为核心、小区党支部为桥梁、业主（租户）公约为纽带、权责利对等的新型物业模式，推动党组织建设与物业全覆盖紧密结合。不断扩大党组织覆盖面，开展"党建进小区"行动，选择条件成熟的18个物业小区建立党组织，将社区党建向小区党建延伸，把党组织的战斗力下沉到小区中，把党员先锋模范作用发挥在居民家门口。成立社会组织党组织100个，分类划归社区党委管理；在全市率先打造"党建百强企业"品牌，已评选出72家"党建百强企业"，实现党建强企、党建兴企（林清新、陈家喜，2019）。

宝安区还构建了三级党群服务体系，依托1个区级服务中心、30个街道级服务中心、124个社区党群服务中心、N个社会组织和园区企业、商会等党支部，建立宝安区"党建+360度"服务联盟，向全区党员群众提供综合性服务，明确服务基层是基层党组织的工作重心。

自2018年开始，宝安区每年投入5000万元设立基层党群服务专项资金，积极引导鼓励基层组织按照规定和要求申报"党建+"项目，通过整合多元社区力量形成360度项目清单。2019年，专项资金资助174个特色项目，涵盖民生服务、组织、文化、研究、救济等多个领域，服务人群涉及包含外来务工人员的不同群体，其中民生服务类项目85个，占项目总数的49%，资助金额为2168万元，700万人次从中受益。

2. 明确社区治理"六定"，建立规范职能架构体系

实现基层治理"实时、泛在、善治"，必须把大量资源下沉到社区。依托科学雄厚的资源保障，社区才能更好地为群众提供精准有效的服务和管理。

宝安区2018年一号文件《关于进一步加强现代化社区治理体系建设的实施方案》中提出在现代化社区治理体系建设中要强化党对社区治理的领导，提出定位、定责、定员、定岗、定费、定薪"六定"和构建"一核六体系"的社区治理目标。宝安区通过理顺社区治理体制机制、力量下沉等多种措施进一步强化了基层党组织在社区治理中的领导地位，加快构建以社区党委为龙头的现代化社区治理体系。

宝安通过特色的社区"六定"（见图5-32），明确社区党委地位，规范社区运作的关键要素。

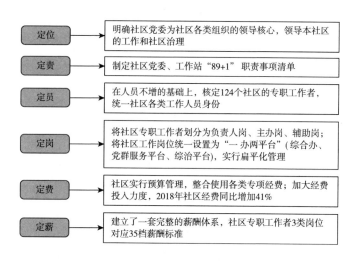

图5-32　宝安特色的社区"六定"

"六定"让社区党委吃下了"定心丸"，扭转了过去社区党委"偏虚偏软偏弱"的局面，以制度来确保基层党组织的领导核心地位，进一步强化基层党组织在社区治理中的领导力和号召力。

3. 用好信息科技手段，打造智慧网格管理系统

在基层治理中，把社区网格做深做细做透。宝安区以社区为单元深入实施网格化智慧管理工程，形成"1（区）+10（街道）+124（社区）+4833（基础）"的四级网格体系，由网格员对13类150项事项进行综合巡查，通过智慧管控系统分拨到相关部门进行综合整治，安监、消防、交通等专业部门负责专业巡查及后续整治。推行微小事件简易程序，由网格员对微小事件当场办理或督促责任主体整改，整改完毕后由网格员现场核查后结案；对未整改、部分整改或整改又反复的，分拨至相关处置部门强力整治。

在打造精细的网格管理体系过程中，宝安区坚持"制度+科技+责任""巡办分离、采办联动""整建结合、共建共享""三个第一"四项原则，利用大数据平台和信息科技手段，建立科学有序的网格管理闭环流程；建立巡、拨、办、督模式，推行巡查整治联合行动，既抓隐患整改，又抓源头建设，做到问题隐患第一时间发现、第一时间解决、第一时间处置。推行"大巡查、大智慧、大执法、大诚信、大参与"五项机制，以综合巡查"一员一格"+专业巡查"一员多格"方式，通过"1+10+N"智慧管控指挥体系分拨，促进各主体分类分级处理，将社会主体相关事件隐患及整治信息纳入诚信系统，吸引各界力量共同治理。

4. 多渠道加强整合联动，有效下沉治安管理力量

开展"五员"进社区，实施"基石工程"，推动"1+1+6"队伍下沉。宝安区多管齐下，推动全区各级领导、各类主要整治队伍力量集中下沉到社区，使社区党委有资源、有条件、有能力更好地服务群众，力争把问题、难点、矛盾解决在一线。

（1）"五员"进社区

"五员"进社区中的"五员"为区机关处级以上干部、党代表、人大代表、政协委员、街道正科级以上干部，"五员"队伍按照职能分工每周定期走访指定的社区，开展政策宣讲，化解矛盾纠纷，密切党群关系。

（2）"基石工程"

"基石工程"是选派区、街道33名优秀干部（其中区10人、街道23人）到社区担任第一书记或第一副书记，主要承担加强社区党的建设、提升社区现代化治理水平、协调解决一批突出问题、推动社区集体经济健康发展等"四大任务"。

（3）"1+1+6"队伍下沉

"1+1+6"队伍共组建 10419 名来自不同部门的人员下沉社区。同时建立下沉队伍管理"三会"联动机制（每日小结会、每周碰头会、重大事件研究会）、权重考核机制（辞退建议权、警长建议权）、包挂协调机制，强化社区党委对下沉队伍的管理使用。

5. 发挥多元主体作用，推动社区共建共治共享

宝安区通过明确责任主体、明确责任内容、强化责任告知、强化责任担当，充分调动全体宝安群众和各类社会主体共同参与社区治理，逐渐构建起共建共治共享的社会治理格局。

宝安区有 124 个社区，每个社区各有特点，宝安区鼓励各社区在现代化社区治理体系大框架下，结合实际进行探索创新，采取有效的举措解决社区的实际问题（杨浩勃等，2020）。

> 新安街道推广成立协商共治联合会，构建"一核多元"的社会治理体系；
> 西乡街道实施"五化三转"，筑牢安全生产防火墙；
> 航城街道强化队伍联动，建立并完善下沉队伍联动五大机制；
> 福永街道铺开党员自有物业"一承诺五带头"制度；
> 福海街道制定 8 类行业 270 条自查规则，督促企业和业主落实安全生产主体责任；
> 沙井街道实行社区"两委"干部包干制；
> 新桥街道以"4+8"社区共治联盟推动居民自治良性互动；
> 松岗街道探索构建"一格多元"网格管理体系；
> 燕罗街道以"党建+特色文化"促进社区和谐发展；
> 石岩街道打造"巡办分离、一体运作"工作机制等。

（三）主要成效

2018 年以来，宝安区在社区治理的探索中强化社区党委的领导核心作

用，多措并举构建形成了社区共建共治共享的"宝安样本"。以社区党委为龙头的现代化社区治理体系基本成熟，共建共治共享的社会治理格局基本成型。其主要成效如图 5-33 所示。

强化了社区党委领导核心作用

加强了社区工作者队伍建设

创新了社区治理机制

强化了社区治理保障

图 5-33　宝安区社区治理的主要成效

1. 强化了社区党委领导核心作用

社区党委政治领导力全面强化，29 条措施充分保障社区党委行使"四项权力"。

工作掌控力显著增强，社区党委充分落实"实时泛在"属地功能，能够对辖区各类事件第一时间掌握、第一时间反应、第一时间到位。

资源统筹力大幅提升，社区党委平均可以直接调动 120 多名人员力量，统一支配原来分布在各业务部门的经费，统筹使用党群服务中心等一批阵地。

党的覆盖更加深广，党组织设置不断优化，分类将社区治理主体划归社区党委管理；社区集体经济组织党建力度加大。

社区纪委监督全覆盖，"一社区一纪委"推动全面从严治党向基层延伸。

2. 加强了社区工作者队伍建设

社区"带头人"队伍综合素质提升，带领社区工作人员顺利完成安保、创建文明城市、股份合作公司换届等硬任务。社区"两委"委员学历均有提高。专职工作队伍管理严格，坚持用制度管人管事，人员招聘、岗位管理、培训考核等一系列办法让工作有章可循、有据可依。鼓励各社区减员增效，减人不减经费，激发了广大社区干部的干事热情。

3. 创新了社区治理机制

权责边界清晰，明确了社区与街道、社区与下沉队伍的职责边界。"一办两平台"的扁平化架构运作顺畅，在社区治理机制的建设方面实现了党群工作与服务群众、智慧建设与综合治理有机结合。宝安区在社区治理的创新实践中，管理精细高效，微小事件即巡即办，物业高水平全覆盖，安全隐患整治效率明显提升，社区环境更加安全有序，各方协同有力，压实各类社区主体的责任，社区居民主动参与、共守公约，共同打造共建共治共享的社会治理格局。

4. 强化了社区治理保障

宝安区从阵地建设、经费投入、人员下沉、后勤服务等方面给予社区治理充分保障，真正推动人往基层走、钱往基层投，使社区党委有人、有钱、有物，有效确保社区党委的领导作用，引领社区治理的方向，精准地为群众提供服务。

第三节　深圳城市社区治理现代化的实现机制

深圳市社区治理现代化的实践形成了中国城市社区治理现代化的深圳模式和深圳机制。从治理主体、治理机制、治理内容、治理方式、治理手段和治理队伍等层面形成了深圳市社区治理现代化的实现机制。通过分析总结深圳市各区社区治理的模式和经验，探索深圳市社区治理现代化的实现机制，能够为我国城市社区治理的创新发展提供有效的理论机制，如图5-34所示。

一　治理主体：由单一主体治理向多元共治转型

深圳在城市社区治理的实践探索中，逐渐由传统的单一主体治理转向党委领导下的多元主体治理机制，形成了多元共治的格局，如图5-35所示。

从治理主体来看，社区治理从城市更新前党政主导的单一权威主体治理走向以党政为主、辅之以多元主体的协同治理。城市改造前，在原来村

评价、反馈
党群服务中心
社区工作站
社区居委会
社会组织
驻社企业
社区业委会
治理主体
制度化
法治化
领导机制
流程机制
协商机制
监督机制
保障机制
信息化
平台化
精细化
专业化
信息化工程
织网工程
人才工程
参与式、互动式
服务化
转型
共建共治共享
社区
事务
居民议事会
资源优化配置
四议两公开

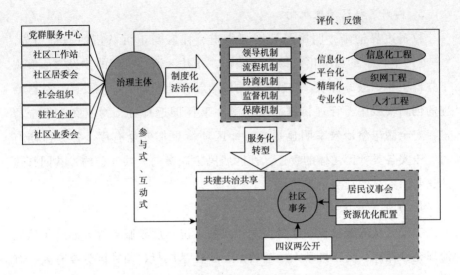

图 5-34　深圳市社区治理现代化实现机制

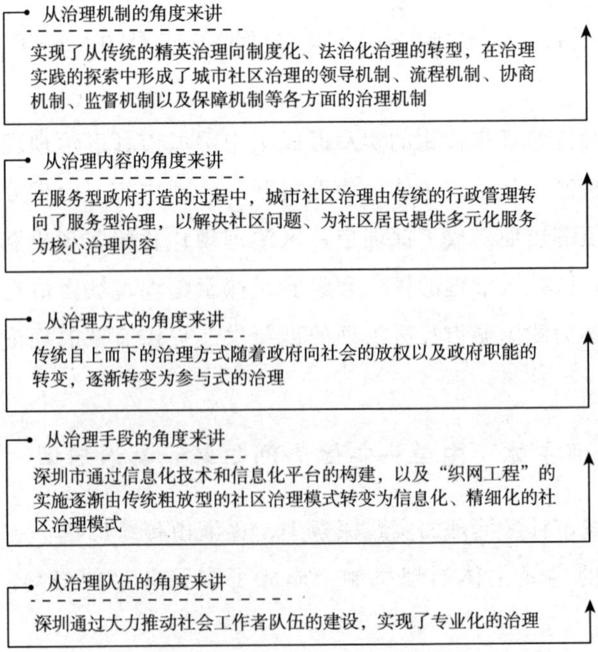

从治理机制的角度来讲
实现了从传统的精英治理向制度化、法治化治理的转型，在治理实践的探索中形成了城市社区治理的领导机制、流程机制、协商机制、监督机制以及保障机制等各方面的治理机制
从治理内容的角度来讲
在服务型政府打造的过程中，城市社区治理由传统的行政管理转向了服务型治理，以解决社区问题、为社区居民提供多元化服务为核心治理内容
从治理方式的角度来讲
传统自上而下的治理方式随着政府向社会的放权以及政府职能的转变，逐渐转变为参与式的治理
从治理手段的角度来讲
深圳市通过信息化技术和信息化平台的构建，以及“织网工程”的实施逐渐由传统粗放型的社区治理模式转变为信息化、精细化的社区治理模式
从治理队伍的角度来讲
深圳通过大力推动社会工作者队伍的建设，实现了专业化的治理

图 5-35　多元共治的格局

委会管辖的区域和自然村落，社区治理主要实行以居民委员会为主导的"议行合一"制度，居民委员会、社区股份合作企业直接担负很多的行政职能与关键的社区管理职能（徐道稳，2014）。

2002～2004 年，深圳市再一次细分全市社区结构，再一次转变社区规模，在这一基础上，还建立了社区综合党组织，社区综合党组织逐渐成为社区建设的领导。

深圳市在 2015 年底，颁布了社区党建规范化管理发展的有关文件，进一步明确了社区党委的领导核心作用。

2016 年 4 月，深圳市将所有的社区服务中心正式改名为社区党群服务中心，要求党群中心在党委的管辖下，对社区治理力量及社区治理平台进行整顿，构建多元化主体参与的城市社区治理机制。

至此，深圳基本构建了以社区党委为核心，社区工作站、居委会、业主委员会等不同主体参与的"一核多元"社区治理格局。

二　治理机制：由精英治理向制度化、法治化治理转型

改革开放前及改革开放初期，乡村精英治理成为普遍现象，村落的政治精英（如村主任、村支书）和经济精英（如社区股份合作公司董事长）凭借其超人的胆识、卓越的领导能力和资本优势，几乎垄断了村庄公共事务的决策、指挥、协调、控制等，成为名副其实的村庄"当家人"，这种"贤人政治"做了大量有利于村民的村庄治理工作，为乡村社会发展做出了巨大贡献。但随着城镇化的快速推进，精英治理面临村民自治难以推进、村务公开虚化、精英谋利化等挑战，在依法治国的大背景下，治理方式需要标准化、流程化、透明化、诚信化、多元化等。该治理模式的民主化以及标准化重点彰显在下述两个方面。

建立健全多主体协商机制，更多运用协商方式、合作方式，实现基层民主协商多样化、社区协商规范化。

坚持依法治理，推进公权力运作程序化、规范化。2015 年，深圳市民政局印发《深圳市社区居民议事会工作规程》，作为社区的主要议事机构，社区居民议事会成为社区居民参与社区治理的有效载体。随着深圳社会治理的推进，全市各区的居民议事机构近年来蓬勃发展，创新成果丰硕。社

区重大事项决策"四议两公开"制度创新了深圳社区治理机制（彭姝，2018）。

三 治理内容：由行政管理向服务型治理转型

在计划经济时期，城市社区治理的内容以行政管理为主，如维稳、户籍管理、计划生育等，较少涉及自治和社区服务。在城市更新背景下，随着社会管理向社会治理的转型以及社会工作的迅速发展，社区治理方式逐渐转变为服务型治理（刘敏，2018）。

（一）服务型治理的运作特点

在服务型治理中，政府致力于打造服务型政府和责任性政府，社会组织承接政府提供公共服务的职能，政策和社会资源向社区内生活困难群体、特殊群体与有需要人士等倾斜，解决他们的生活问题及发展问题。借助社会组织所提供的专业服务，服务对象能够应对主要生活问题，社会组织的专业服务能够推进政府、社会、社会组织与服务对象之间的相互交流、协调，促进社会领域尤其是社会保障领域良好公共秩序的形成。

（二）服务型治理的特殊优势

在建立当代国家治理制度、提升社会整合能力层面，服务型治理有其特殊的优势。深圳自 2011 年开始探索建立社区服务中心模式，以专业社会工作推进社区服务，2016 年社区服务中心更名为社区党群服务中心。在此基础上，2016 年 9 月，深圳市民政局出台《深圳市社区党群服务中心政府购买项目服务标准》，进一步明确了"5 项基础公共服务、1 项特色公共服务、2 项外部合作项目服务"的"5+1+2"模式，基本涵盖了特殊人群需求和普通居民需求，服务人群、内容覆盖范围不断扩大。服务型治理模式的形成实现了以服务带动社区治理的新局面，通过提升社区公共服务的供给数量及质量，促进社区的有序、和谐发展。

相关链接

深圳市社区党群服务中心政府购买项目内容建议

表1　社区助老基础公共服务内容建议

服务大项	服务要求	服务细项
特殊老年人服务	为社区内经济生活困难、独居、失独及空巢老年人提供入户探访、个案及群体性服务	（1）为社区内每位困难、独居老人建立服务档案和跟踪服务记录 （2）为遇到重大或紧急生活困难的老人提供关爱及辅导服务 （3）为有需要的失独老人提供各种关爱服务 （4）为有需要的空巢老人提供支持和关爱服务（如定期探访、居家安全防护等） （5）为有需要的老年人提供资源链接和转介服务
普通老年人服务	为社区老人提供文体娱乐、心理慰藉、生活照料、社会参与、社区融入、家庭协调等服务	（1）为老年人提供健康管理、疾病预防、老年人优惠政策咨询与宣讲服务 （2）老年人生活适应和心理健康辅导 （3）培育老年人文化体育类兴趣团体，提供活动场所 （4）促进老年人自我价值发挥、服务和融入社区 （5）老年人社会交往及再社会化服务 （6）老年人家庭支持及社区互助网络建设 （7）开展促进新随迁老年人社区融入的各类团体或社区活动 （8）其他符合社区老人需求的相关服务活动

表2　社区妇女、儿童青少年及家庭基础公共服务内容建议

服务大项	服务要求	服务细项
儿童青少年成长支持服务	促进儿童青少年身心健康成长	（1）儿童青少年心理健康教育活动及心理辅导活动（含青春期教育、生活方式与人际交往辅导等） （2）儿童青少年社会实践活动及社会参与、服务意识培养服务 （3）儿童青少年卫生与安全教育活动 （4）四点半学校 （5）儿童青少年素质拓展训练活动 （6）儿童青少年互助与支持网络建设
妇女身心健康发展服务	促进社区妇女身心健康的发展	（1）女性身心卫生健康、社会交往课程 （2）女性职业技能提升 （3）婚恋育儿观念与知识培训指导 （4）女性心理、情绪减压与疏导服务 （5）构建妇女支持与互助网络

续表

服务大项	服务要求	服务细项
家庭关系促进与辅导支持服务	促进家庭关系与家庭成员心理的健康发展，促进社区家庭间的互动与支持	(1) 婚姻、亲子教育与家庭生活教育 (2) 婚姻法律知识、防家暴法律知识等宣传教育 (3) 隔代教养问题 (4) 夫妻、亲子、婆媳等家庭关系协调与辅导 (5) 构建邻里家庭互助与支持网络
妇女、儿童青少年特殊群体与特殊家庭针对性服务	为社区内妇女、儿童青少年特殊群体与特殊家庭提供能够满足特定需求的针对性服务	(1) 陷入困境家庭社会支援服务 (2) 儿童青少年偏差行为矫正服务 (3) 弱势儿童青少年维权、保障服务 (4) 单亲家庭帮扶或关爱服务 (5) 反家暴服务

表 3　社区发展基础公共服务内容建议

服务大项	服务要求	服务细项
社区团结、融合与互助	培养社区居民邻里互助的社区氛围，协调社区各类关系，形成稳定、和谐、团结、友爱的社区关系	(1) 邻里关系协调；社区各种组织间关系协调；社区各类群体间关系协调 (2) 居民自助互助意识和能力培养 (3) 关爱来深建设者及其子女 (4) 社区适应、融入和融合促进服务 (5) 居民自助互助团体和社区公益性社会组织的孵化培育与管理 (6) 社区公共服务需求调查、居民身心状况调查以及政策宣导
社区义工队伍建设	建立社区义工队伍，鼓励居民积极参与志愿服务	(1) 义工招募与培训 (2) 组织实施义工服务项目 (3) 义工督导、激励与评估 (4) 提供义工资源对接服务

表 4　结合社区特点自主开展的特色公共服务项目内容建议

服务大项	服务要求	服务细项
药物滥用、社区矫正人员服务	促进药物滥用者、社区矫正人员回归正常生活，减少社会冲突，推动构建良好社区环境，促进社会关爱与接纳	(1) 情绪与压力管理 (2) 心理援助与社会支援服务 (3) 社会功能恢复与发展 (4) 家庭关系调适与治疗 (5) 人际交往及社会融入 (6) 禁毒及预防犯罪知识普及 (7) 提供相关法律政策咨询与援助 (8) 为有需要的个人提供转介服务 (9) 社区关爱及社区接纳氛围的营造

续表

服务大项	服务要求	服务细项
残疾人与特困人员服务（社区有此类人员 20 人及以上的）	为残疾人及特困人员提供必要的救助服务，整合社区资源，提供物质、经济等援助，提升困难群体的生活水平和质量	（1）社会救助政策讲解与咨询 （2）经济援助及紧急支援 （3）心理援助与社会支援服务 （4）家庭探访及个案管理服务 （5）失业困难人员就业技能培训与辅导 （6）减压、情绪与心理辅导 （7）精神患者及其家属服务 （8）结对帮扶与邻里关爱 （9）为有需要的个人提供转介服务 （10）政策倡导与社区环境改善，家庭及社区支持网络建议
优抚对象服务	为退役人员提供生活适应辅导；对军人及家属、烈属提供关爱与支持服务	（1）优抚对象建档和跟踪服务记录 （2）优抚家庭定期走访、慰问，为有需要的个人提供转介服务 （3）提供优抚政策咨询服务 （4）开展新退役人员社会适应辅导 （5）促进退役人员人际交往，以及社区适应、融入 （6）帮助新退役人员就业 （7）为有特殊困难的退役人员提供支援服务 （8）为经济及生活困难的军人、军属、烈属提供支援服务
社区营造与发展	整合资源，联合社区各种力量，促进社区发展	（1）社区需求表达机制建设与实践 （2）居民社区参与意识和能力培育服务 （3）利用社区资源、组织社区各种力量，举办各类社区大型活动 （4）社区发展相关的政策倡导 （5）挖掘、培育和传承社区文化，打造社区品牌服务
社区危机介入和社区公共事件应急援助	对社区内发生的公共危机事件进行主动介入，以及发挥资源平台作用，减轻社区公共事件造成的伤害	（1）社区内发生的公共危机事件的评估和介入服务，并及时向相关部门报备 （2）提供场地、设施及人力支持，配合和协助有关部门做好社区公共事件的应急与援助工作 （3）联合专业力量，宣传和普及社区防灾减灾知识和培养居民自我紧急救助能力 （4）配合或协助有关部门开展社区内发生的其他紧急公共事件服务
其他特色服务	符合社区需求的，中心利用各种资源自主开发的其他特色公共服务项目	运营机构以社区需求为本，根据自身优势开发的专业性较强的特色服务项目

表5　通过中心平台引入或开展的外部合作类服务项目建议

服务大项	服务要求	服务细项
社区民生微实事服务类项目	结合社区的特定需求，在街道和社区党委的领导下，开展或配合开展社区民生微实事服务类项目	（1）从市、区、街道民生微实事服务项目库中选取服务类项目，或根据居民需求自主申报服务项目，街道按程序审批后予以实施 （2）为其他承接民生微实事服务类项目的组织开展服务提供必要的支持，发挥平台作用（如社区需求表达、服务对象链接、公共场地资源对接等）
其他政府部门购买的服务项目	其他政府部门以中心为平台，以社区需求为本，增加购买的其他服务类项目	项目须围绕增进社区居民的福祉及解决社区问题开展，服务内容和服务量与购买方另签合同予以约定，不得与社区党群服务中心所选的5项基础公共服务及1项特色公共服务重复
与其他公益性社会组织及企业合作类项目	中心利用社区平台，引入其他公益性社会组织或企业的资源共同开展的服务项目	中心开展的此类合作项目，需体现中心吸引社会资源的优势和能力，所开展的服务项目是有利于解决社区问题和满足社区居民公共服务需求的项目，不能以商业经营为目的

表6　社区党员服务内容建议

服务大项	服务要求	服务细项
党的政策宣传	协助开展党的理论方针政策宣传教育工作	开设党的建设宣传栏，开展政策宣讲与学习活动
党员服务	发挥党员模范作用，协助策划党员服务群众活动	（1）为党员志愿者服务活动提供支持 （2）结合"七一"等节日，配合策划开展主题党日活动
党员教育管理	协助开展党员教育，增强党员党性观念	（1）协助提供党务咨询和帮助 （2）协助开展党员远程教育 （3）协助开展党课等党员学习教育活动 （4）协助开展党史党建宣传片、先进典型宣传片展播活动等

四　治理方式：由自上而下向参与式治理转型

社区作为国家治理的基本单元，是国家权力、功能实现的路径，传统管理体制下的城市社区治理是权威式治理，表现出高度的政治化与行政化的特征。随着深圳社区管理体制改革的推进，社区治理逐渐从权威式治理向参与式治理转型。

（一）参与式治理的特点

参与式治理注重各利益方主动地融入同自身利益密切联系的活动与决策中，利益方主要涵盖个人、社团、企事业单位、社区等。参与式治理基于内容而言已经完成了治理目标、结构以及方式等的改革。参与方式重点彰显主体来自不同领域，重视个人以及相关组织的加入，绝不只是单方面的管理，而是全方位的行政管理。

（二）参与式治理的成效

经过多年的改革探索，深圳市基层社区治理的主体更丰富，构建了由居民、党委、工作站、业主委员会等相关主体共同参与的社区治理体系，初步形成了"一核多元"的社区治理格局。随着社区治理主体的多元化，深圳社区建设的内容体系也逐步明晰，在当前形势下，大致形成了社区党建、社区管理、社区自治、社区服务"四位一体"的社区建设内容体系。

五　治理手段：由粗放型向信息化、精细化转型

传统的社区管理更多强调政府的主导型角色和管理经验。在城市更新过程中，面对流动人口增多、管理服务效率低下等诸多挑战，政府需要转变粗放式、经验式的管理思维，创新社区治理手段，加强对信息技术的应用，促进新一代信息技术与社区治理深度融合，实现治理工具的网络化、信息化。深圳在创新社区治理过程中，积极实施"信息化应用+网格化管理"战略，促进社区治理精细化。

（一）实施"织网工程"

深圳实施"织网工程"，科学地划分出社区网格作为网格化管理单元，借助信息化方法实现社区的网格化管理，以网格化推进社区治理精细化。

（二）提高社区信息基础设施与技术装备水平

深圳不断提高社区信息基础设施与技术装备水平，全面落实社区公共

服务综合系统建设，进而实施有关的工作对策，加强"一门式"方式在社区中的运用，从而打通为广大居民提供服务的"最后一公里"。

福田区大力落实智慧项目，紧紧围绕"区数据化"以及街道办的活动平台，打造相应的网络平台，从而与社区家园网进行对接，通过微信、App 以及电子屏等完成相关数据的融合与交织、自动化推送以及共享运用，进而能够使居民获得更加方便的自动化服务，充分运用数据信息，最大化地方便百姓办事。

六 治理队伍：由传统型向专业化转型

社区工作者是社区管理的关键组织人员、社区服务的直接提供方，是达成社区治理现代化的重要力量。深圳市社区建设人才队伍大致形成了社会工作人才和社区专职工作者两大类。近年来，深圳大力加强社区工作者队伍建设，促进基层社区治理队伍专业化，取得一定成效。

（一）加强社区党委书记建设

2015 年，深圳出台《关于推进社区党建标准化建设的意见》，要求对就业年龄段社区党委书记推行事业职位、事业报酬，其中连续任职达到 6 年、表现优秀、群众拥护的，经规定程序可使用事业编制，享受事业编制相应人员退休待遇。明确社区党委书记工资，不论是不是使用事业编制，都参考财政核拨事业单位七级来落实。

（二）加强社会工作专业人才队伍建设

自 2007 年深圳引入社会工作以来，不断夯实基础、建立梯队，大力培育发展社会工作人才，截至 2019 年底，全市取得社会工作者职业水平证书的人才达 21106 人，首次突破 2 万人，每万名常住人口拥有专业社工人数达 16.21 人，全国领先。

同时，建立四级社工人才体系，即"一线社工+督导助理+初级督导+中级督导"，重点培育督导人才。2014 年起，深圳在全国率先实现了本土督导人才的全覆盖，为全国社会工作发展树立了标杆。2016 年上半年，深圳市社会工作者协会共培养了深圳本土督导人才 804 人，其中中级督导 24 人、初级督导 191 人、督导助理 589 人，建立了全国首支中级督导人才队伍，保证社工服务的质量。

第六章　深圳城市社区治理现代化探索的
启示与未来图景

深圳城市社区治理现代化的实践探索为我国城市社区治理现代化及社会治理现代化提供了有效的经验借鉴。时代的不断发展要求在城市社区治理现代化的探索中，以形成的实践经验为基础，紧密结合时代要求，不断进行城市社区治理现代化的探索，体现出城市社区治理现代化的时代特点。即便深圳在城市社区治理现代化的探索中形成了有效的经验和模式，但在改革不断深化的背景下，深圳将不断进行城市社区治理现代化的探索，迈向共建共治共享的新格局。

第一节　深圳城市社区治理现代化探索实践的
经验与启示

一　党建引领：当好社区治理"火车头"

（一）强化党委对基层社区治理工作的领导

长期以来，深圳市确保党的领导贯穿社会基层治理工作，切实增强党委领导向心力，助力基层党组织协调调度能力提升，巩固党在社会治理最小单元的执政基础。具体措施有以下几个方面。

一是市委成立基层治理领导小组，统筹协调全市基层治理工作，把党的建设贯穿于城市社区治理全过程。

二是充分发挥街道党工委"轴心"作用，聚焦抓党建、抓治理、抓服务等工作。

三是推进社区党建标准化建设和城市基层党建"标准+"模式建立，加强居委会和社区工作站整合式发展，通过"赋权定责"和四项人事提管改革，在社区干部待遇、党建阵地和群众服务等方面给予充分保障，有效落实社区党委在人事安排、监督管理、事务决策上的全面领导，构建社区党委领导下的社区治理格局（见图 6-1）。

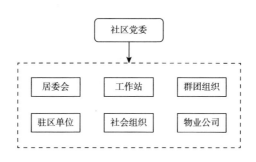

图 6-1　社区党委领导下的社区治理格局

（二）扎实推进党建"标准+"，夯实基层治理

深圳以"善治"为基石，基层治理一直是政府工作的重中之重，强化标准化建设引领，探索城市基层"党建+治理"发展新路子，以此为契机，推动基层治理基础不断筑牢夯实，增强人民群众的幸福感、获得感、安全感。具体措施包括以下几个方面。

一是开展"六个标准化"建设。聚焦基层整合调度资源能力不强、党委领导作用虚化等问题，推动基层党组织、治理结构、党员管理、群众服务、工作职责、运行保障六个方面的标准化建设，促进社区党组织的政治功能持续优化和深化，提升治理能力和水平。

二是确立工作机制，明确责权范围。明确党委领导核心作用，在全市范围内的每个社区中设置社区党委，围绕社区领导权力、人事工作管理、重要事项决策、日常管理监督加强社区党委领导，厘清社区党委与社区各类组织关系，统一设置党委、居委会、工作站三块牌子。

三是统一场地和视觉识别系统标准。明确要求每个社区的党群服务中心总面积不低于 400 平方米，其中，办公场所面积应不低于 250 平方米。设计制定统一的悬挂牌、服务主题形象（logo）、工作服装、宣传标识等。

（三）加强法规政策创制为全面从严治党保驾护航

2018 年，深圳集中出台首批 5 部党内法规，如《中国共产党深圳市街道工作委员会工作规则（试行）》等，分别着眼于街道、社区、社会组织党建、党支部书记履职、纠正"四风"等方面。

二 多元共治：党政社群"大合唱"

社区治理作为一项内部结构复杂的社会行动，其本身就蕴含着理念、方法、手段和制度等多个层面的深刻变革，需要社会多主体通过平等的合作、对话、协商、沟通等方式，对社会事务和社会生活进行引导和规范。近年来，深圳政府在理念、方法、手段和制度等方面进行更新，统筹整合社会多元资源和渠道，以加强共治，破解社会治理难题。

（一）做实居民议事会

2015 年 12 月，深圳市民政局印发《深圳市社区居民议事会工作规程》，通过"赋制""赋能""赋权"，建立"规则至上"的议事程序，推动了社区协商民主规范化发展，使社区居民逐步树立"家园意识""共同体意识"，从而使社区从陌生人社区变成熟人社区，再由熟人社区变成好人社区，破解集体行动难题。

相关链接

《深圳市社区居民议事会工作规程》摘要

第二章　人员组成

第四条　社区居民议事会一般由十三至二十七人组成，人员数量为单数（人数达不到或超过的，应事先由街道办事处审核后报区民政部门备案）。社区居民议事会设主召集人一人、副召集人一人，主召集人由社区党组织书记或居委会主任兼任，副召集人由居委会副主任或委员兼任。

其他成员主要从社区党组织、居委会、工作站、业委会、物业管理公司、农城化股份合作公司、驻社区单位、社区社会组织、人大代表、政协委员、党代表、居民或居民代表、社区民警、外来建设者、楼（株）长、辖区企业等单位推选产生。但在社区党组织、居委会、工作站任职的成员人数相加不得超过社区居民议事会成员总数的二分之一。非户籍居民较多的社区，居民议事会成员中应有一定比例的非户籍居民。

第五条　社区居民议事会成员采取自愿报名的方式，通过居民（代表）会议（或户代表会议）推选产生。社区居委会可提出社区居民议事会成员建议名单。

社区居委会应当组织好选举阶段的各项工作，制订详细方案，包括候选人的确认、选举程序、公示公告等，选举的结果应当在一定范围内进行公示。

第六条　社区居委会换届后两个月内，由社区居委会重新组建社区居民议事会，社区居民议事会成员任期三年，与社区居委会任期一致，可以连选连任。社区居委会换届后新一届社区居民议事会成立前，由上一届社区居民议事会继续履行职责。

第七条　社区居民议事会成员履职突出、表现优异的，经社区居民议事会同意，社区党组织、社区居委会可予以表彰和给予荣誉奖励。

第八条　社区居民议事会的成员应当具备以下条件：

（一）拥护党的路线、方针和政策；

（二）依法享有选举权和被选举权的十八周岁以上的居民；

（三）遵纪守法，以身作则；

（四）热心辖区社区建设工作且有一定空余时间；

（五）善于听取和反映居民群众的要求和建议。

第九条　社区居民议事会成员连续两次无故不参加会议、不按要求履行职责或存在其他不宜继续担任成员情形的，经社区居委会调查核实并经社区居民议事会讨论决定，可取消该成员资格并按选举程序另行推选他人替补。对于成员迁出本社区或提出辞职，出现缺额时，应当在一个月内按本规程有关规定重新推选产生。补选结果应当在社区居务公开栏和社区主要出入口公告。

第三章　议事范围

第十条　社区居民议事会议事范围由社区居民（代表）会议确定，具体包括：

（一）对涉及本辖区的社区建设规划提出意见建议，商议解决居民关于加强社区公共服务事务的意见建议；

（二）对本社区环境、卫生、文化、体育、治安、安全等社区公共事务工作等方面提出意见建议，审议"民生微实事"项目；

（三）对涉及驻社区单位、物业公司、社区社会组织、社区商户等社区各类组织参与社区建设事务进行商议；

（四）对本社区各类组织的管理、服务及作风等方面存在的问题提出意见和建议；

（五）收集反映社情民意和居民的需求；

（六）经社区居民（代表）会议授权，商议与社区居民利益相关的事务；

（七）其他与本辖区社区建设相关的意见和建议。

第十一条　有下列情形之一的，不得列入议事范围：

（一）与国家法律、法规和政策相违背的；

（二）涉及党和国家秘密的；

（三）内容空泛、抽象、笼统，不具备可行性和操作性的；

（四）其他不宜列入议事的情况。

第四章　议事程序与规则

第十二条　社区居民议事会原则上每三个月召开一至三次，每年议事会总计应不少于六次。遇有重大问题或突发事件可临时决定召开。召开社区居民议事会议三日前，在社区居务公开栏和社区主要出入口张贴告示，告知会议召开的时间、地点和主要内容，以及参加和邀请的人员等。

第十三条　议题的提出。

（一）提出议题的形式。社区居民议事会的议题主要通过社区党组织、社区工作站、社区居委会、社区居民、社区居民议事会成员等提议确定。有提议需求的社区居民和社区居民议事会成员可以向社区工作人员领取

《深圳市××区（新区）社区居民议事会提议表》，也可以在市、区民政部门、"社区家园网"网站表格窗口下载。

（二）议题的收集。各社区应广泛发动社区居民和社区各类组织参与社区自治，向所在社区积极建言献策。除直接现场向社区党组织、社区居委会提交议题外，各社区应在辖区显眼位置设立"社区居民议事会意见收集箱"，并通过"社区家园网"、办公电话、电子邮箱等方式，多渠道为居民和社区居民议事会成员提供方便、快捷的提议途径。

（三）对拟提交审议的议题内容进行审核。社区党组织和社区居委会收集、登记社区居民和社区居民议事会成员提出的意见和建议，由社区居委会在五个工作日内进行审核，对符合议事规定范围的予以受理（对内容相同或相近的，可进行并案处理），将其确定为社区居民议事会的议题。对不符合议事议题范围的做好情况反馈与说明工作。受理或不予受理，都应在五个工作日内答复提议人。

第十四条　会议召集和议题审议。

（一）社区居委会应在会议召开三日前，将审核通过的相关会议议题材料通过纸质或电子邮件等书面形式送达与会成员，方便成员了解议题内容，提高会议效率。

（二）社区居民议事会议由主召集人召集和主持，主召集人无法召集或主持的，可委托副召集人召集或主持。会议参会人数达到应到会人数的三分之二以上方可开会。特殊情况，社区居民议事会成员可书面委托代理人参会，但实际参会成员应达到应到会人数的二分之一以上。

（三）召集人可根据实际情况，邀请建议提议人以及人大代表、政协委员、党代表、政府代表以及社区居民代表参与商议或旁听。

（四）会议应先审议上次会议未审议提案，再审议新提案及临时提案。社区居民议事会应安排专人记录、整理议事情况。

第十五条　居民议事会对需讨论表决的事项，须到会成员半数以上通过方可形成决议或决定。

第十六条　议题的执行及分类处理机制。

（一）属于社区职责范围内的，由社区居务监督委员会交由社区党组织、社区居委会、社区工作站等相应社区组织办理，并安排社区居委会工作人员具体跟进。一般情况下，应在二十个工作日内办结并答复，对特别复杂的议题，应在二十个工作日内向提案人说明原因，可适当延长时间办结，但不应超过四十个工作日。

（二）属需要提交社区居民（代表）会议讨论的，由社区居务监督委员会在十日内转交社区居委会，由社区居委会根据工作安排，适时提交社区居民（代表）会议讨论。

（三）超出社区职责范围的，按程序报街道办事处相关部门，并由社区居委会工作人员跟进。

（四）对于情况复杂、涉及部门多、协调力度大的议题，社区居务监督委员会也可同时向社区"两代表一委员"联系点反映，推动议题的落实。

（五）对于社区居民议事会表决议定的事项，在执行中有较大变化的，相关机构必须做出解释和说明。

（六）对所有社区居民议事会议定事项的执行结果，社区党组织和社区居委会应通报全体社区居民，并通过社区家园网、社区居务公开栏等渠道予以公开。

第十七条　保障和监督事项。

（一）街道办事处和所在社区应充分利用社区现有服务设施资源，按照资源共享的原则，统筹安排落实社区居民议事会议事场所，保障议事工作顺利开展。

（二）社区居委会应指定专人做好社区居民议事会各项工作，负责每月跟进和落实，同时认真做好议题提出、审议、表决、执行和监督各个环节的档案记录工作，保管好各个环节形成的视频影音、会议纪要、提议表格等资料，方便日后查阅。

（二）完善群众参与社区治理的平台

深圳市致力于完善群众参与社区治理的平台，以激发群众参与社区治理的主动性、积极性、创造性，具体举措如图6-2所示。

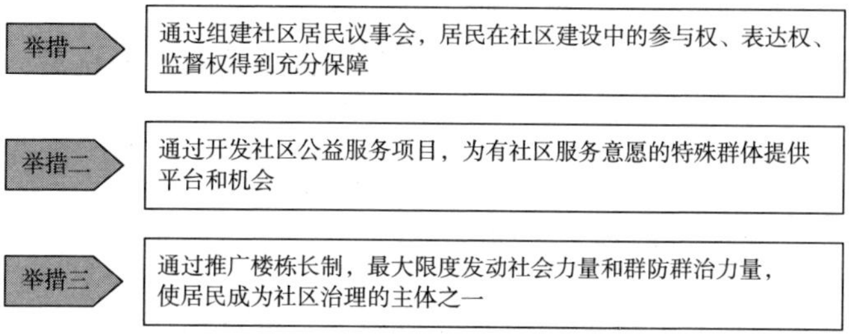

举措一	通过组建社区居民议事会，居民在社区建设中的参与权、表达权、监督权得到充分保障
举措二	通过开发社区公益服务项目，为有社区服务意愿的特殊群体提供平台和机会
举措三	通过推广楼栋长制，最大限度发动社会力量和群防群治力量，使居民成为社区治理的主体之一

图 6-2　推动完善群众参与社区治理平台的相关举措

（三）完善市场主体参与社会治理的责任评价体系

出台《关于进一步促进企业社会责任建设的意见》《企业社会责任要求》《企业社会责任评价指南》等指导性标准文件，督促企业严守法定职责、履行社会责任。

（四）激发社会组织参与社会治理的活力

深圳市社工委与市民政局先后联合出台《关于构建社会组织综合监管体制的意见》和《关于构建社会组织综合监管体制的实施方案》。深圳市委、市政府先后联合制定出台《关于进一步推进社会组织改革发展的意见》《关于鼓励和规范社会组织积极有序参与社会治理的意见》。采用"两手抓"，一方面积极强化社会组织管理，另一方面推动各类社会组织以对话、沟通、协商等形式参与社会治理。相关成效显著，各类社会组织已经在心理健康、矫治安帮、法律援助、纠纷调处等社会治理重点领域发挥积极作用，成为社会治理中不可忽视的重要一环。截至 2023 年 1 月 31 日，深圳全市共登记社会组织 10508 家。①

三　奉法为先：筑牢依法治理"防火墙"

社区是社会治理的初级单元，其治理能力和成效与整个社会的治理水

---

① 资料来源：深圳市社会组织管理局。

平呈正相关。法治是治国理政的基本方式，也是社会治理的必要手段。加强和创新社会治理，其中一项基础性工作就是聚焦社区治理中的矛盾与问题，提升社区治理法治化水平，将社区各项事务纳入法治轨道，实现规范运行。

（一）领导高度重视"法治为先"

深圳市委、市政府高度重视城市治理，积极推动法治贯穿社会治理的方方面面。

1997 年，深圳就提出建设法治政府，推进政府机构组织法定化、政府机构职能法定化、政府机构编制法定化、行政程序法定化、行政审批法定化、行政收费法定化、行政处罚法定化、政府招标采购法定化、政府投资行为法定化、行政执法责任法定化与政府内部管理法定化。

2008 年，深圳市委、市政府联合发布国内第一个法治政府建设的指标体系《深圳市法治政府建设指标体系（试行）》（深发〔2008〕14 号），涵盖法治政府建设的各方面，涉及每类行为的各个关键环节，在法治视角下对城市管理工作进行量化考核。2012 年，该指标体系获得第二届"中国法治政府奖"。后该指标体系分别于 2012 年、2020 年、2021 年进行修订。

2013 年，深圳提出建设"一流法治城市"的目标。2017 年，深圳又率先提出建设"法治中国示范城市"。

2018 年，在深圳市委六届十次全会上，"在营造共建共治共享社会治理格局上率先突破、做得更好，建设最安全稳定、最公平公正、法治环境最好的城市之一"的目标被郑重提出。

2022 年，为全面贯彻《法治中国建设规划（2020—2025 年）》主要精神，落实中央赋予深圳"法治城市示范"战略目标的各项工作任务，统筹推进"十四五"时期法治深圳建设工作，深圳市委印发《法治深圳建设规划（2021—2025 年）》。

2022 年 4 月，深圳市第七届人大二次会议召开，大会发布了 2022 年深圳政府工作报告。"法治"一词在报告中出现了 23 次，深圳市将"加快建设法治政府"作为重要工作进行专门部署。

（二）推动社会治理制度化、规范化、程序化

深圳作为特大城市，如何推动基层社会治理规范和创新，推进城市治理能力现代化，是新时代面临的重大课题。近年来，深圳聚焦"如何让城市生活更有秩序"，在强化依法治理上破题。

1. 在人大立法方面

1992 年，全国人大常委会授予深圳经济特区立法权。深圳充分利用此项优势，在社会建设和基层治理等领域积极立法，先后有《深圳经济特区社会治安综合治理条例》（该条例已于 2020 年 10 月正式废止）、《深圳经济特区社会建设促进条例》（该条例已于 2023 年 2 月正式废止）、《深圳经济特区行业协会条例》、《深圳经济特区居住证条例》、《深圳经济特区平安建设条例》（该条例全面覆盖已废止的《深圳经济特区社会治安综合治理条例》）、《深圳经济特区社会建设条例》（该条例全面覆盖已废止的《深圳经济特区社会建设促进条例》）出台，充分围绕民生建设、社会治理等领域促进城市法治建设。同时，还在社会救助、权益保障、心理卫生、文明行为促进、工资集体协商等方面制定具有首创精神的特区法规，初步形成共建共治共享的社会法治体系新格局。

2. 在社会矛盾调处方面

2007 年 11 月，中共深圳市委办公厅、市政府办公厅联合印发《关于构建社会矛盾纠纷"大调解"体系的实施意见》，自此，深圳进入以人民调解助力基层社会治理水平提升的新阶段。2018 年，深圳市委政法委印发《关于学习借鉴"枫桥经验"推进我市社会矛盾化解的通知》《深圳市健全完善多元化纠纷解决机制的实施意见》，全市建成人民调解委员会 2275 个、人民调解室 736 个。各区在推进人民调解这一维护社会和谐稳定的"第一道防线"中发挥出应有作用。光明区推动社区成为化解群众矛盾的先锋队，创新实施"社区发令、部门执行"模式，建立政法、司法和信访协同会商机制，确保矛盾纠纷不过夜。宝安区建立物业管理、婚姻家事、交通事故等 11 个行业性调解委员会，打造"10+10+11+132"调解组织网络，创设纠纷紧急协调小组和三级应急微信群，建立区级指令性"i 调解"智慧管理平台，建成 170 个各类高标准调解场地。龙岗区首创处级干部

"我当调解员"主题活动，400 余名处级及以上干部以人民调解员身份下沉社区一线，促进人民调解与行政调解、司法调解的融合联动。罗湖区设立"全国模范人民调解员"个人品牌调解工作室，充分发挥优秀调解员示范作用。盐田区创立矛盾纠纷调解"三前移"（信息摸排前移、宣传引导前移、多元调解前移）模式，加强事前预防，构筑矛盾化解"第一防线"。龙华区推出"流动调解室"，切实营造"调解员在人前，调解室在家门口"环境。坪山区建设深圳市首个商事调解院——坪山区商事调解院，该院以新加坡商事调解规则为参照，与坪山区人民法院、坪山公证处、深圳市律师协会坪山区工作委员会签署合作备忘录，构建商事纠纷多元化解机制，保障商事调解强制执行效力。

3. 在司法体制改革方面

深圳扎实推进司法体制改革，持续提升司法质量，对已经进入法律程序的社会矛盾，严格依据事实和法律公正处理，从而让群众认识到依法律、按程序就能有效解决问题，推动全社会形成办事依法、遇事找法、解决问题用法、化解矛盾靠法的良好氛围。

4. 在推进社区治理法治化方面

深圳在全市推行"一社区一法律顾问"试点，探索专业律师在社区驻点，围绕法律咨询、法治宣传、民间纠纷、诉讼代理和法律援助等提供专业服务，提升基层治理法治化程度。这一举措既推动了社区作为法治化建设实体的内涵提升，同时也着眼于社会基层法治理念和思维的培育推广。据统计，截至 2018 年 9 月，全市共有 681 个社区与律师事务所签订了服务协议，共 820 名律师为社区提供服务。

5. 在推进法律服务智能化应用方面

深圳积极贯彻落实党和政府有关数字化治理的政策方针，推动建设智能化的法律公共服务线上平台，提高治理智能化水平。

2015 年底，深圳市司法局和腾讯签订战略合作框架协议，基于微信平台搭建的"法治地图"正式上线，为市民提供便捷的法律服务机构清晰指引。2016 年，该微信小程序推出"线上集客、线下分流"功能，确保市民法律需求件件有回应。2017 年，"法治地图"2.0 版本上线，不仅提供"找律师、办公证、求法援、寻调解、做鉴定"等专业化司法服务，还引入科技手段加强服务方监管。2020 年，在新冠疫情背景下，该微信小程序推出"免见面"在线办理功能，推动各类法律服务事项"足不出户在家办理"。

四 智能驱动：推动社区治理迈向精细化、智慧化

在全球科技新一轮变革背景下，新技术与科技制造快速迭代，智能化治理是实现治理能力现代化的有力抓手。深圳市牢牢把握"创新"的传承精神，加快打造"科技引领"创新城市，在社会治理领域推动"织网工程"建设，以智慧化手段加强社区设施构筑，依托大数据平台促进信息化资源与社会治理的深度融合，助力治理能力现代化转型升级。

（一）深圳面临的难题

深圳经济特区成立短短四十余年，从一个小渔村发展成为千万人口级的特大型现代化城市，快速经历了市场化、城镇化等系列变革，这既是我国改革开放的时代缩影，也是这座城市创新肯干的实践注脚。但随着城市快速发展，人口膨胀、户籍人口与常住人口的结构性倒挂等让城市基层治理工作面临许多难题。一般来说，每个城市在制定政策时，重点保障户籍人口，而深圳作为典型的移民城市，非户籍人口的管理、教育、就业、社会保障等成为城市治理现代化进程中的一项重大课题。

（二）智能驱动解决难题

1. 实施"织网工程"

2011 年以来，深圳市将大数据引入社会基层治理领域，首先，通过数据集成和分析实现社会治理决策和方式的"科学化"赋能；其次，以大数据平台打通治理资源和数据，实现多项业务的平台协同，推动治理手段的"精细化"转型；最后，基于大数据平台，让社会各类服务主动寻找"需求人群"，推动社区服务实现"精准化"触达。探索移民城市智能化治理的有效路径。

目前，深圳依托大数据已经搭建起"一库一队伍，两网两系统"（基础信息资源库、网格信息员队伍、决策分析应用支撑平台、社会治理协同工作平台、社区家园网、社区综合信息采集系统）基本架构，建成覆盖

市、区、街道、社区四级的综合信息平台，让信息资源能跨区域、跨层级、跨部门地互通共享。实行社区网格化管理，实现社区家园网全覆盖，建成全市统一的社区综合信息采集系统，实现基层信息统一采集，将政府服务延伸到每个社区，促进了社区治理的精细化和精准化。

深圳市通过引入大数据手段推动基层治理，建立健全了全市统一的治理公共信息资源库，推动各治理主体融合和建立无边界的协作机制，构建市、区、街道、社区四级互联互通的信息网络，打造共享互认高效平台。目前，该公共信息资源库已联通 10 个区（新区）和 23 家市直部门，导入公安、教育、卫生计生、劳动社保、民政、住建、统计等部门的业务数据达 38 亿条，通过自动清洗比对，已关联 1000 多万人口、200 多万个商事主体、79 万栋楼 1000 多万间（套）房的信息。

2. 智慧社区建设

除了实施"织网工程"外，深圳市委、市政府高度重视智慧社区建设，2013~2015 年连续三年在市政府民生实事工作中重点列出智慧社区建设任务。

（1）政府法规推动、引导

智慧社区建设是"智慧深圳"的基础单元，在此背景下，深圳市住建局围绕建设原则、评价规范、物业管理等出台了系列政策，包括《深圳市智慧社区建设导则（试行）》《深圳市智慧社区评价规范（试行）》《深圳市绿色物业管理评价细则（试行）》等，以制度化建设推动智能化物业社区管理规范有序，并探索试点智慧社区等级评价机制，推动智慧社区建设。

（2）实施成效

深圳智慧社区建设积极引入万科、中信、长城、彩生活等企业旗下的物业管理公司，在试点小区进行智慧化建设，推动试点小区具备建筑设备智能管理、综合事务智慧服务等功能，搭建社区智慧通、智能物业综合服务平台等，并接入深圳社区家园网等电子政务平台，有序推进政府社会管理的智慧政务建设。据统计，截至 2015 年底，全市智慧社区试点累计达 162 个。

五　专业带动：做好"社区服务"大文章

随着科技发展，人类正全面进入信息化时代，我们需要面对越来越复杂和专业的社区治理问题，对于这一问题的有效解决，需要在基层治理中对各项治理任务进行细化和分工，以专业力量为基层治理赋能。深圳市坚持"让专业的人做专业的事儿"，加快推进社区治理人员队伍能力建设，并将其作为基础性工作予以重视，提升社区治理的专业化效能和水平。相关举措如图 6-3 所示。

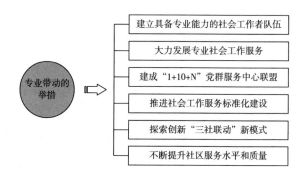

图 6-3　社区治理人员队伍能力建设举措

（一）建立具备专业能力的社会工作者队伍

深圳在全国率先建立起比较完善的社会工作者制度体系，出台了关于加强社工队伍建设的"1+7"文件。以本土实践为蓝本，出台《社工机构行为规范指引》《深圳市社区服务中心设置运营标准（试行）》《深圳市社会工作者守则》《深圳市社会工作者登记和注册管理办法》《深圳市社会工作者中级督导选拔考核管理办法》等 20 余个行业规范性文件，深圳社会工作职业化、专业化发展的政策体系初步完善。深圳市完善社工人才培养机制，构建多层次、立体化的社工培训体系，着力打造社会工作人才能力梯队（见图 6-4）。

据深圳市社会工作者协会统计，截至 2023 年 3 月，深圳市持有社会工作者职业水平证书的人数达 36874 人，社会工作服务机构 294 家，社会工

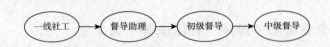

图 6-4　深圳市社会工作人才能力梯队

作行业从业人员为 9693 人，政府购买社工服务项目及社区党群服务中心项目 1300 余个。同时，深圳还注重加强对警务辅助人员、社区网格员、社区矫治工作者、心理咨询师、社区工作者等人员队伍的建设工作，完善适应深圳社会发展需要的社会治理专业化人才队伍构成，夯实社会治理基础。

（二）大力发展专业社会工作服务

2007 年以来，深圳在社会工作服务领域不断创新探索，不断优化服务模式。截至 2022 年底，全市共建成社区党群服务中心 1050 家，都以统一标准开放运行，拥有"标配"硬件（见图 6-5）。在党群服务中心内部，社会工作者的身影无处不在，其主要在社会救助、社会福利、社区建设、禁毒戒毒、教育辅导、精神卫生、矫治帮教、卫生健康、纠纷调解等 16 个领域开展服务。据相关统计，截至 2023 年 3 月，深圳社工服务总量达 1.3 亿人次。

图 6-5　深圳市党群服务中心

（三）建成"1+10+N"党群服务中心联盟

深圳市制定出台《关于加强党群服务中心建设管理的意见》，依照"1+10+N"高标准规划建设市、区两级党群服务中心，合理布局社区、园区、商圈、楼宇党群服务中心，确保党群服务中心在 1 千米服务范围内。同时，通过完善设施功能设置、加强党建活动组织、完善为民服务功能等提高服务满意度。

（四）推进社会工作服务标准化建设

2013 年，深圳制定了妇女儿童、残障、教育、老年、司法、企业、医务、社区、禁毒等九大领域的社工服务指标体系。2016 年，深圳市民政局牵头起草并发布了民政行业标准《老年社会工作服务指南》。2016 年 5 月，深圳市市场监督管理局批准企业社会工作、老年社会工作、医务社会工作、灾害社会工作等 8 个领域的社会工作服务标准立项。2018 年，深圳市社会工作者协会发布《深圳市社会工作标准体系》，并结合大量文献资料和实地访谈，进一步形成《深圳市社会工作服务质量管理标准体系》，这一套社会工作标准体系和社会工作服务质量管理标准体系的出台，在内地尚属首次。

（五）探索创新"三社联动"模式

2007 年，深圳率先提出社工、义工（志愿者）"双工联动"（两工协作）机制，是全国第一个尝试这种做法的城市，以"社工引领志愿者、志愿者带动各方"的理念，打通壁垒，建立良性循环服务链条。打造集社工、志愿者、社区负责人等不同身份人员的"双工联动"人才队伍，实现组织、评比、发展等融合，为深圳推进"三社联动"工作奠定了基石。

全市 1050 家社区党群服务中心管理模式由"一元化管理"转变为多元共治的"三社联动"，这是基于社区平台，以满足居民需求为导向，以社工为引领，以社会组织为载体，由政府购买服务牵引的新模式。社工依托社区党群服务中心平台，整合辖区单位、企业、社会组织、居委会、居民、志愿者等多方社会力量，成为社区资源链接者；社工运用专业手法，挖掘社会组织潜力，提供政策咨询、能力建设、项目资源对接等全方位扶持，形成孵化网络平台，成为社区社会组织引领者；社工通过调研居民需求，制定服务菜单，动员社区居民积极参与社区事务，实现从"观众"到"演员"的转化，成为社区服务实施主导者。

深圳创新了"三社联动"模式，发挥社区党群服务中心平台作用，强化专业社会工作驱动功能，拓展社会组织孵化职能，吸纳社会力量参与社区治理，形成政府、市场、社会组织良性互动、协调互补、多元共治的新型社会治理模式。

（六）不断提升社区服务水平和质量

2017年，"民生微实事"项目开始在深圳普及起来，其主要是通过居民"点菜"、政府按需求"做菜"的方式，有效解决居民身边的小事、急事、难事。

"民生微实事"项目由货物类和服务类两部分构成，前者资助资金最高不超过40万元，后者则最高不超过20万元。截至2018年底，深圳"民生微实事"项目累计实施达到1.5万项。同时，深圳还通过制定出台《关于规范和加强社区"民生微实事"工作的指导意见》和《深圳市全面实施民生微实事项目工作指引》，规范了"民生微实事"项目的工作流程，真正将"民生微实事"打造成深圳基层治理的城市名片。深圳作为科技之城，还积极探索运用信息技术提升城市基层治理的信息化水平。全市1050家党群服务中心均统一配置综合信息系统，为居民提供"一门式一网式"综合窗口受理服务，逐步实现"前台一口受理，后台分工协办"，让数据多跑路、群众少跑腿，全面提升了党群服务水平。

相关链接

深圳市全面实施民生微实事项目工作指引

为贯彻落实《中共深圳市委办公厅印发〈关于推进社区党建标准化建设的意见〉的通知》（深办发〔2015〕16号）、《深圳市人民政府办公厅关于印发全面推广实施民生微实事指导意见的通知》（深府办函〔2015〕140号），全面推进实施民生微实事项目（以下简称"项目"），制定本工作指引。

一、总体要求

（一）成立区级专责领导小组。区政府分管民政的副区长担任组长，成员单位由组织、民政、财政、审计、住建、监察等部门组成，专责领导小组办公室设在区民政局（新区社会建设局），由区民政局（新区社会建设局）统筹组织。

（二）明晰社区、街道、区、市各主体的职责权限。加强组织、民政、财政、审计、住建、监察部门对街道、社区党委的业务指导，构建各司其职、统筹协调推进的工作机制。

（三）统筹资金使用，提高资金使用效率。区、街道原则上按比例申请项目资金，对于资金需求量大、超过标准金额的区、街道，可视上年度项目实施情况和资金使用效益情况予以奖励。

（四）推动完善社区自治共治机制。发挥社区党委领导核心作用，强化社区居委会"枢纽、议事、监督、服务"的职能，健全居民议事会机制，充分保障居民群众的提议权、评议权和监督权，调动社会力量参与项目建设，提升政府公共服务水平和效果。

（五）建立和完善项目工作机制。各区根据本辖区实际情况制定项目管理办法、专项经费管理细则、项目评价机制、项目组织实施工作考评标准和激励办法等工作机制。各街道在现有法规政策框架下，着力优化简化资金预算、立项审批、决算审计等程序。鼓励街道创新工作方式方法，建立公开、动态、全流程的项目实施监督机制，完善各项配套措施。加强廉政风险防控，防微杜渐。

（六）建立市和区（街道）的"民生微实事项目库"。加大宣传力度，发掘亮点项目纳入各级项目库进行复制、推广，并制定相关实施标准，提供给社区党委甄选并直接予以实施。

二、责任主体

（一）社区

1. 社区组织（社区党委、社区工作站、居委会）是项目征集的责任主体，社区党委牵头，社区居委会、工作站共同参与，负责广泛征集居民群众意见，组织社区党员、居民群众充分讨论并筛选备选项目。社区党委对所征集项目的真实性、科学性、可行性负责，对项目进行全过程跟进，形成文书档案。社区党委负责统筹整合社区资源，支持和保证项目的落实，激发和撬动社会力量共同参与项目建设。

2. 自 2016 年 1 月起，按照"日常征集、分批实施"的原则，通过

"社区家园网"、社区微信公众号、微博以及社区各类意见箱、公告栏等媒介，公开征集居民群众的意见建议，社区党员有关民生问题的民主提案，驻社区单位或社会组织的建议项目，辖区"两代表一委员"、挂点领导的建议项目以及市"风景林工程"的配套项目，并定期在"社区家园网"公布项目征集情况。也可在市、区（街道）"民生微实事项目库"中直接选择符合辖区居民需求的备选项目。

3. 项目原则上不含小区物业管理公司等其他社会主体应承担职责范围内的项目，不与市区政府在建、拟建的政府投资项目重复。所报项目与上述原则冲突的，不应纳入社区民生微实事项目报送范围，社区党委要做好相关解释工作。

项目申请报告应包含申请理由、项目概述、实施方案、经费预算（服务类项目统筹管理或服务经费占预算比例最高不得超过预算总额的10%）。

4. 社区党委按照《关于推进社区党建标准化建设的意见》和《深圳市社区居民议事会工作规程》要求，每两个月将收集整理的项目进行讨论表决，形成本社区备选项目，并将项目申请报告提交街道审核或备案。审议前3个工作日应在"社区家园网"上公示项目具体内容。

5. 经街道确认的项目在实施前，要在社区显著位置和"社区家园网"，对项目内容、实施地点、实施时限、资金预算等进行公示，公示时间3个工作日。公示期间，社区党委认真吸收辖区群众的合理意见和建议，修改完善项目实施方案后提交街道。公示结束后，一定限额以上的项目由街道负责组织实施，限额以下的项目由社区党委牵头组织实施。

街道与社区负责组织实施的货物类和服务类项目限额标准由各区根据实际确定。

6. 项目完结后，社区党委组织对项目实施效果进行评价，并将评价结果向社会公开，充分保障群众的评议权和监督权。

（二）街道

1. 街道党工委是项目实施管理责任主体，负责制订和落实项目实施和监督方案，完善相应的问责机制，确保每个项目公开运行、阳光运作，加强对社区的全程指导。综合平衡社区拟报项目和资金需求研究确定具体项目，指导、推荐市、区（街道）"民生微实事项目库"中的项目在本街道落地；督促检查社区党委协调处理项目实施过程中的相关问题；对需要变更、调整、撤销的项目做好审查把关，及时向区专责领导小组上报本辖区项目存在的重大问题或需研究解决的问题。街道民政部门年初制订本辖区项目总计划和确定资金需求，与街道组织部门会商后，按季度向区（新区）民政部门归口汇总上报相关情况。

2. 项目资金由市、区财政进行年度预算，原则上每个社区总额不超过200万元，由各区财政先行计划安排。年初每个街道可按不低于总额的二分之一先行安排，余下作为机动，实行资金弹性分配机制，以居民需求为导向，实现"保基本"，鼓励"多办事"，加大对民生资源薄弱地方的投入。年中或年终视项目实施进度做出相应安排。

3. 由街道相关领导牵头，组织专家评审小组对社区备选项目进行核查评审，按照资金情况和辖区实际，进行综合平衡，原则上在15个工作日内完成审查、确定实施项目。评审重点是将其他社会主体应承担职责范围内的项目以及市区政府在建、拟建的政府投资重复项目予以剔除，以及实施项目的预算安排是否合理。对属于政府职能部门权责范围，社区居民又普遍关注且急需解决的民生小项目被纳入"民生微实事"范畴的，应交由对应职能部门牵头组织实施。项目实施前须在社区显著位置进行公示，对未通过审查的项目应说明原因。

4. 公示期结束后，街道负责项目的组织实施，依法依规确定项目实施主体，达到招标要求的项目，由街道依照相关规定组织招标。项目实施主体确定后，原则上服务项目应在1个月内正式开展，实物项目应在6个月内完工。项目完成后应明确后续管理养护责任单位及配套资金安排。项目实施全程接受"两代表一委员"和居民群众的监督，听取意见建议，进行改进完善。

5. 项目完结后，各街道应按相关规定完善项目审计决算工作，委托第三方评估机构对项目进行审计，并将审计结果及项目资金使用情况在社区进行公示。

（三）区级部门

1. 各区专责领导小组对本辖区项目进行制度设计，统筹协调各职能部门对项目进行指导，支持和保障项目的落实，及时发现存在问题并研究解决，挖掘亮点及加强宣传推介工作。

各区（新区）组织、民政部门负责制定街道与社区负责组织实施的货物类和服务类项目限额标准，抓好项目指导协调、跟踪检查，汇总全区项目申报、变更、撤销及项目实施、验收和效果评价等情况。区财政部门负责制定资金使用管理办法及具体报销拨付指引。区住建部门指导各街道制定和完善工程类项目具体操作流程。区采购中心指导各街道制定和完善货物类、服务类项目具体操作流程。区审计部门明确项目审计流程。区民政部门将专项经费实施细则、具体业务操作流程等汇编成具体操作手册，发放给各街道、社区遵照执行。

2. 各区（新区）在年度预算中专项安排项目所需资金，并制订本区项目和资金安排计划。每年 11 月 30 日前，向市民政局呈报详细的项目清单，申请市财政资金补助；如确实有困难当年无法提出申请的，须在次年 1 月 30 日前完成申报。申请时要重点说明市、区政府在建、拟建的政府投资项目与所开展的项目不存在重复。

各区（新区）要统一安排实施民生微实事项目必要的工作经费。

3. 各区（新区）审计部门要依法对一定额度以上的项目经费的真实性、合法性及其效益开展专项审计监督，对专项审计中发现的问题线索要及时移交区纪委（监察局）处理。

区纪委（监察局）对各街道和相关部门履职情况进行监督检查；针对相关部门专项检查和日常中发现以及群众举报的重点问题，采取抽查的方式，进行有针对性的执纪监督检查；对有关问题线索进行调查处理。

4. 各区专责领导小组采取居民评议、专家评议等多种方式组织开展年度优秀项目评选工作，建立区级"民生微实事项目库"，并将可复制推广的项目推荐报送市民政部门，按规定程序纳入市级"民生微实事项目库"。

5. 鼓励和引导辖区单位、社会组织、社区基金会等多元化筹资，发挥财政资金的引导、杠杆作用，撬动和激发各类社会资源共同参与项目建设，支持热心公益企业捐赠、赞助、冠名，鼓励"两代表一委员"、小区管理处、物业开发商、社区股份合作公司、志愿者、社区社会组织等共同推进项目建设，激发居民家园意识和参与社区建设热情。

（四）市级部门

1. 市组织、民政部门为全市项目工作统筹的指导责任主体，负责制定完善工作指引，拟订市级项目库项目实施标准并统筹推广，加强督导检查。

2. 市民政部门根据各区（新区）该年度项目和资金安排计划及上年度项目实施和资金使用情况对资金补助申请进行审核后，报市财政安排和拨付补助资金等相关事宜。

3. 市民政部门向全市征集社区居民关注度高、受益面广、单个项目资金量少，可以在全市若干个社区复制推广的民生服务小项目，形成市级"民生微实事项目库"，逐步形成项目实施标准指引，并在"社区家园网"上发布，提供给全市社区挑选。

4. 市财政通过体制结算方式原则上按 1 : 1 比例给予各区（新区）资金补助，原则上在当年 12 月底前将配套资金全部划转给各区（新区），对于在次年 1 月提出申请的区（新区），则在次年 6 月进行划转。市补助金额按平均每个社区每年不超过 100 万元（包含 100 万元）测算，由各区（新区）统筹使用。

市财政部门应建立补助资金激励机制，确保财政资金使用效益。具体办法由市财政部门牵头拟定。

三、监督管理

（一）民生微实事专项资金用于支持民生微实事项目开展，是我市为民办实事的创新举措。任何单位和个人不得以任何形式截留、挤占和挪作他用。

（二）积极构建市级抽查、区级普查、街道自查的项目督查机制，着重落实街道主体责任。街道要遵照有关规定，针对项目征集、项目确定、项目实施、项目评议等程序严格把关并做好资料留存。各街道要于每年 5 月、11 月初对社区"民生微实事项目"开展情况及资料是否齐全等进行自查，及时发现问题并整改上报。区级专责领导小组要于每年 11 月对全区各街道民生微实事项目开展情况实施普查，并将普查情况书面报市组织、民政部门。市组织、民政部门结合各区（新区）上报的检查情况，有针对性地对各区（新区）各街道的项目进行抽查。

（三）专项经费申报、使用单位在资金使用过程中有弄虚作假、未按规定专款专用、拒绝配合监督检查或违反有关规定导致项目延期、取消或终止的，由区财政、监察、审计部门依职责进行处理、处分或处罚；涉嫌犯罪的，依法移交司法机关处理。政府工作人员违反国家有关财经政策、财务规章制度，弄虚作假、以权谋私，依据相关规定追究责任，造成重大损失的，依法追究法律责任。

本工作指引实施过程中的具体问题由市民政局负责解释。各区有关规定与本工作指引不一致的，应进行修改或制定补充意见。

六　赋能还权：优化自治拓展协商参与体系

长期以来，深圳坚持以"突出党的领导核心作用，推动和改进社区共建共治共享"为方向，坚持"改善社区民生"和"激发社区活力"并举，积极探索社区治理新举措，推进社区多元协同共治，提高居民的社区参与积极性。赋能还权的具体措施如图6-6所示。

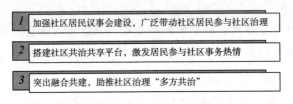

图6-6　赋能还权的具体措施

（一）加强社区居民议事会建设，广泛带动社区居民参与社区治理

居民议事会是具有广泛群众代表性的一种社区居民自发组织的议事活动，其依托社区党委，主要组成成员来自社区党组织、居委会和社区居民，依托社区工作站开展相关活动。此种方式推动了社区自治和以社区成员为主体的自治作用有效激发，也促进了社区居民议事会成为社区居民参与社区治理的有效手段和平台。社区居民议事会在成员选举中也充分注意以民主集中为原则，广泛从社区的物业管理公司、各类社会组织、外来建设者和企事业单位驻社区派出机构中选举议事代表，尽可能涵盖社区中各类人群。社区居民议事会在讨论中，聚焦居民"急难愁盼"问题，以居民议事形式推动社区治理逐步完善。此外，深圳市还将罗湖区对"罗伯特议

事规则"进行本土化创新形成的"罗湖十条"在全市推广，确保议题提出、讨论和表决等环节"有章可依"和议事流程规范。

（二）搭建社区共治共享平台，激发居民参与社区事务热情

全面推广实施"民生微实事"，强化党委主导、需求导向、民主决策和资金支持，及时有效地满足居民需求，激发居民参与社区事务的热情，做到民生工作服务民需、尊重民意、体现民愿。

（三）突出融合共建，助推社区治理"多方共治"

在党建引领下，推动实现人人参与、人人尽力、人人共享的居民参与社区治理模式。健全社区协商机制，发挥社区党群联席会、居民会议、居民议事会等社区议事协商平台作用，实行"民主商议、一事一议"。做强党组织领导下的社区居民议事会，以"六有"标准（有架构、有流程、有名册、有制度、有培训、有监督）规范日常运行。拓宽来深建设者参与社区治理途径，制定出台非深户籍社区"两委"成员管理制度，充分发挥非深户籍委员在团结、服务来深建设者中的作用。发挥社会力量的协同作用，探索"五个嵌入"工作法，通过简化登记程序、加大扶持力度等措施，把社区社会组织打造成增强社区治理和服务功能的重要载体。

社会组织登记管理部门、业务（行业）主管单位，要结合各自职能和业务工作将党建工作全流程嵌入社会组织年检年报、等级评估、换届改选、承接政府转移职能、评先评优等各个环节。

相关链接

"五个嵌入"促党建与业务融合提升

深圳市严格落实组织建设新要求，不断创新工作方法，完善组织架构，健全体制机制，规范党支部建设，通过实施"五个嵌入"，以党建促业务，以业务强党建，促进党建与业务融合提升。

一、源头嵌入，促进思想认识融合

牢固树立"把抓好党建作为最大的政绩"的理念，紧密围绕全市经济社会发展总体思路，发挥党建引领作用，强化党要管党意识，切实做到党建工作与业务工作紧密融合。

二、流程嵌入，促进谋划推进融合

牢固树立"一盘棋"思想，把党建与业务同部署、同落实、同推进、同考核，将党建工作流程嵌入业务推动过程中，以组织建设的合力与张力促进党建与业务在谋划推进时更加融合，抓业务中讲党建、抓党建时促业务，将落实党建工作责任由"独角戏"转变为"大合唱"，确保党的建设和业务推进同频共振，激励党务干部与业务干部思想同心、目标同向、行动同步。

三、问题嵌入，促进服务攻坚融合

全面落实服务企业专员制度，组建有态度的讲解员、有力度的协调员、有深度的参谋员、有广度的联络员、有温度的服务员"五度五员"党员先锋队伍，引领带动党员干部开展"我为企业当军师、服务群众办实事"活动，根据企业实际需求，通过现场调研、问题协调、对接争取等方式，分类梳理问题，确保靶向精准，助力企业发展。

四、机制嵌入，促进考核评价融合

不断深化全面从严治党要求，建立完善以一个遵循、三项支撑、三张清单、两次专题会议、一次考核述评为基本架构的党建工作目标责任体系。

五、活动嵌入，促进支撑体系融合

规范开展党内活动，确保"规定动作"不走样、"自选动作"有特色、"常规动作"不打折，尤其注重党内活动开展与业务职能特点相结合。

第二节 未来图景：迈向共建共治共享的治理格局

一 多元化的治理主体

（一）"多元主体"：实现自治性治理的有效运转

深圳市逐步实施的社区自治全面增强了民众对社区自治工作的参与

感，且促进了其积极主动地参与自治实践。深圳市社区治理工作的经验显示，要达成社区的有效治理，一定要最大化地获得治理对象的广泛认可。只有在治理对象广泛认可的条件下，才可以推进有关治理工作的有效实施。让治理对象认可政府的有关治理政策，最佳的路径就是将大量的治理对象——普通民众吸纳到治理主体的范畴中。

（二）多元化治理主体融合发展的路径

从现实状况来把握，要想从困境之中实现突破，社区治理就离不开多元主体的共同参与、共献智慧。让多元主体合作，形成联动力量，推动相关的制度规范落实，在实践之中打造一个社区完整体。多元化治理主体融合发展的路径如图6-7所示。

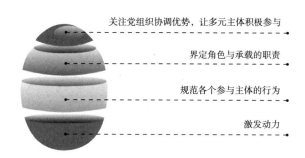

关注党组织协调优势，让多元主体积极参与

界定角色与承载的职责

规范各个参与主体的行为

激发动力

图6-7　多元化治理主体融合发展的路径

1. 关注党组织协调优势，让多元主体积极参与

多元化治理需要关注党组织的组织优势、协调优势，让多元主体积极参与到社区治理之中，对于现实中存在的问题，集思广益找出合适的解决路径。发挥党组织的先进性与领导作用，这也是凝聚多元主体力量不可或缺的手段。关于这一点，详细方法如图6-8所示。

2. 界定角色与承载的职责

对相应的主体角色做出定义，摆正其具体的位置，做好职责层面的清晰设定。为此，应采取图6-9所示措施。

方法一 广泛地宣传

党组织要广泛地宣传社区多元治理的重要性，准确传达中共中央、国务院的有关政策，经常举行以社区多种治理方式为主题的交流会议，组织各治理主体代表到示范社区学习考察，邀请有关学者开展社区多元治理的主题讲座，让各治理主体对社区多种治理方式保持足够的关注

方法二 协调各治理主体的工作

党组织应协调各治理主体在社区治理中的工作，参与治理的主体要基于特征与优势所在，以配合、协调的方式交叉开展作业，既体现分工、赢得效率，也体现合作、赢得质量。这些举措的引入，也可以避免多元主体参与仅仅只是外在的形式

方法三 实施社区治理考核

党组织需要建立社区治理考核机制，以社区治理成果为基准，实行有威慑、激励作用的联合考核，切实让各主体具备高度的集体观念

图 6-8　党组织协调多元主体积极参与治理的方法

 需要发挥党组织优势，将相关的资源、相关的权力下放至社区，赋予社区治理主体一定的权力，给予其决策、行动的实际权力。政党组织在这个过程中，可以发挥维持、协调、资源提供等作用

 进行权责划分，对多元主体的权责内容进行准确说明，让彼此权责尽量达到一个相对对等的水平，提高各主体的参与积极性，这也有助于提高社区治理的效率

 必须重视社区多种治理方式的模糊地带，针对其中的事务对各治理主体予以责任再分配，涉及相同事务的多治理主体要在明确分工后交叉合作

 应构建职责确认制度，完善有关要求，明确各主体的职责，强化各治理主体在社区治理中的管理责任

图 6-9　界定角色与承载职责的措施

3. 规范各个参与主体的行为

社区多种治理方式的实施不但要求有很好的顶层设计，更要求规范各个参与主体的行为。关于这一点，可以借助各类体制对策来达成（见表 6-1）。

表 6-1　规范各个参与主体行为的体制对策

体制对策	说明
联席会议体制	建立社区多种治理方式的联席会议体制，推进各主体与其他行动主体交流信息，全面地了解社区治理状况，且互相学习参考有关经验
资源共享体制	治理主体互相合作推动公共物品与公共服务的提供。例如，在人力资源层面，可借助在有必要的情况下互相借调成员等形式，达成人力资源的高效整合和共享
联动、协调体制	构建联动、协调体制，并将其确定为主导体制，在原则层面，要凸显全局性，要彰显沟通性，更要贯彻协作性，切实推动多主体真正参与到治理环节中去，以联动的方式形成各种治理规范
监督体制	党组织需要开展相关的监督体制构建工作，无论是内部，抑或是外部，都需要体现出高度监督，这也是促使治理主体约束自身行为、履行职责的重要支撑性机制
以非正式制度进行配合与辅助	党组织在推行正式制度后，要以非正式制度进行配合与辅助。需要采取积极的举措，为多主体之间的信任构建提供更好的条件，通过风险共同承担的方式，借助交叉合作的形式，让彼此之间的关联更为紧密。以规范行为主体为根本目的，将正式与非正式制度有效结合在一起，让两个制度的兼容性体现出来

4. 激发动力

激发动力需要在利益、情感两个层面来深入进行。多元主体参与社区治理的动力是社区实现稳定建设的基础，所以要尽量地解决这些治理主体热情不足的问题，借助情感和利益激活治理主体的持续性动力。激发动力要顾及社区治理的各方主体，具体如图 6-10 所示。

二　社会化的治理机制

（一）社会化治理机制：打造普惠服务性政府

学界关于现代社区治理不同模式的论述中都包含社区治理社会化的理念，从行政化到社会化已成为现代社区治理的必然转向。

根据制度分析与发展理论，并结合中国情境，社区治理社会化涵盖社会需求、社会工作者、社会组织、社会资源、社会机制和社会技术六大基础要素，政府作为一种嵌入性要素，贯穿整个社会化过程。社区治理社会化机制就是这些社会化要素的排列组合和逻辑构建，其涉及治理主体结构

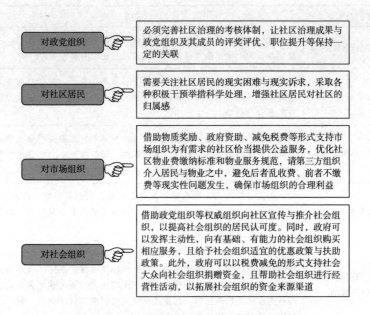

图 6-10 社区治理各方主体的动力激发措施

的完善、治理机制和治理技术的合理选择以及治理资源的开发、利用。随着社会进步，公民在意识层面更加认识到自身的权利，参与的自主性得到了进一步强化。此时若继续应用滞后的行政化治理与干预机制，则无法契合现实问题的解决要求，让社区治理走向社会化，这是不可逆转的规律。社区治理社会化本身就属于一个过程，而这个过程的一个核心要素便是民主性，在决策层面，要切实体现出社会主体意志，还要彰显出有序性，各治理主体按照一定的规则、规范，在一定的约束机制之下，有序地参与治理；应体现出共享性，即所有服务与活动都应该具有普惠性。如今社区治理社会化仍面临一些问题，不但有理念意识上的，亦有体制法律上的，还有能力层面的。所以实现社区治理社会化要因地制宜，调整理念、优化法律制度，构建一套优良互动、长效发展的社区自治机制。

（二）以优势视角看待社会化治理机制完善的价值进路

社区治理的社会化随着社区治理的深入落实而逐步地变得更加明显，

其优势也凸显出来，如图 6-11 所示。

优势一　有助于改进配置资源

一方面，可以让社区治理不再过于依赖行政方面的支撑，可以让政府财政压力得到一定程度的缓解；另一方面，可以将非政府组织、志愿组织等引入其中，让社会资源得到更好的利用，配置好这些社会资源

优势二　可以将基层民主更好地体现出来

社区治理走向社会化，本质上便彰显了人们的民主特性，体现了公民的群体意志，彰显了公民共同参与的时代精神，让多元主体积极发挥作用，赋予其充分的话语权，让基层民主真正发展壮大起来。同时，其有助于优化服务能力。社区治理走向社会化，可以让政府单一的管理机制，包括公共服务的供应机制彻底发生改变，让企业和社会组织进入社区，有助于解决政府保障不足、服务同质化严重的现实问题，提高服务能力，也有助于更好更全面满足居民的多层次需要

优势三　完善社会治理的社会自治体制

社会化治理的实现过程中一定有一个环节是社会自治，把所有社会主体融入社会治理制度里，推动践行自我层面的管理、自我层面的服务，这种治理模式存在鲜明的包容性，也彰显着出色的开放性，适合国内当下的社会发展情况。在后续的工作中，还需努力采取各种积极举措，让各类主体切实强化自身的主体意识，提高参与社会治理的能力

优势四　优化多元主体互动体制

虽然我国已在实践方面提出多元主体协同监管体制，然而在实际落实社会化治理的过程中仍有大量要优化的地方。需切实将滞后、不适合现实的制度摒弃，通过多元主体联动，以权责清晰的机制为支撑，充分协调相关主体的利益，建立多元主体互动体制

图 6-11　社会化治理机制完善的四大优势

三　智能化的治理技术

（一）智能治理的定义

近年来，随着智能技术在国家治理中嵌入程度的持续深入，学术界对智能治理及其有关定义的分析也逐渐增加。

颜佳华和王张华（2019）在对智能治理与数据治理、数字治理、智慧治理等定义之间的关系予以剖析后提出，智能治理其实是一个治理智能化的问题。

刘永谋、王春丽（2023）把智能治理看作一种技术治理方法，指代采用智能技术策略进行公共治理的活动。

（二）社区治理的智能化转向

实现社会治理社会化需要一定的方法，将现代信息技术作为支撑点，可以推动实现各类"互联网+"的治理或服务新模式，如"互联网+社会治理"，抑或"互联网+公共服务"等，这些模式在国内一些地区已走向实践，取得了良好的效果。

基层政府在推动社区治理的时候，需要切实把握与信息相关的先进技术，以此为支撑来推动治理，借助信息技术方法，打破部门壁垒，形成高效率的、无障碍的信息传递路径，为相关资源的共享提供支持，并借此整合各方力量，切实构建一套高效率、高水准的服务机制。然而在这里需要认识到一点，互联网仅仅关联了人与人、人与组织等，并非真正达到万物的互联互通，互联网驱动下的社区治理并不会产生颠覆性的变革，社区治理的主体依旧是各种类型的组织。物联网出现之后，万物互联真正走向了现实，可以通过数据的方式，将物体和人的位置、轨迹、行为等展现出来。随着人工智能的进一步发展，物联网的现实优势将会更加凸显出来。有着深度学习算法的人工智能依托大数据可以比较迅速、精准地完成人类之前认为非常复杂甚至不能实现的治理任务，社区治理的形态也随之出现深入变革，智能治理形态逐渐出现。

（三）智能化转向的基本进路

智能治理形态的逐步产生和形成，给当代国家治理提供较多的发展机遇，也逐步地引发了一些风险。面对逐渐出现的智能治理形态，当今世界各个国家不但试图达成国家治理思想的调整，也更加主动推进已有国家治理向智能治理转型。需要将人工智能的作用凸显出来，在意识层面认识到其重要性，并做好相关的立法跟进，推动构建国家级别的大数据网络，从伦理、技术、法律等层面，对其算法、运行、操作与应用给予充分的约束。切实平衡国家治理中的技术理性和价值理性等，是国家治理向智能化转型的重要发展道路。智能化转向的基本进路如图 6-12 所示。

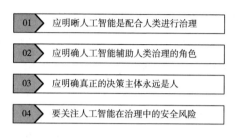

图 6-12　智能化转向的基本进路

1. 应明晰人工智能是配合人类进行治理

逐步明晰相关的人工智能是配合人类开展治理，治理技术与方法是治理主体进行治理与实现治理任务的相关条件，治理技术与方法的先进性一般会对治理绩效等相关工作带来较大的影响。当下，在国家治理的行为之中，人工智能的参与不断深入，有着深度学习算法的人工智能在逐步降低国家治理难度与优化国家整合能力的同时，也开始转变为国家治理的一个重要主体，不少治理任务都是工作人员按照人工智能平台主动形成的作业指令来具体完成的。面对人工智能可能代替人类逐步转变为治理主体的可能，各个主权国家要强化有关的立法与体制供给。

2. 应明确人工智能辅助人类治理的角色

我们应明确人工智能在国家治理制度中是辅助人类进行治理，应在已有以人为主导的国家治理秩序架构中全面发挥人工智能在提高国家治理水平和能力等方面的作用，尤其是要全面发挥人工智能在行政执行与行政监督等过程中的效用。在智能治理的新时代，尽管使用领先的治理技术降低国家治理成本、提升国家整合能力是当代国家治理的内部需要与发展方向，然而也要预防人工智能代替人类来开展治理的格局产生，智能治理时代的治理秩序与治理格局一定要让人类来掌握。假如将当代国家完全交给人工智能来治理，其结果将是人工智能对人类的代替抑或是少量掌握数据与人工智能算法技术的企业对人类的治理，人类的命运会面临较大的不确定性。

3. 应明确真正的决策主体永远是人

我们在运用人工智能进行治理时，应明确人工智能在辅助决策和执行特定任务等方面的职责与分担制度。

在人工智能运作的情况下，在治理方案制定、公共政策编制等方面，需要切实意识到，真正的决策主体必然是责任主体，决策与责任的主体永远是人，不能因为怕犯错误，将责任归咎于人工智能。保证在维护已有国家治理秩序的条件下来推进已有国家治理的智能化转型。加快数据层面的立法与国家大数据系统建设是智能治理的主要依托，伴随大数据技术的演进与使用持续加深，以数据为关键的大数据产业生态正加速构建。大数据的产生及其在国家治理中的深度使用，为政府对社会治理需求的精准识别、治理议程的精准设置、治理成本的有效降低与国家整合能力的明显提升等提供了较大的便利。

4. 要关注人工智能在治理中的安全风险

我们也要关注数据在国家治理应用期间已有的安全风险，注意少部分掌握数据存储与处理技术的互联网平台企业在利益的驱动下有垄断数据的可能。关于这一点，一方面，国家应增加数据层面的立法提供，保障数据所有方的合法权利，明确数据使用人员的义务，切实规范数据的利用范围与边界。在智能治理快速发展的时代，需要切实关注一个核心的问题，即个人隐私如何保障。需要做好对隐私的充分保护，从法律层面给予数据以财产权且进行可行的保护是主要的方法。数据产权确认有助于明确数据生产者与使用人员的权利与义务，对少量互联网平台企业在数据的利用上划定清楚的法律边界，有效地预防和控制对大数据的滥用，将各类主体的数据借助一定技术与规则充分地保护起来。另一方面，应加快建立国家大数据系统。围绕信息管理中已有的"数据鸿沟"与"数据孤岛"问题，应统一整个社会的数据采集标准与格式，建立国家大数据系统，把互联网平台企业数据和国家大数据系统连接，明确国家对全社会数据的主导权，在保证整个社会数据安全与利用规范的前提下全面发挥数据在国家治理中的作用。

（四）智能化治理的深圳图景

深圳市一直致力于推动社区智能化建设，在新技术革新和数字化转型背景下，治理领域的数字化建设工作也提上日程。2005 年，深圳被列入全国首批数字化城市管理试点城市。2006 年 9 月，数字化城市管理系统正式上线运行，在全国积累了第一份数字化城市管理的经验。2021 年 1 月，深圳市出台《深圳市人民政府关于加快智慧城市和数字政府建设的若干意见》，进一步提出公共服务便捷化和城市治理精细化水平不断提高，市民及企业获取公共服务体验持续优化，以服务对象为中心的一体化服务、管理和治理格局全面建立。

相关链接

《深圳市人民政府关于加快智慧城市和数字政府建设的若干意见》摘要

二、跑出新型基础设施建设"加速度"

（三）推动通信网络全面提速。在实现 5G 城市级独立组网的基础上，构建覆盖"5G+千兆光网+智慧专网+卫星网+物联网"的通信网络基础设施体系，推动"双千兆城市"建设，加快建成 5G 政务专网、1.4GHz 无线宽带专网和 1.8GHz 行业专网。探索多标识解析技术应用创新。推动 5G 在政务、车联网、增强现实/虚拟现实（AR/VR）、医疗、物流、能源等领域深度应用。（责任单位：市工业和信息化局、市发展改革委、市政务服务数据管理局、市通信管理局）

（四）加快终端设备全面感知。积极部署低成本、低功耗、高精度、高可靠的智能感知设备，依托物联、数联、智联一体化平台，融合摄像、射频、传感、遥感和雷达等感知单元，建立"天地空三位一体"的城市泛在感知网络，不断增强城市立体化的智能感知能力，建设全面感知的"活力"城市，推动城市运行、自然资源、环境、气候等智能多源感知应用。进一步优化多功能智能杆布局。（责任单位：市工业和信息化局、市政务服务数据管理局）

（五）加快大数据中心建设。整合全市公共数据和社会数据，建设城市大数据中心。加快完成同城双活数据中心和深汕特别合作区异地备份中心建设。统一全市政务云架构，推动应用系统在政务云和公有云混合部署。加快建设全市统一的数据中枢和应用中枢，支撑各部门构建业务应用，避免单独建设、重复建设。协同粤港澳大湾区各城市，规划建设粤港澳大湾区大数据中心，建设全国一体化国家大数据中心华南区域服务核心节点，打造粤港澳大湾区数据生产要素流通汇聚枢纽。探索开展数据资源跨境、跨域、跨级融合互通和协同应用。（责任单位：市政务服务数据管理局、市委大湾区办、市委网信办、市发展改革委、市通信管理局）

（六）加快人工智能基础设施整合提升。支持龙头企业创建人工智能开源开放服务平台，增强算力、算法、数据等人工智能基础设施服务能力。推动交通、金融、医疗等领域人工智能应用落地，打造人工智能应用创新高地。促进云计算与5G融合，建设边缘计算资源池节点，实现算力的"云边端"统筹供给和协同调度。（责任单位：市发展改革委、市科技创新委、市工业和信息化局）

（七）加快区块链技术基础设施建设。建设统一的区块链底层设施环境，打造具备高性能、高安全隐私、高可扩展性以及可编程能力的政务联盟链平台，提供存储、加密、时间戳、共识机制、跨链等区块链服务。支持相关企业利用区块链技术优化业务流程，提升协同效率。（责任单位：市发展改革委、市政务服务数据管理局）

三、深化公共服务"一屏智享"

（八）深化"放管服"改革。进一步放宽市场准入，根据国家和省要求缩减行政许可事项和办事环节，推进商事登记、不动产登记、工程建设项目审批等领域改革创新。依法利用个人和企业"画像"，拓展信用监管在政务服务领域应用。建设完善"法治政府信息"平台，提升公开透明市场化环境和法治保障水平。（责任单位：市政务服务数据管理局、市发展改革委、市司法局、市规划和自然资源局、市住房建设局、市市场监管局）

（九）实施"数字市民"计划。大力推广电子签名、电子印章、电子证照和电子档案，构建"数字市民"认证、管理和应用体系，建立数据账户和用户信息授权机制，建立健全市民办事数据共享比对机制，减少证明材料重复性提交，推动"数字市民"可跨城办理业务、跨域使用数据。探索建立全市统一"市民码"服务体系，推动全市统一身份认证和多码融合、一码通用，不断丰富"一号走遍深圳"内涵。（责任单位：市政务服务数据管理局、市档案局、市人力资源保障局、市卫生健康委、市医保局）

（十）推进公共服务"一屏享、一体办"。加快构建以"指尖办"为主渠道，线上线下高度融合的一体化综合服务体系。全面提升"i 深圳"系列服务品牌，加强一体化政务服务平台建设，推进政务服务事项在全市统一申办受理平台"应进必进"，除特殊情况外，部门自建的申办受理功能应向全市统一申办受理平台迁移。推进"12345"热线平台智能化，加强政府门户网站和政务新媒体建设。加强"好差评"闭环管理。（责任单位：市政务服务数据管理局）

（十一）推广"秒报秒批一体化"等服务。在"一网通办"基础上，进一步加强电子证照、电子材料共享，推广"秒报秒批一体化"模式，让企业、市民办事只需"选择"，无须"填空"。加快政务服务"一站式"办理，拓宽"一件事一次办"的覆盖范围，推动政务服务由"人找服务"向"服务找人"转变。强化党政机关政务信息化建设，全面提升党政机关办公信息化水平，建成全市统一协同办公平台和党政机关内部办事服务"一次了"系统，让政务运转更高效、更智能。（责任单位：市政务服务数据管理局）

（十二）全面提升民生服务领域智慧化水平。积极推广 5G、人工智能、区块链等新一代信息技术在民生服务领域应用，着力提高服务品质，更好满足多层次多样化服务需求，推动远程医疗、智慧交通、智慧教育、智慧养老、数字文化等重点领域服务新模式快速发展。（责任单位：市政务服务数据管理局、市教育局、市民政局、市交通运输局、市文化广电旅游体育局、市卫生健康委、各区）

四、强化城市治理"一体联动"

（十三）探索"数字孪生城市"。依托地理信息系统（GIS）、建筑信息模型（BIM）、城市信息模型（CIM）等数字化手段，开展全域高精度三维城市建模，加强国土空间等数据治理，构建可视化城市空间数字平台，链接智慧泛在的城市神经网络，提升城市可感知、可判断、快速反应的能

力。（责任单位：市规划和自然资源局、市委政法委、市住房建设局）

（十四）打造城市智能中枢。依托市政府管理服务指挥中心，聚合行业应用系统和数据，升级"城市数字大脑"，强化数据推演为城市治理赋能，通过数据分析支撑城市重大决策，打造鹏城智能体的智能中枢。以数据驱动部门业务流程优化，建立智能监测、统一指挥、实时调度、上下联动的城市运行体系。建立全市大应急联动机制，实现应急系统、信息、资源、预案等全方位联动，形成全市应急"一张网"。（责任单位：市政务服务数据管理局、市公安局、市卫生健康委、市应急管理局）

（十五）加快推动《深圳经济特区数据暂行条例》立法和实施。探索建立数据相关权益的保护机制。推动数据分级分类管理，完善数据采集交换标准，构建数据资源全生命周期管理体系。探索公共数据与社会数据的双向开放、融合共享，促进数据要素的有效开发和利用，逐步完善政企合作的协同治理机制。完善公共数据和个人信息保护，加强对数据流通使用全链条的安全评估。（责任单位：市司法局、市委网信办、市工业和信息化局、市政务服务数据管理局）

（十六）提升公共卫生防护智慧化水平。强化公共卫生数据采集整合和共享利用，实现与医保、公安、交通等部门跨行业、跨部门信息互通共享，建立智能预警机制，有效支撑公共卫生事件的快速、高效处置，实现联防联控。（责任单位：市卫生健康委、市公安局、市交通运输局、市应急管理局、市政务服务数据管理局）

（十七）推动科技赋能基层治理。优化"多网合一"的网格化服务管理，建设"条块结合"的统一基层网格治理平台，全面推广统一地址库应用。加快智慧社区建设，加快构建共建共治共享的社区治理体系。（责任单位：市委组织部、市委政法委、市规划和自然资源局、市民政局、市政务服务数据管理局、各区）

（十八）加强社会信用体系建设。加快推动出台深圳经济特区社会信用条例。完善公共信用信息基础库，建立全市统一的社会信用平台，实现与全国信用信息共享平台的互联互通。创新信用建设服务方式，推动信用信息深度开发利用。推动"互联网+监管"改革，实现信用监管数据可比对、过程可追溯、问题可监测，对违法行为早发现、早提醒、早处置。

（责任单位：市市场监管局、市发展改革委、市司法局、市政务服务数据管理局）

（十九）深化智慧城市合作。探索建立标准统一、开放的数据端口，建设互通的公共应用平台。推进粤港澳大湾区城市间电子签名证书互认，推广电子签名互认证书在公共服务、金融、商贸等领域应用。深化与新加坡智慧城市合作，加快深圳—新加坡智慧城市合作示范区建设，推动在数字互联互通、人才交流和培养、技术合作与创新创业等重点领域全面合作。（责任单位：市政务服务数据管理局、市委大湾区办、市工业和信息化局、市公安局、市人力资源保障局）

五、培育数字经济发展"新动能"

（二十）加快培育数据要素市场。搭建市场化交易平台，建立健全数据产权交易和行业自律机制，提升交易监管水平。支持政府与行业优势企业建立大数据联合创新实验室，鼓励企业、公民和社会组织利用开放数据，开发个性化服务、精准化治理等典型应用，提升社会数据资源价值。开展数字货币研究与移动支付等创新应用，稳妥推进数字货币在新零售、电子商务、行政收费等场景进行试点测试。（责任单位：市发展改革委、市科技创新委、市工业和信息化局、市地方金融监管局、市政务服务数据管理局）

（二十一）推动数字经济产业创新发展。统筹布局，建立健全数字经济产业政策体系，打造一批集聚电子信息产业高端研发和制造企业的支撑型产业园区。以5G技术为引领，进一步拓展应用场景，围绕无人驾驶、车联网、增强现实/虚拟现实（AR/VR）、医疗、交通、金融等领域，加快建设一批智慧应用示范标杆项目和示范街区。加强政府部门对智慧化、数字化技术的首购首用，以数字政府建设和应用为牵引，带动新技术、新模式规模化应用，定期推出优质应用场景示范项目。开展全国鲲鹏产业示范区建设，建设中国鲲鹏产业源头创新中心，支持在政务、金融、国资国企等重点领域率先开展应用示范。（责任单位：市发展改革委、市科技创新委、市工业和信息化局、市政务服务数据管理局）

（二十二）加快企业"上云用数赋智"。打造系统化多层次的工业互联网平台体系，拓展"智能+"，培育数字应用新业态、新模式。鼓励企业

"上云"，支持企业以数字化转型加快组织变革和业务创新，培育数据驱动型企业。推动互联网、大数据、人工智能等平台型企业创新发展，加快培育创新型领军企业。协同推进供应链要素数据化和数据要素供应链化，支持打造"研发+生产+供应链"的数字化产业链，支持产业以数字供应链打造生态圈。（责任单位：市工业和信息化局、市发展改革委、市科技创新委）

（二十三）实施"云上城市"行动。完善"互联网+"消费生态体系，鼓励建设智慧商店、智慧街区、智慧商圈。促进线上线下互动、商旅文体协同，打造线上办公、线上会展、线上教育、线上问诊、线上购物等"云上城市"新模式。（责任单位：市政务服务数据管理局、市教育局、市科技创新委、市商务局、市卫生健康委按职责分工推进）

四　法治化的治理流程

（一）法治化是社区治理的必然路径

要保证城市治理主体参与到治理环节之中，推动城市自治共治，预防风险、化解矛盾，就必须发挥好法治化治理工具的关键作用。这也是城市社区治理体系现代化的重要环节。

法治化治理指的是治理主体按照社会化的法律规则进行合法、合理、公平、有序的治理，不受其他因素干扰，兼顾各方利益，保证公平正义，让大家在共同的利益下团结协同，促进城市的发展。社区治理同样需要法治化，法治化治理流程具体表现在政府与企业、社会之间明确权力、责任的法律关系上。传统的社区治理模式主要采取行政权来控制和管理社区，维持社区稳定。

在社会治理转型的过程中，采取行政权来主导社区运行已经完全不适应新型社区的发展和重构。建设"自我管理、自我教育、自我服务"的现代新型社区，法治化是主要抓手，社区治理法治化是一条必然路径。政府要切实加强对于制度的创新和进一步管理，从而维护人民群众的切身利益；继续利用法律来化解矛盾，强调宪法的权威性，将权力关在制度的笼子里。当前社会经济的发展也促进了意识形态的转变，人民群众在自身条件改善的同时更加关注社会舆情，自觉参与群众监督和社会治理，越来越关注日常生活中的法治现象。事实上，人民群众的合法权益能否得到有效保障，能否在社会生活中实现公平正义，直接关系到社区治理的法治化水平。社区治理法治化，首先是社区居民在法治框架内的高度参与，工作、生活、政治、经济、文化各类活动和各类行为都在法律法规的规范之内进行。由此来看，社区治理法治化是政府与社区组织、社区居民在法律法规的框架内共同管理社区公共事务的活动，它体现为社区范围内的不同主体根据各自不同的职责、依托各自资源而进行的相互作用模式。

（二）社区法治化治理的优化措施

社区法治化治理的优化措施如图6-13所示。

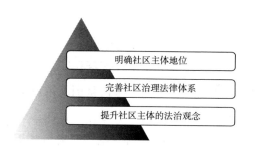

图6-13　社区法治化治理的优化措施

1. 明确社区主体地位

要实现社区治理法治化首先要确定社区的主体性，同时明确社区自治和政府管理的区别，让社区主体真正地增强自身的责任感，参与到自治中来实现自我管理、自我治理。由于我国社会主义的国家性质，不能直接让基层群众组成自治组织来确立行业规范，而是需要政府加强引导，在一定程度上进行干预，通过资金支持和政策扶持来规范社区自治的有效运行。政府应当明确社区的主体地位，明确自身的参与地位，让行政和自治有机结合。近些年，有社会学专家认为应当确立居委会的法人地位，从而使社区治理形成一个有机整体，帮助居委会确定自身的地位和影响力，实现资源的优化配置，也提高居民的认同度，便于后期的社区自治。

2. 完善社区治理法律体系

当务之急是把原有法条中不适合现在社区治理的内容进行修改和完善，当前我国社区组织的法规和条例已经不适合社会的实际需要，同时原法条呈现出明显的重陈述而轻程序的特征。比如在居委会的具体任务和义务上，并没有明确具体的表述，而只有宽泛的原则性描述。在程序上和执行上都存在很大的漏洞，难以应用于实践。因此应当对法条进行及时更新，将此部分内容具体化、详细化，以便后期的政策落地。另外，法律规定居委会的组成人数应当是 5~9 人，但是当前居委会的社区治理任务更加繁重，原有的规模已经不能满足当前治理的需要，必须调整人数上限，才能适应当前社区治理工作。

基于多元化治理模式的改进，社区自治也应当容纳社区社会组织，明确规定不同组织的法定义务和责任，确定清晰的分工和资源调配，避免权责不清导致纠纷。

3. 提升社区主体的法治观念

当前不管是居委会工作人员还是社区居民，对于法律的认知程度都还不够高，出现明显的法治意识不强、法治氛围不浓厚的现象，这就要求社区工作人员强化自身责任，进行宣传引导，与社区居民一起实现社区法治建设，营造公平、积极、浓厚的法治氛围。政府应从图 6-14 所示几个方面来提升社区主体的法治观念。

五　多样化的服务供给

（一）多样化服务供给的现实基础

社区服务虽然本身具备一定的公益性质，但其自身运行和维持也需要实现一定的盈利目的，因此需要建立多元化、多渠道的资金筹措模式，才能更好地保证其长远运行。为了解决这一问题，社区服务产业化、社会化的水平不断提升，许多社区已形成由政府资金支持、企业投资建设、社会资金捐助等组成的多渠道筹资系统。建设全民共建、共治、共享的新型社区治理体系，这也是破解当前社区治理困境，打造新型社区的必由之路。全民参与建设，提高社区主体的积极性和创造力，能够打破社区

应当组建专业的社区法律团队，提高社区工作者的进入门槛

 对现行的考核制度进行调整和升级，将考核考评与群众满意度挂钩，加强岗前和事后的培训，及时根据党的要求和工作任务来调整培训内容，提高法治水平

 要建立健全奖惩机制和激励制度，提高社区工作者的工作积极性，对于不作为乱作为影响群众利益的社区工作者要予以打击，严重时可以进行行政处罚，取消其工作资格

要畅通社区工作者的晋升渠道，让他们有自己干事创业的平台，完善薪酬待遇，用待遇留人

图 6-14　提升社区主体法治观念的举措

体制僵化的不利局面，构建真正的社区治理共同体。随着城镇化水平不断提升，原有的单位制已不适合社区治理实际，空心化和陌生人社会也给社区治理提出了新的挑战。即使政府出台了许多有效措施，学界也基于这一问题提出了很多有意义的建议，但社区治理的困境仍未突破，基层治理出现混乱无序的局面。即使政府投入大量资金，甚至引入社会组织提供专项服务，可仍然无法从根本上改变当前居民认可度不高、社区治理存在感低和居民参与积极性不高的不利局面。

追根溯源，首先是当前社区治理的范围过于宽泛，没有具体的程序和细则规定，从而无法真正地确定核心以开展后续工作。其次是当前社区治理模式更突出社区的去行政化，让社会组织和行业协会进行管理引导，但在实际工作中却难以取得社区居民的信任。为了达到更高的社区治理效能，最应该确定的是居民的主体地位，提升居民的自治能力。但是由于社会缺乏共识、资金投入不足以及居民自身意识不强，只谈参与不谈待遇，居民没有动力参与社区治理之中。

自治共同体的理论为我们提供了新的思路，能够有效地协调各方关系，促进资源合理配置。构建社区治理共同体，就是要对利益进行合理的分配，从而调动居民的参与积极性，让居民在实现自身利益的同时维护社区和谐稳定、维护社会安定。基于此，共同生产理论被提出，共同生产成

为近年来构建新公共服务供给机制的有效途径。共同生产理论基于社会化视角对参与式理论进行更新和完善，它不仅强调个人的参与性，更强调社会各个主体的共同开发，运用全社会的知识技能、智慧和力量，建立新的服务供给模式，从而提高公共服务的效能和水平。

目前我国社区治理的含义与共同生产理论不谋而合。社区治理的关键在于维持社区秩序、保证稳定供给。因而应当将社区治理的中心任务放在公共秩序建设和公共产品供给上面。社区治理是社区内的管理人员、专业人才和社区居民共同参与，为改善社区环境、提高生活水平而努力的一项全体性行动，其目的是减少失业、化解矛盾、维护治安、完善基础设施，本质上也是一种公共服务供给。

（二）促进多样化服务供给的路径

1. 政府向服务型转变

政府应当明确自身职能，向服务型转变，下放部分职能给社区自治主体。社区建设首先应当基于居民的内在需求提高能力，同时也应加强对社区管理部门和居民的培训工作，实现与政府部门和公共部门沟通协作的目的。

2. 社区建设要拓展多元化的参与主体

社区建设不能完全依赖社会资助和政府资金扶持，否则无法实现社区自治、激活内生动力，甚至削弱发展的积极性与活力。我国社区治理工作应当学习相关理论经验，结合自身实际开展社区自治。政府应当适当地放权，将权力交给服务主体，引入竞争机制。这不仅能够提高政府政策的执行效率，也能够实现服务水平的提升，让人尽其才、才尽其用。打破固定模式，建立多渠道、多方位、多层次的社会主体参与模式，为国家节省成本、提高效能。

社区服务主体工作的有效推进，让居民们认识到社区参与的重要性，也激发了居民与社会互动交流、认识自我、了解自我的兴趣。社区居民在治理与实践活动中逐渐明白了自身主体意义，感受到其他服务主体的热情和关爱，将自己看作社会治理的参与者，奉献热情高涨，实现角色转变。社区是一个社会角色的集合体，也是多个社会主体形成的共同体，居民个体逐渐在这里变成社区个体。同时，服务主体在开展各种思想交流、文艺活动和治理工作时，也能体现人的社会性。在社区治理过程中，服务主体以人为本联系居民情感，帮助个人实现个体利益和情感表达，共同为打造和谐、健全的社区整体贡献一份力量。

六　居民多渠道参与

（一）促进居民多渠道参与

随着国家对社会治理工作的不断推进，共建共治共享的新型社会治理格局逐步形成。居民作为社区治理的主要参与者进行自治，是实现社区治理民主性和主体性的根本途径。进一步推动居民参与到社区治理中来，应当丰富居民参与的形式，拓宽基层民主的渠道，引导居民有序合理地参与治理，提高居民的主人翁意识，改变居民的观念，共同促进社区共同体建设。为了达到这一目的，要做好图 6-15 所示几个方面。

> 要满足居民生活意愿
> 事实上，居民参与治理的根本动力还是来源于个人利益的需要，每个主体都会产生维护自身利益、关心自身利益的想法，而要实现居民利益的最大化，就要实现社区治理的长效化。居民的生活利益与社区利益关系越密切，居民就越关心社区的全体活动，参与社区治理的内生动力得到激发。否则居民就有可能陷于事不关己的状态，对于社区治理不够重视

> 要强化居民的关系网络
> 社区居民通过互相之间的情感交流和关系连接，共同构建完整的社会关系网络，参与到社区治理共同体的建设中来。要定期开展全体性活动，让居民之间形成良好的人际交往，通过不断的接触和互动，形成社区良好的风气和惯例性约束等。加强居民互动，也能够有效地增强居民对于社区的归属感，提高认可度，使其为社区建设贡献自己的智慧，达成社区治理智慧化、智能化

> 要吸纳社会专业的公共服务
> 通过引进社会服务，引导居民认识到社区共同体的重要性，提供高质量的服务，建设固定的公共场所，让居民共享社区服务

图 6-15　促进居民多渠道参与的方法

（二）保障居民多渠道参与的有力举措

1. 自主性成长激发居民参与热情

居民参与动力能否有效增强取决于社区组织形态是否健全。而要建立成熟的组织形态，就必须完善社会交往模式，引导社会主体积极参与，拓展结构性的空间生态。

随着社会的发展和人们观念的改变，原有的行政模式已难以实现居民政治参与的愿望，城市社区功能逐渐发生多元化、社会化的转变。因而增加社会主体、拓宽参与渠道可以有效提高城市社区的自主性，实现自治性转变。同时，为居民营造合理的交往空间，让居民摆脱陌生人社会的困境，通过交往互动建立良好的社会关系，也能提高居民的权利意识和政治自觉。如何提高居民的社会参与热情，始终是社会治理现代化建设达成的首要难题。利用社区治理模式进行创新型突破，提高社区公共性，打造社区治理共同体，能够联结居民间的利益和关系，形成公共纽带，提高居民的政治参与自主性。

2. 制度化安排

社区治理是基层民主自治的最主要参与形式，因此要在制度上予以保障，建立健全配套机制，拓展参与渠道，给公民自主表达的空间。

社区体制改革和城市的现代化发展是一致的，社区服务系统的完善依赖于城市公共管理体制的建立健全。要以全局性的眼光，从健全城市公共管理体制入手，创新城市空间的体制机制改革，加强基层政权与制度实施的联系。上海着重强化基层民主自治的实践成果表明，要将畅通政治参与渠道和拓展参与形式作为当前制度化改革的根本途径，而健全社会管理机制，实现制度保障，是核心也是关键。随着基层民主政治的空间形态进一步扩展，居民参与基层自治的空间得以延伸，居民自治方式也出现了多样化的特点。因此制度性安排是城市政治空间建设的根本保障，也是基层民主长远发展的动力源泉。

3. 实现社会化治理

社区治理要实现创新发展，必须加快治理社会化的步伐，从而提高全体居民的参与意识，有效整合社会资源。具体措施如图 6-16 所示。

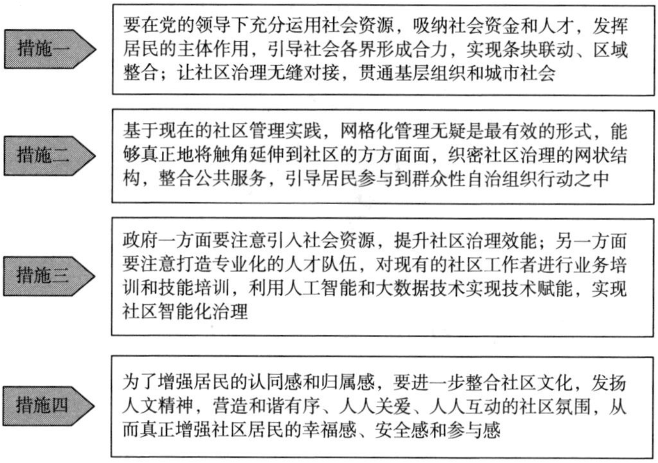

措施一　要在党的领导下充分运用社会资源，吸纳社会资金和人才，发挥居民的主体作用，引导社会各界形成合力，实现条块联动、区域整合；让社区治理无缝对接，贯通基层组织和城市社会

措施二　基于现在的社区管理实践，网格化管理无疑是最有效的形式，能够真正地将触角延伸到社区的方方面面，织密社区治理的网状结构，整合公共服务，引导居民参与到群众性自治组织行动之中

措施三　政府一方面要注意引入社会资源，提升社区治理效能；另一方面要注意打造专业化的人才队伍，对现有的社区工作者进行业务培训和技能培训，利用人工智能和大数据技术实现技术赋能，实现社区智能化治理

措施四　为了增强居民的认同感和归属感，要进一步整合社区文化，发扬人文精神，营造和谐有序、人人关爱、人人互动的社区氛围，从而真正增强社区居民的幸福感、安全感和参与感

图 6-16　实现社会化治理的措施

七　高效化的治理绩效

（一）社区治理的质量提升

社区治理蕴含多元化的居民利益，需要通过协调各组织进行系统整合，建立多层逻辑创新融合发展模式，形成专业化的体制机制。城市社区的治理效能是一种整体性的活动展现，应当基于制度安排和规范体系，通过该系统的整体演进而提升治理效能。社区治理系统包含 4 个子类目，分别是精准服务、组织协调、精细治理和形成共识，4 个子类目通过相互协作、沟通，保持系统的完整性和均衡性，实现自我治理、自我完善，从根本上提升社区治理的效能和质量。

（二）高效化的治理绩效评价模型

结合滕尼斯有关社区系统模式的概念和郝希曼的组织兴衰模型，可以得出推动社区治理良性发展的概念模型，即构建完善的社区治理的退出机制和呼吁机制。社区治理质量应从图 6-17 所示四个维度进行评价。

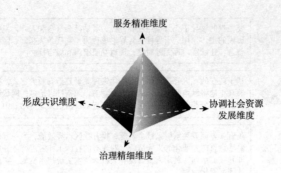

图 6-17　社区治理评价的四个维度

1. 服务精准维度

服务的精准化要根据具体维度来确定，在社会改革的时代背景下，要调整社区系统的资源分配，适应外界变动的冲击，及时应对风险，确定服务维度。服务精准维度的工作核心是提高服务供给的水平和公共服务供给效率，在社会行政体系中主要表现为福利全覆盖、健全公共服务和基础设施、实现资源高效配置等。"服务精准"包括人口资源的合理管理，邻里建设和谐互促，教育、医疗、社会保障事业稳步发展，失业率降低，交通设施完善，社会治安大局平稳有序等。但在社区公共服务实际开展过程中，服务供给不能仅限于上述类型，而是要进一步拓展服务内容。在现实社区治理中存在政府服务和居民需求脱节的情况，导致供给链断裂，影响最终的服务质量。因此要实现自上而下的协调整合，统筹资源，及时获取治理信息，实现有效供给，避免资源浪费。

2. 协调社会资源发展维度

该维度具体指的是面对外部环境的变动，社区治理应当通过协调社会资源、规范社区主体的行动来调整适应性，实现目标。核心是多个社区主体共同组成的治理共同体，主要表现为社区主体协调合作，共建、共商、共治，实现社区治理功能的融合交错，形成治理共同体并不是简单地叠加各个社区主体的治理质量，而是要通过互相协调达成 1+1>2 的效果。我国当前实行的中国特色社会主义制度的优越性体现在中国共产党的领导上，基层党组织在社区治理中发挥着核心引导作用。社区治理要提高质量，破解当前治理分散、效能不高的困境，就要坚持党组织的引导和引领，通过组织共建、资源共享，打破信息壁垒，实现功能性整合。在具体操作时要建立架构完善的组织形式，保证资源获取的有效性。

3. 治理精细维度

该维度是进一步提升适应性之后的衡量准则，是治理系统内部各社会行动调整的规制，促进各社会行动之间形成一系列的结合以便开展有效合作。而社会行动之间能够开展有效合作的关键就是规范性要素的设置，具体体现为规制的完整性、机制的可操作性和手段的创新性。在社区治理过程中，治理系统内部的各社会行动应具有明确的行动主体，还应明确各主体的权利责任及其之间的相互关系，这是形成完整流畅和具有较强可操作性的治理机制的前提，并以此推动治理机制的常态化运行，形成社区治理的持续性作用。2017 年，中共中央、国务院发布了《关于加强和完善城乡社区治理的意见》，明确指出要加快互联网与社区治理和服务体系的深度融合，这是推进社区治理现代化的重要手段。由此可以得出，从精细的维度评价治理效果，应从顶层设计前瞻谋划、制度体系的完整流畅、实施手段的融合创新等层面提高治理精细化评价的可操作性。

4. 形成共识维度

形成共识维度就是根据社会治理的规范和准则，形成社会成员潜移默化的标准认知，提高社会主体的参与性，维持系统活动。

（1）建设核心的社区价值体系

社区共同体的运行准则成为社会共识上升到观念层面时，将会给未来的社区治理提供源源不断的根本动力，概念就有了新的维模功能，也就是从社会价值观的传递角度来实现人的思想观念的整合，保证内部系统的整体性与人类活动的一致性。根本途径是建设核心的社区价值体系，表现为增强居民对社区的归属感，提高认同度，形成广泛参与共治的社会治理新格局，让社区变为承载居民美好生活愿望、满足居民美好生活需要的社会治理空间。

（2）塑造社会共同价值理念

社区治理实际上是将政府的管理权力下放到公共权力上，实现权力回归，也是一个价值观的回归路程。社区治理的根本归宿，仍然着眼于社会共同价值理念的塑造。当前陌生人社会是大势所趋，社区共识能够有效地集合社区居民的智慧，消除陌生人社会的阻碍，形成社区活动准则。因此，"共识构建"要基于居民对价值观念的认同感和利益纽带来进行测度，包含居民对社区的认同度、参与度、安全感和人际观念意识，具体表现为是否积极参与公共事务，从而共同推进现代化治理格局的构建。

参考文献

白喜军、杜克寒，2021，《创新社区治理模式凝心聚力为民服务——访深圳市光明区新湖街道圳美社区党委书记梁福财》，《新经济》第 9 期。

蔡禾、徐金福，2023，《多元视角下城市社区治理绩效的整体提升》，《中南民族大学学报》（人文社会科学版）第 2 期。

柴彦威、郭文伯，2015，《中国城市社区管理与服务的智慧化路径》，《地理科学进展》第 4 期。

陈诚，2017，《社区治理能力评估指标体系研究》，经济日报出版社。

陈洪玲，2019，《论新时代社会主要矛盾与现代治理目标的内在契合性》，《东岳论丛》第 6 期。

陈家喜、林电锋，2015，《城市社区协商治理模式的实践探索与理论反思——深圳南山区"一核多元"社区治理创新观察》，《社会治理》第 1 期。

陈家喜、赵怡霈，2022，《党建引领城市社区治理机制的深圳经验》，《特区实践与理论》第 5 期。

陈姗，2016，《社区党群服务中心：深圳社区治理与发展的新路径》，《中国社会工作》第 21 期。

陈潭、刘璇，2023，《制度赋权、技术赋能与社区能动治理——中国式社区治理的三元里经验及其实践逻辑》，《理论与改革》第 6 期。

陈泳欣，2021，《社区工会如何参与工业社区治理？——基于深圳市的实证研究》，《中国公共政策评论》第 2 期。

陈彧，2018，《剥离镇人口的中国城市化率分析》，《统计与决策》第 2 期。

陈振明，2016，《国家治理转型的逻辑》，厦门大学出版社。

陈振明，2021，《全球政府治理变革浪潮的回顾与反思——了解政府改革与治理的区域类型》，《公共管理与政策评论》第 4 期。

崔永红，2013，《国外社区治理成功经验研究》，《湘潮》（下半月）第
　　3 期。

邓正来，2013，《市场、社会与政治》，《中国农业大学学报》（社会科学
　　版）第 2 期。

邱晓星，2023，《构建社区共同体：应对重大公共卫生事件的路径思考》，
　　《学习与探索》第 3 期。

丁惠平，2011，《转型期我国社会管理体制变迁的组织社会学考察》，《学
　　习与探索》第 3 期。

董琳、刘素岑，2022，《深圳市龙岗区培育社区社会组织激发基层治理动
　　力》，《中国社会组织》第 22 期。

董全琼，2014，《深圳市罗湖区社区治理中的党政社群共治机制建设研
　　究》，硕士学位论文，华中师范大学。

费孝通，2001，《中国现代化：对城市社区建设的再思考》，《江苏社会科
　　学》第 1 期。

冯磊，2021，《北京东城：多方协商共治推进社区治理转型》，《中国民政》
　　第 7 期。

高小平，2014，《论我国国家治理体系的价值目标》，《行政管理改革》第
　　12 期。

顾丽梅、李欢欢，2023，《我国城市数字化转型的三种典型模式之比
　　较——以上海、深圳和成都为例》，《公共管理学报》第 4 期。

桂勇、崔之余，2000，《行政化进程中的城市居委会体制变迁——对上海
　　市的个案研究》，《华中理工大学学报》（社会科学版）第 3 期。

郭圣莉、张良，2018，《如何实现城市社会治理重心下移》，《国家治理》
　　第 35 期。

何海兵，2003，《我国城市基层社会管理体制的变迁：从单位制、街居制
　　到社区制》，《管理世界》第 6 期。

何瑞文，2016，《网格化管理的实践困扰》，《苏州大学学报》（哲学社会科
　　学版）第 1 期。

何增科，2014，《怎么理解国家治理及其现代化》，《时事报告》第 11 期。

亨利·罗伯特，2008，《罗伯特议事规则》（第 10 版），袁天鹏、孙涤译，格致出版社、上海人民出版社。

黄恒学，2019，《完善制度，理顺不同社会主体之间的关系》，《国家治理》第 40 期。

黄健荣，2019，《公共管理与政府决策研究》，南京大学出版社。

黄瓴、郑尧、骆骏杭、许剑峰，2023，《协同治理视角下城市社区规划师制度探索与思考——兼谈重庆市"三师进社区"集体行动》，《规划师》第 2 期。

简·莱恩，2004，《新公共管理》，赵成根译，中国青年出版社。

金世斌，2016，《公共治理与政策创新》，江苏人民出版社。

孔芳霞、刘新智、何强，2023，《中国城市治理绩效时空演变特征——基于"三生"空间功能视角》，《经济体制改革》第 1 期。

兰峻，2023，《"政策—技术"互动与社区治理的组织变迁》，《特区实践与理论》第 2 期。

李春玲，2015，《特大城市社会治理创新需要新视角》，《光明日报》12 月 21 日。

李国庆，2019，《棚户区改造与新型社区建设——四种低收入者住区的比较研究》，《社会学研究》第 5 期。

李龙，2014，《建构法治体系是推进国家治理现代化的基础工程》，《现代法学》第 3 期。

李路路、石磊，2019，《当代中国社会》，中国人民大学出版社。

李强，2010，《进一步推进居家养老服务工作的对策》，《中国民政》第 2 期。

李强、温飞，2016，《构建全民共建共享的社会治理格局》，《前线》第 2 期。

李绍华、赵平、卢洪鉴，2017，《基层社会治理创新的城市社区实践——以成都市武侯区火车南站街道长寿苑社区为例》，《中共乐山市委党校学报》第 3 期。

李升、佐佐木卫，2013，《规范性社区何以存在？——现代中国都市的社区意识研究》，《国家行政学院学报》第 5 期。

李维宇、杨基燕，2015，《西方公共管理的理论转向及其对中国的启示》，《云南社会科学》第 4 期。

李文静，2023，《社会工作在社区治理中的功能反思与优化路径》，《探索》第 2 期。

李友梅，2002，《基层社区组织的实际生活方式——对上海康健社区实地调查的初步认识》，《社会学研究》第 4 期。

李友梅，2003，《城市基层社会的深层权力秩序》，《江苏社会科学》第 6 期。

李友梅，2007，《社区治理：公民社会的微观基础》，《社会》第 2 期。

李友梅，2012，《中国社会管理新格局下遭遇的问题——一种基于中观机制分析的视角》，《学术月刊》第 7 期。

李友梅，2016，《我国特大城市基层社会治理创新分析》，《中共中央党校学报》第 2 期。

李友梅，2017，《中国社会治理的新内涵与新作为》，《社会学研究》第 6 期。

李振锋、张弛，2020，《城市社区治理中的虚拟社群参与——基于对城市更新中虚拟社群的考察》，《治理研究》第 4 期。

林清新、陈家喜，2019，《提升组织力：城市社区党建的战略着力点——基于深圳市宝安区的个案研究》，《理论视野》第 2 期。

凌争，2023，《从"理想"到现实：真实田野中真问题的习得策略》，《经济社会体制比较》第 6 期。

刘波、方奕华、彭瑾，2019，《"多元共治"社区治理中的网络结构、关系质量与治理效果——以深圳市龙岗区为例》，《管理评论》第 9 期。

刘成晨、袁小良，2018，《社区治理中的"鸡山模式"：行政引导、村民股份与资金扶持》，《南京工程学院学报》（社会科学版）第 1 期。

刘海军，2016，《协商民主：当代中国社区治理现代化的新理路》，《哈尔滨学院学报》第 1 期。

刘见君，2003，《国内外城市社区管理的模式、经验与启示》，《江淮论坛》第 5 期。

刘敏，2018，《深圳社区治理改革的经验与启示》，《管理观察》第 13 期。

刘启君、林举，2023，《社会治理政策扩散驱动力研究——基于网格化管理政策的实证分析》，《电子科技大学学报》（社科版）第 4 期。

刘天宝、柴彦威，2013，《中国城市单位制研究进展》，《地域研究与开发》第 5 期。

刘同舫、张乾，2023，《人类文明新形态的政治基础：国家治理体系的现代化》，《思想战线》第 6 期。

刘亚秋，2023，《建立于地点上的集体记忆——社区文化的一个研究视角》，《清华大学学报》（哲学社会科学版）第 6 期。

刘永谋、王春丽，2023，《智能时代的人机关系：走向技术控制的选择论》，《全球传媒学刊》第 3 期。

刘宗主，2012，《城市社区管理创新探析》，《中国证券期货》第 12 期。

卢玮静、赵小平、张丛丛，2016，《中国城市社区治理政策的困境、原因与对策——基于政策分析的视角》，《城市发展研究》第 8 期。

陆铭，2016，《中国大都市圈应向何处去》，《中国经济报告》第 11 期。

陆鑫，2022，《城市社区治理中的政府作用研究》，硕士学位论文，扬州大学。

路飞，1993，《对刑事案件审判程序改革的几点看法》，《检察理论研究》第 4 期。

吕冰冰、胡明，2015，《罗湖社区治理再次入选"中国社区治理十大创新成果"》，《南方日报》5 月 5 日。

罗春，2012，《业主委员会参与社区治理法律规制研究》，硕士学位论文，西南财经大学。

马建珍、陈华、徐勇，黄博，2016，《社区治理能力现代化指标体系研究——基于南京的调查》，《中共南京市委党校学报》第 6 期。

马亮，2023，《国家治理智能化转型及其进路》，《国家治理》第 13 期。

梅萍、崔俊、夏滢、张瑞雪、赵凯，2023，《浅谈标准化在数字化社区治理中的作用——以南京市栖霞区"掌上云社区"为例》，《中国标准化》第 1 期。

梅中伟、陈光明、刘家柱，2022，《数字赋能社区治理体系现代化研究——以深圳市坪山区民生诉求系统改革为例》，《智能城市》第 2 期。

苗大雷、王修晓，2021，《项目制替代单位制了吗？——当代中国国家治理体制的比较研究》，《社会学评论》第 4 期。

《南方论刊》，2017，《以"力量党建"创基层治理新格局——深圳市龙岗区横岗街道全面加强基层党建，引领推动社区基层治理不断优化》，《南方论刊》2017 年第 10 期。

倪赤丹、陈文岚，2018，《"民生微实事"构建社区治理大格局——深圳市南山区共建共治共享的实践探索》，《社会治理》第 8 期。

欧文·E. 休斯，2015，《公共管理导论》（第四版），张成福、马子博等译，中国人民大学出版社。

潘琳、徐鸣，2022，《我国社区治理领域政策分析与评价研究——基于"过程—工具—内容"三维分析框架》，《理论学刊》第 6 期。

盘淼、陈涛，2015，《社区治理法律问题研究》，《法制博览》第 7 期。

彭姝，2018，《深圳市社区治理多元参与模式分析》，《深圳信息职业技术学院学报》第 3 期。

任颖、余渊，2017，《国家治理与人权保障》，武汉大学出版社。

任远、章志刚，2003，《中国城市社区发展典型实践模式的比较与分析》，《社会科学研究》第 6 期。

沙莎，2019，《城市社区治理法治化路径研究》，硕士学位论文，兰州理工大学。

深圳市社会组织管理局、深圳国际公益学院，2019，《深圳社会组织蓝皮书：深圳社会组织发展报告（2018）》，社会科学文献出版社。

沈迁，2023，《重新明确治理责任：理解社区治理内卷化的一个分析框架——基于重庆市 C 街道网格化创新实践的考察》，《华东理工大学学报》（社会科学版）第 1 期。

施雪华、蔡义和，2021，《协同治理视角下我国单位制社区治理的问题及其解决路径》，《学术研究》第 5 期。

孙彩红，2015，《治理视角下的社区公共服务——基于深圳市南山区的案例分析》，《学习与探索》第 3 期。

孙辉、刘淑妍，2019，《上海社区矫正第三部门参与失灵及其矫正——基于公共物品供给的视角》，《同济大学学报》（社会科学版）第 1 期。

孙莉莉，2018，《身份与社会网络：城郊空间社会秩序生产的结构特征》，《学习与实践》第 1 期。

孙立平，2004，《城市治理困境》，《发展》第 3 期。

孙立平，2011，《走向积极的社会管理》，《社会学研究》第 4 期。

孙萍，2018，《中国社区治理的发展路径：党政主导下的多元共治》，《政治学研究》第 1 期。

孙倩，2023，《智慧社区多元协同共治探究》，《合作经济与科技》第 8 期。

孙晓莉，2018，《关于广州在共建共治共享社会治理格局走在全国前列的几点思考》，4 月 4 日，广州市人民政府网站，https：//www.gz.gov.cn/gzsfyjs/xxyd/content/mpost_2994098.html。

唐文玉，2023，《中国式基层治理现代化：历史生成与路向诠释——基于国家与社会关系演进的视角》，《社会科学战线》第 12 期。

唐忠新，2015，《社会治理视角下的社区减负问题探析》，《中国民政》第 23 期。

陶建钟，2023，《拓展中国基层治理研究的力作》，《观察与思考》第 6 期。

陶希东，2013，《包容性城市化：中国新型城市化发展新策略》，《城市规划》第 7 期。

田鹏，2023，《超越城乡的新型城镇化——理论框架、多重逻辑与实现路径》，《人口与经济》第 4 期。

田玉荣，2003，《社区"日间照料室"空置对社区服务功能与社会工作教育的挑战》，《社会福利》第 5 期。

汪洁，2019，《国外城市社区治理实践对我国政府主导型社区自治的启示》，《郑州航空工业管理学院学报》第 2 期。

王佃利、展振华，2016，《范式之争：新公共管理理论再思考》，《行政论坛》第 5 期。

王桂新、王利民，2008，《城市外来人口社会融合研究综述》，《上海行政学院学报》第 6 期。

王洪光、李广龙，2021，《重塑与整合：城市社区治理一核多元共治格局的建构——以深圳市"民生微实事"项目为例》，《黑龙江生态工程职业学院学报》第 4 期。

王华丽、夏卉，2023，《新型农村社区治理转型路径研究》，《农业经济》第 3 期。

王明成、杨婉茹，2021，《基层党建引领城市社区治理的路径探索——以成都模式为例》，《西南石油大学学报》（社会科学版）第 4 期。

王木森、唐鸣，2018，《社区治理现代化：时代取向、实践脉向与未来走向——十八大以来社区治理"政策-实践"图景分析》，《江淮论坛》第 5 期。

王楠，2016，《全国党建研究会社区专委会工作会议在上海召开》，共产党员网，11 月 2 日，https：//news. 12371. cn/2016/11/02/ARTI1478054 169799318. shtml？from = groupmessage。

王晓燕，2023，《协同治理视域下的社区共同体建设研究》，《石家庄铁道大学学报》（社会科学版）第 1 期。

王怡丁，2017，《城市社区治理的法治化研究》，硕士学位论文，西华师范大学。

王颖，2002，《现代城市管理与社区重建》，《浙江学刊》第 3 期。

魏玺、甄峰、孔宇，2023，《社区智慧治理技术框架构建研究》，《规划师》第 3 期。

魏智慧、党睿，2014，《基于社区要素更新的基层管理方式创新研究——以广东省中山市为例》，《福建论坛》（人文社会科学版）第 8 期。

文军、陈雪婧，2023，《社区协同治理中的转译实践：模式、困境及其超越——基于行动者网络理论的分析》，《社会科学》第 1 期。

吴思思、晁恒、黄圣义、等，2023，《深圳与周边地区城际合作特征及机制研究——基于主题领域与治理模式的比较》，《城市发展研究》第 10 期。

吴晓林、覃雯，2022，《走出"滕尼斯迷思"：百年来西方社区概念的建构与理论证成》，《复旦学报》（社会科学版）第 1 期。

吴新叶、陈可，2023，《社区中的法治：实践逻辑与实现路径——以软法与硬法有效衔接为视角》，《山西师大学报》（社会科学版）第 3 期。

武照亮、靳敏，2023，《居民参与社区环境治理的行为研究——基于"情境—过程—影响"的分析》，《北京理工大学学报》（社会科学版）第 1 期。

习近平，2020，《推进全面依法治国，发挥法治在国家治理体系和治理能力现代化中的积极作用》，《实践》（思想理论版）第 12 期。

夏建中，2008，《从街居制到社区制：我国城市社区 30 年的变迁》，《黑龙江社会科学》第 5 期。

夏建中，2010，《治理理论的特点与社区治理研究》，《黑龙江社会科学》第 2 期。

夏建中，2012，《中国城市社区治理结构研究》，中国人民大学出版社。

夏建中，2019，《从社区服务到社区建设、再到社区治理——我国社区发展的三个阶段》，《甘肃社会科学》第 6 期。

向玉琼、汪业强，2019，《城市社区大数据治理的困境及其优化路径——以深圳市坪山新区为例》，《福建行政学院学报》第 3 期。

肖丹，2018，《共建共治共享的社区治理格局构建路径研究——以深圳市福田区为例》，《中共成都市委党校学报》第 3 期。

徐道稳，2014，《社会基础、制度环境和行政化陷阱——对深圳市社区治理体制的考察》，《人文杂志》第 12 期。

徐汉明，2023，《关于提升社会治理法治化水平的思考》，《中国治理评论》第 2 期。

徐勇、贺磊，2014，《培育自治：居民自治有效实现形式探索》，《东南学术》第 5 期。

徐增阳、张磊，2022，《筑牢国家治理体系的社区基础：新时代我国社区治理探索的成就与经验》，《社会主义研究》第 6 期。

闫培宇，2021，《当代西方国家治理的视域转换与停滞困境——基于阿甘本理论转向的诊断与省思》，《哲学动态》第 11 期。

严春鹤、安民兵，2022，《城市社区治理现代化的现实困境与推进路径》，《安阳工学院学报》第 5 期。

颜佳华、王张华，2019，《数字治理、数据治理、智能治理与智慧治理概念及其关系辨析》，《湘潭大学学报》（哲学社会科学版）第 5 期。

杨浩勃，2016，《城镇化建设中的社区治理：深圳宝安区的经验》，《中国行政管理》第 3 期。

杨浩勃、滕涛、傅利平，2020，《社区多元治理发展阶段评价体系研究——以深圳市宝安区为例》,《天津大学学报》(社会科学版)第6期。

杨宏山,2017,《激励制度、问责约束与地方治理转型》,《行政论坛》第5期。

杨宏山,2018,《转型中的城市治理》,中国人民大学出版社。

杨健,2021,《湖北襄阳樊城:社区治理主体更多元机制更联动》,《中国民政》第16期。

杨涛,2014,《公共事务治理机制研究》,南京大学出版社。

易承志,2008,《社会转型与治理成长:新时期上海大都市政府治理研究》,博士学位论文,华东师范大学。

易怀炯,2011,《基层检察院落实社会矛盾化解工作的路径探索》,《法制与社会》第17期。

易怀炯,2018,《深圳社区治理困境及其破解对策研究》,硕士学位论文,湖南大学。

易永胜,2012,《深圳社区矛盾调处机制研究》,《特区实践与理论》第4期。

俞可平,2000,《经济全球化与治理的变迁》,《哲学研究》第10期。

俞可平,2006,《动态稳定与和谐社会——访中共中央编译局副局长俞可平教授》,《中国特色社会主义研究》第3期。

俞可平,2014,《关于国家治理评估的若干思考》,《华中科技大学学报》(社会科学版)第3期。

俞可平,2015,《政治传播、政治沟通与民主治理》,《现代传播》(中国传媒大学学报)第9期。

俞可平,2016,《社会自治与社会治理现代化》,《社会政策研究》第1期。

俞可平,2018,《中国的治理改革(1978—2018)》,《管理学研究》第4期。

俞可平,2019,《当代中国文化的转型》,《中国治理评论》第1期。

俞可平,2021,《探寻中国治理之谜:俞可平教授访谈录》,《公共管理与政策评论》第1期。

俞可平,2021,《中国城市治理创新的若干重要问题——基于特大型城市的思考》，《武汉大学学报》（哲学社会科学版）第 3 期。

袁方成，2019，《国家治理与社会成长：城市社区治理的中国情景》，《南京社会科学》第 8 期。

袁方成、陈泽华，2019，《"种文化"：民族地区公共文化治理的制度创新——以湖北利川为表述对象》，《湖北民族学院学报》（哲学社会科学版）第 1 期。

袁方成、王泽，2019，《中国城市社区治理现代化之路——一项历时性的多维度考察》，《探索》第 1 期。

张纯、黄堃、陈俊宇，2014，《基于 FLAC^{3D} 的露天边坡稳定性分析及治理》，《现代矿业》第 3 期。

张和清、陈曦，2022，《社会赋能、社会经济与社区减贫发展》，《社会发展研究》第 4 期。

张康之，2000，《论公共领域中的能力本位》，《甘肃行政学院学报》第 3 期。

张翼，2019，《社会转型与社会治理格局的创新》，《中国社会科学评价》第 1 期。

张翼，2020，《全面建成小康社会视野下的社区转型与社区治理效能改进》，《社会学研究》第 6 期。

张永理、徐浩，2014，《改革开放以来我国乡村社区风险变化研究》，《马克思主义与现实》第 6 期。

张则武，2011，《深圳城市化历程中的社区变迁》，《特区实践与理论》第 1 期。

赵鼎新、潘祥辉，2012，《媒体、民主转型与社会运动——专访芝加哥大学社会学教授赵鼎新》，《社会科学论坛》第 4 期。

赵罗英、夏建中，2014，《社会资本与社区社会组织培育——以北京市 D 区为例》，《学习与实践》第 3 期。

郑晓萍，2022，《多元社区治理主体法律问题研究》，《法制博览》第 12 期。

郑重，2014，《社会管理创新取向下的城市社区建设研究：以深圳市罗湖区文华社区为个案》，硕士学位论文，华中师范大学。

周红云，2016，《全民共建共享的社会治理格局：理论基础与概念框架》，《经济社会体制比较》第 2 期。

周少青，2008，《论城市社区治理法律框架的法域定位》，《法学家》第 5 期。

周详、常婧超，2023，《城市治理与空间转型背景下上海遗产社区建设和公众参与机制研究》，《现代城市研究》第 1 期。

邹婧，2014，《我国城市社区治理法律制度研究》，硕士学位论文，长春理工大学。

Amineh, R., Peter, H., Susan, C. 2020. "Aboriginal People with Chronic HCV: The Role of Community Health Nurses for Improving Health-Related Quality of Life," *Collegian*, 27（3）.

Anaby D, Avery L, and Gorter J W, et al. 2020. "Improving Body Functions through Participation in Community Activities among Young People with Physical Disabilities," *Developmental Medicine and Child Neurology*, 62（5）.

Angel, P., Gema, B., David, C. 2020. "A Multi-Objective Genetic Algorithm for Detecting Dynamic Communities Using a Local Search Driven Immigrant's Scheme," *Future Generation Computer Systems*, 110.

Araya, F., Fawst, K. M., and Kaminsky, J. 2020. "Understanding Hosting Communities as a Stakeholder in the Provision of Water and Wastewater Services to Displaced Persons," *Sustainable Cities and Society*, 57.

Ben, Fine . 2000. *Social Capital Versus Social Theory*. Routledge of London Press ⓒ: 304.

Carnivali, G., Vieira, A. B., Ziviani, A., and Esquef, P. A. A. 2020. "CoVeC: Coarse-Grained Vertex Clustering for Efficient Community Detection in Sparse Complex Networks," *Information Sciences*, 522.

Covey, J, Horwell, C. J. and Ogawa, R., et al. 2020. "Community Perceptions of Protective Practices to Prevent Ash Exposures Around Sakurajima Volcano, Japan," *International Journal of Disaster Risk Reduction*, 46.

Cyterski, M. , Barber, C. , and Gawin, M. , et al. 2020. "PiSCES: Pi (scine) Stream Community Estimation System." *Environmental Modelling and Software*, 127.

De Silva, M. M. G. T. and Kawasaki, Akiyuki. 2020. "A Local-scale Analysis to Understand Differences in Socioeconomic Factors Affecting Economic Loss due to Floods among Different Communities," *International Journal of Disaster Risk Reduction*, 47 (C).

Elizabeth, L. C. , Jayur, M. M. , Tony, R. , et al. 2020. "A Geoarchaeological Perspective on the Challenges and Trajectories of Mississippi Delta Communities," *Geomorphology*, 360.

Eric, K. , Bongor, D. , and Yves, E. 2020, "Mathematical Analysis and Optimal Control of a Cholera Epidemic in Different Human Communities with Individuals' Migration," *Nonlinear Analysis: Real World Applications*, 54 (C).

Eunjeong, K. and Dahlia, F. 2020. "End-of-Life Communication between Providers and Family Caregivers of Home Hospice Patients in a Rural US-Mexico Border Community: Caregivers' Retrospective Perspectives," *American Journal of Hospice and Palliative Medicine* ©, 37 (5).

Fina, B. , Auer, H. , and Friedl, W. 2020. "Cost-Optimal Economic Potential of Shared Rooftop PV in Energy Communities: Evidence from Austria," *Renewable Energy*, 152 (C).

Heiderscheit. 2023. "A Book Review: Music Psychotherapy and Anxiety: Social, Community, and Clinical Contexts, by Rebecca Zarate, Jessica Kingsley Publishers, London & Philadelphia," *Creative Arts in Education and Therapy: Eastern and Western Perspectives*, 8 (2).

Ipong, L. , Ongy, E. , and Bales, M. C. 2020. "Impact of Magnitude 6. 5 Earthquake on the Lives and Livelihoods of Affected Communities: The Case of Barangay Lake Danao, Ormoc City, Leyte, Philippines," *International Journal of Disaster Risk Reduction*, 46.

Ji, J. , and He, S. 2020. "Chinese Language Learners' Participation in a

WeChat Online Community of Practice," *Journal of Technology and Chinese Language Teaching*, 11 (2) .

Julie, L. P. 2020. "Global Dance Education Connecting Communities in Accra, Ghana and Kuwait City, Kuwait: Tap (ing) to Togetherness through a Community Collaborative Program," *Arts Education Policy Review*, 121 (3) .

Keping Yu. 2016. "Standardization Lays Footstone for Modernized Governance," *China Standardization*, 1.

Khoza, L. B. , Nunu, W. N. , and Tshivhase, S. E. et al. 2020. "Survey on Prevalence of Cataract in Selected Communities in Limpopo Province of South Africa," *Scientific African*, 8.

Li, M. , Chen, L. , Chen, Y. , and Wang, J. 2020. "Extracting Core Answers Using the Grey Wolf Optimizer in Community Question Answering," *Applied Soft Computing*, 90.

McCarthy, George . 2019. *Objectivity and the Silence of Reason: Weber, Habermas and the Methodological Disputes in German Sociology*. Routledge of New York Press ©.

Med, A. N. , Abdelouahab, M. , Bilal, S. , et al. 2020. "Detecting Communities in Social Networks based on Cliques," *Physica A: Statistical Mechanics and its Applications*, 551.

Melanie, James. 2014. *Positioning Theory and Strategic Communication: A New Approach to Public Relations Research and Practice*. Routledge of London Press ©.

Metwally, A. M. , Abdel-Latif, G. A. , and Mohsen, A. , et al. 2020. "Strengths of Community and Health Facilities based Interventions in Improving Women and Adolescents' Care Seeking Behaviors as Approaches for Reducing Maternal Mortality and Improving Birth Outcome among Low Income Communities of Egypt," *BMC Health Serv Res*, 20 (1) , 592.

Mohammadmosaferi, K. K. , and Naderi, H. 2020. "Evolution of Communities in Dynamic Social Networks: An Efficient Map-based

Approach," *Expert Systems With Applications*, 147（C）.

Monica, O., Cathryn, B., Abigail, E., et al. 2020. "Promoting First Relationships ©: Implementing a Home Visiting Research Program in Two American Indian Communities," *Canadian Journal of Nursing Research*, 52 （2）.

Morteza Y, Prasenjit C, and Dragan P, et al. 2020, "Development of an Integrated Decision Making Model for Location Selection of Logistics Centers in the Spanish Autonomous Communities," *Expert Systems With Applications*, 148（C）.

Nwokeoma, B. N., Okpara, K. E., and Osadebe, N. O. 2020. "Boko Haram, Pro-Synergic Conditions and Community Involvement in Counterinsurgency," *Security Journal*, 33（3）.

Ryan, Gray D.. 2020. *Uprooted: Race, Public Housing, and the Archaeology of Four Lost New Orleans Neighborhoods*. The University of Alabama Press ©.

Sebastian, M., Rafael, A, Francisco, L. 2020. "Analyzing the Effect of Social Support and Community Factors on Customer Engagement and Its Impact on Loyalty Behaviors toward Social Commerce Websites," *Computers in Human Behavior*, 108.

Stephen, Osborne P.. 2009. *The New Public Governance?: Emerging Perspectives on the Theory and Practice of Public Governance*. Routledge of London Press ©.

Thomas, Zittel and Fuchs Dieter. 2006. *Participatory Democracy and Political Participation*. Routledge of London Press ©: 256.

Tieli, Z. 2022. "Research on Collaborative Linkage of Grassroots Grid based on Street Community Governance," *Journal of Social Science and Humanities*, 4（12）.

Xiang, H., Wang, X., and Wang, Y, et al. 2023. "What Is the Rational Choice of Community Governance Policy," *Sustainability*, 15（3）.

Yi Q, Qingxu H, and Jinwen X. 2020. "Observing Community Resilience from Space: Using Nighttime Lights to Model Economic Disturbance and Recovery Pattern in Natural Disaster," *Sustainable Cities and Society*, 57.

图书在版编目（CIP）数据

城市社区治理现代化的深圳探索 / 倪赤丹著. -- 北
京：社会科学文献出版社，2024.3
ISBN 978-7-5228-3272-2

Ⅰ.①城… Ⅱ.①倪… Ⅲ.①城市-社区管理-研究
-深圳 Ⅳ.①D669.3

中国国家版本馆 CIP 数据核字（2024）第 033027 号

城市社区治理现代化的深圳探索

著　　者／倪赤丹

出 版 人／冀祥德
责任编辑／胡庆英　孙　瑜
文稿编辑／杨　莉
责任印制／王京美

出　　版／社会科学文献出版社·群学出版分社（010）59367002
　　　　　地址：北京市北三环中路甲 29 号院华龙大厦　邮编：100029
　　　　　网址：www.ssap.com.cn
发　　行／社会科学文献出版社（010）59367028
印　　装／三河市龙林印务有限公司

规　　格／开　本：787mm×1092mm　1/16
　　　　　印　张：17.75　字　数：281 千字
版　　次／2024 年 3 月第 1 版　2024 年 3 月第 1 次印刷
书　　号／ISBN 978-7-5228-3272-2
定　　价／128.00 元

读者服务电话：4008918866